CORPS UNIVERSEL

DE DROIT CIVIL

FRANÇAIS.

Cet ouvrage se trouve :

A ANGERS, CHEZ LAGIER, LIBRAIRE,
PORTE SAINT-MICHEL.

ANGERS. IMPRIMERIE DE ERNEST LE SOURD.

CORPS UNIVERSEL

DE

DROIT CIVIL

FRANÇAIS.

PAR F. L. DELEURIE,

AVOCAT A LA COUR ROYALE D'ANGERS, ANCIEN BATONNIER DE L'ORDRE,
DOCTEUR ÈS-LETTRES,
EX-PROFESSEUR DE LÉGISLATION A RENNES,
ET D'HISTOIRE A L'ÉCOLE SPÉCIALE MILITAIRE DE LIANCOURT.

TOME PREMIER.

État des Personnes. — Première partie.

ANGERS.

LAUNAY-GAGNOT, LIBRAIRE-ÉDITEUR.

PARIS.

CHEZ VIDECOQ, LIBRAIRE,

PLACE SAINTE GENEVIÈVE, N° 6.

M. DCCC. XXX.

AVIS DE L'ÉDITEUR.

Maîtrisés par la classification des matières, et obligés de les conserver dans leur ordre naturel, nous n'avons pu éviter une certaine disproportion dans la grosseur respective des douze volumes. Pour les rendre égaux en pages, il eût fallu admettre un mélange hétérogène, qui à coup sûr eût paru choquant. Mais si les deux premiers tomes n'offrent pas le nombre de feuilles ordinaire à ce format, ceux qui suivront en contiennent beaucoup plus, et par la même raison, c'est-à-dire à cause de cette nécessité d'une division méthodique. Il y aura ainsi compensation avec ce qui semblerait manquer à la présente livraison et à la seconde.

OBJET,
MOTIFS ET PLAN

DE CETTE COMPOSITION.

Quæ placeant, positis omnibus, ipse lege.

Un tort bien grave peut m'être imputé : celui de parcourir une route déjà battue, et de ne m'y présenter qu'à la suite de plusieurs auteurs célèbres, dont la marche a jeté quelque éclat.

Que peut-il rester à créer d'utile, d'intéressant, et dont l'exécution ne soit pas inférieure aux promesses du titre, après tant de dissertations sur la législation civile, tant d'efforts pour la perfectionner, tant d'emprunts aux anciens et aux modernes, pour la ramener à des données simples, à une facile théorie?

Dans cette périlleuse situation, je n'ai

point été à l'abri d'un sentiment d'inquiétude. C'est pour essayer d'en calmer, s'il est possible, les atteintes, que je vais faire connaître pourquoi je n'ai pas craint de m'exposer à la concurrence avec de redoutables prédécesseurs, et de me livrer à des recherches plus pénibles que glorieuses.

Il y aurait de ma part autant de honte et de maladresse que d'injustice et d'ingratitude à feindre d'atténuer le mérite des ouvrages publiés avant le mien.

Si celui-ci obtient de fixer les regards, ce ne sera qu'autant qu'on voudra bien ne pas refuser d'y apercevoir l'ordre, la méthode, la précision, la clarté, l'exactitude. Sans doute ces qualités ne comportent rien de brillant, mais du moins elles ont l'avantage de venir au secours de la faiblesse, comme son véhicule naturel.

En cela ai-je été plus loin que mes devanciers? ai-je recueilli une plus riche moisson? suis-je parvenu, en extirpant maintes épines, à rendre moins mal aisé l'accès du temple ? ai-je applani ses avenues? Mon titre annonce que je l'ai tenté: infructueusement peut-être , malgré mes efforts pour coordonner en faisceau le droit antique , intermédiaire et récent, que je désirerais avoir eu le talent de distribuer sans incohérences.

Qu'on me pardonne de raconter à quelle occasion je me suis imposé cette tâche.

Livré , par les exigeances de ma profession , aux élucubrations du cabinet, engagé journellement à produire consultations, réglemens, *factums*, plaidoiries, je ne pouvais me résigner à recommencer incessamment mes recherches sur chaque délibération , ni me fier à la douteuse fidélité de ma mémoire. J'avais besoin de tenir tout prêts et sous la main ces labeurs que j'appellerai familièrement de provision , ou pièces d'attente , servant , pour ainsi dire, de jalons, destinés à marquer la succession des changemens , additions, suppressions et remplacemens qui surviendraient dans notre jurisprudence. Il me fallait un tableau synoptique et irréfragable, pour discerner ce que l'on a gagné ou perdu, pour ne pas confondre avec ce que nous avons conservé intact ce qui a subi des modifications, et pour m'aider à reconnaître au milieu de tant de décombres les matériaux neufs auxquels ils se trouvent mêlés.

C'est donc uniquement dans la vue de mon instruction personnelle, et pour diminuer la fatigue, que j'ai d'abord édifié ce *compendium* régulateur. On conviendra que mon propre intérêt me prescrivait d'y apporter le plus grand scrupule, puisque, loin d'économiser le temps, je me serais, en annotant sans exactitude, dressé fréquemment à moi - même un piège. Mieux eût valu rester oisif que d'alimenter mes incertitudes, au lieu de les lever.

Je vois le lecteur sourire, je l'entends s'écrier : Allégation banale ! Détour usé de l'amour-propre ! Recommandation suspecte ! — Contre cette prévention, la seule excuse que je puisse alléguer, c'est qu'il ne dépend pas de moi de substituer ici une fiction probable, à une vérité qui ne le paraît pas; et j'en suis réduit à répéter : je n'entreprenais point de faire un livre.

Comment s'est-il trouvé tout fait ? — Les études des vingt-cinq premières années de ma vie se sont toutes dirigées vers l'enseignement. J'ai dû me croire quelque vocation pour cette carrière, puisque les professeurs de l'Université de Paris dont j'ai eu le bonheur de recevoir les leçons, me destinaient à leur succéder, et qu'en effet j'ai, sur leur désignation, occupé plus d'une chaire. Le moment qui m'a ravi ces douces fonctions, m'a coûté des regrets qui ne s'éteindront qu'avec moi. Mes vœux m'y reportent sans cesse. De cette disposition il est résulté que mes essais en tout genre ont insensiblement pris la forme d'un cours d'instruction. Ainsi en advint pour le

Corps de Droit civil. Soit hasard, soit illusion, il me semblait, en l'écrivant, dicter à mes précédens auditeurs; et j'ai plusieurs fois puisé dans cette séduisante idée tout ce que de si fastidieuses veilles exigeaient de patience.

Trop long-temps les bons esprits avaient soupiré après l'époque où un même peuple serait enfin régi par les mêmes lois, et où leur uniformité viendrait resserrer les liens qui en unissent les divers membres. Car, une des bizarreries les plus choquantes de l'état de choses antérieur à la révolution, était la dissemblance des usages rivaux qui régissaient les différentes provinces françaises. Le remède que les législatures ont apporté à ce fléau, a eu cet effet que nos lois civiles ne sont guères qu'un heureux larcin fait aux lois romaines, que le mélange de ces deux institutions combinées : bienfait dont la jeunesse de nos écoles doit particulièrement s'applaudir, puisque, absorbant les dissidences de législation, et simplifiant le système, il ramène à l'unité , renverse les barrières qui séparaient les régnicoles , rassemble et symétrise les tributs de l'expérience, fournit à la sagacité laborieuse un moyen de corrélation régulière pour tout ce qui demande à être confronté. Le plan se trouvant ainsi tracé d'avance , il ne s'agit plus que d'opter pour une exécution intelligente et calculée. Quand celle que je propose serait indigne de pareils noms, j'ose espérer cet heureux fruit de mes erreurs, que les maîtres qui en seront blessés consentiront à les rendre utiles, en ne dédaignant pas de les corriger.

Quoi qu'il arrive, on ne contestera pas que, pour l'étude de la jurisprudence dans son ensemble, il existe très-peu de livres qu'on doive regarder comme proprement élémentaires. Des démonstrations analytiques, des traités *ex professo,* embrassant plus ou moins de branches, supposent déjà acquises les notions fondamentales. Avant tout , il importe de songer à ceux qui en sont encore aux premiers rudimens; et, pour cela, de leur présenter sommairement la doctrine primordiale, dégagée des propositions que le temps a faussées, et qui avaient besoin d'être mises en harmonie avec l'état actuel. Ce n'est qu'après avoir élevé le frontispice de la science, qu'il est loisible d'en rechercher les nombreuses ramifications.

D'un autre côté, en expliquant les lois, on facilite leur action, on prépare leurs voies, on s'associe à l'œuvre du bien public. Quoi de plus capable d'atteindre ce but qu'un recueil qui réveille les souvenirs de l'homme éclairé, guide l'aptitude de l'étudiant, met sous les yeux du fonctionnaire le mémorial que ses devoirs quotidiens l'obligent d'interroger sans relâche? Aux personnes instruites il procure l'utilité des réminiscences; aux disciples, l'encouragement d'une théorie débarrassée de ses vieilles aspérités; aux hommes qui concourent à l'administration de la justice, l'agrément de saisir d'un coup d'œil mille dispositions éparses, objet de leur habituelle mission ; aux gens du monde, un conseil et beaucoup de ces principes généraux qui n'excèdent pas leur portée.

Il ne m'est point venu à la pensée que relever les imperfections de nos lois dût faire partie de mon travail. Tel soin, fort convenable à la tribune, outrepasse les bornes de l'enseignement, et aggrandirait démesurément le champ de la discussion et de l'examen. C'est le sens de la loi, non ses défauts, que j'ai entrepris de développer. La société ne tolère pas volontiers des vues de réforme chez l'homme solitaire et privé. Si l'on consent à lui savoir gré de chercher à s'affranchir des préjugés, ce n'est qu'autant qu'il ne s'agit que d'érudition et de goût. Dans sa sphère étroite il est condamné à se défier des exaltations de l'enthousiasme. J'ai donc tâché de remplacer le luxe des paroles par la solidité du dogme : non que j'ignore combien, dans ce siècle, l'esprit systématique est plus répandu que le respect pour la science.

En incorporant le droit romain aux Codes français, dont il est la base et le type, on saisit la liaison de chaque principe aux conséquences; on provoque une extension plus satisfaisante, une plus ample méthode d'application; on remonte aux sources, on établit des parallèles.

Les lois romaines ont conquis chez tous les peuples policés le même crédit que la raison sur l'esprit de l'homme : le monde entier s'y est volontairement soumis. Au même instant où il résistait à l'invasion des Romains, il adoptait leur législation, entraîné par cette victorieuse influence de la puissance morale, à laquelle la force des armes se voit quelquefois contrainte de céder. Tandis que la destruction de l'empire divisait les nations en états, soit républicains, soit monarchiques ou autres, les lois romaines, soutenues par leur sagesse, consolidaient leur autorité, et restaient le droit commun des peuples, partout où les mœurs échappaient à l'abrutissement de la barbarie.

Ce miraculeux privilège, elles le dûrent
à la justesse, à l'équité de leurs décisions,
qui, par leur généralité même, préparent l'éclaircissement de toutes les difficultés, deviennent applicables à l'universalité des hypothèses. Chefs-d'œuvre de
sagesse humaine, monumens de perspi-
cacité, exemples de style noble et ner-
veux, elles réunissent, spécialement dans
le fameux recueil du Digeste, tout ce qui
subjugue à la longue. Les méditations
séculaires des docteurs, éveillées par les
innombrables espèces qui leur étaient
proposées, ont enfanté la plus saine interprétation des règles primitives, s'y
sont adaptées de manière à ne plus former
qu'un seul corps, ont indivisément constitué une immortelle tradition sur la distinction du juste et de l'injuste, parmi
l'immense multitude des actions, volontés
et conventions des hommes. C'est que la
vérité est de tous les temps, et que les
adages dictés par elle conservent un im-
muable pouvoir.

Nous en découvrons la preuve vivante dans l'histoire du droit français. Chacun sait que jadis la moitié de notre territoire, sous le nom de pays de droit écrit, était régie par les lois romaines; et que l'autre moitié, les pays coutumiers, recourait à ces mêmes lois pour éclaircir les points demeurés obscurs dans les articles des coutumes, et verser la lumière sur ce que celles-ci avaient laissé imparfait.

Aussi d'Aguesseau, dans les instructions où il dépeint à son fils les élémens du noviciat de la magistrature, lui recommande, comme infiniment profitable, la fréquente lecture des deux derniers titres des Pandectes *De verborum significatione* et *De regulis juris*. Ce sont, dit-il, autant d'oracles en axiômes, qui donnent aux solutions originaires de l'ornement et de la vigueur.

Une grotesque imitation de ces illustres modèles a fait jaillir certaines règles triviales, qu'on appelle *brocards du Palais*. Je me suis permis de les employer, sans en affaiblir l'énergie en les traduisant dans un langage plus correct.

Toutefois hâtons-nous de proclamer, avec Dupaty, qu'une bonne législation, semblable à une bonne physique, doit être expérimentale. D'où suit que les meilleurs interprètes des lois sont les cours et tribunaux, quand leur prononcé est réduit, ainsi que je le réalise, en aphorismes concis.

Néanmoins certains esprits se récrient contre les citations d'arrêts. Voyons si leur répugnance est justifiée, si les considérations qu'ils font valoir ont quelque poids, aujourd'hui que ces arrêts ne se montrent qu'escortés de motifs. Je conçois sans peine qu'antérieurement au décret de 1790, qui asservit les juges à raisonner leurs réponses, les collections judiciaires pouvaient compter des détracteurs, et sembler aussi propres à égarer qu'à instruire. Mais depuis que les arrêts portent avec eux le *criterium* de leur doctrine, il n'y a qu'un excès de confiance en soi-même qui détermine à les négliger.

Le trajet d'une législation à une autre ne se franchit point avec la rapidité de l'éclair. Quelque achevé que paraisse un nouveau Code, il ne peut que poser les maximes générales, et non envisager sous toutes leurs faces les inductions à tirer du commerce des hommes entre eux, les nuances de leurs rapports, les circonstances de leurs contrats. Son but est d'émettre de larges pensées, des préceptes féconds, non de descendre dans le détail des questions que fait naître la collision d'intérêts mobiles, le choc d'accidens imprévus. Impossible au législateur de statuer à coup sûr et pour tous les cas. Beaucoup lui échapperont infailliblement, en dépit de son empressement à les enchaîner dans son cercle.

Vainement le jurisconsulte, désireux de combler ces vides, s'abandonnera aux méditations du cabinet. A son tour il verra échouer son zèle contre ces événemens ambulatoires que, fortuitement et à toute heure, fait éclore dans la société le mouvement de tant d'habitudes opposées, source de cette merveilleuse variété de procès qui passent sous les yeux du magistrat.

Des débats judiciaires ressortent les plus légères taches de la loi. Mise à leur creuset, elle subit la plus rigoureuse épreuve, n'en sort qu'analysée, approfondie, discutée sous tous les aspects.

La décision notable qui intervient à la suite, érige donc, indépendamment de son caractère authentique, un monument digne d'observation. Prévoyant qu'il se rencontrerait des espèces pour lesquelles la loi serait rebelle ou muette, le législateur veut que le juge cherche alors dans les indices du bon sens les élémens de sa sentence. L'équité, origine de l'injonction, en devient ainsi la sanction secondaire.

Affirmons-le sans hésiter : la jurisprudence des arrêts est une mine fertile, où il faut continuellement creuser : avec circonspection, je le concède ; à la lueur de la critique, c'est encore incontestable. Compiler confusément l'œuvre des arrestographes, ne conduirait, je le sens bien, qu'à confirmer le vieux dicton « Bons pour ceux qui les obtiennent. » Mais un peu de discrétion et de sobriété chez l'annotateur suffit pour intervertir la chance. Que l'orgueilleuse paresse rejette des secours qu'elle n'a jamais su apprécier, elle n'en est que plus à plaindre. Avant d'affecter de mépriser une ressource, il serait à propos de démontrer qu'on est assez opulent pour s'en priver. Autrement, quoi de plus judicieux que de profiter des découvertes d'autrui, tout en se réservant la faculté d'en saisir et d'en rectifier les écarts ? Avec une telle précaution, on ne manque pas de préservatifs. Les opinions d'un corps sont au moins aussi rassurantes que celles d'un individu : si elles ne fournissent pas la règle, elles servent du moins à l'étayer. Or, irait-on jusqu'à prétendre qu'il est abusif d'invoquer le suffrage des auteurs, quelque accrédités qu'ils soient? Je ne l'ai pas supposé; et pourtant j'ai évité de produire leurs noms, quoique la substance de leurs sentimens consacrés vivifiât constamment mes propres remarques.

Après avoir énuméré ce dont j'ai composé simultanément mon ouvrage, il ne me reste qu'à parler de ce que j'en ai exclu. Le droit positif, civil, commercial, de procédure, avec tous ses complémens homogènes, offerts sans altération du texte, et en ce qu'ils ont de stable: voilà mon sujet, ma matière. J'ai dû par conséquent mettre de côté les lois purement de circonstance ou de localité, les statuts politiques; ce qui ne tient qu'à la compétence administrative, à la juridiction criminelle, à l'organisation militaire, à la fiscalité, à la diplomatie, à la marine non marchande. Si je n'avais élagué de la sorte tout ce que repousse mon titre, je me serais élancé avec mes lecteurs vers un labyrinthe sans issue, où m'attendaient le découragement de l'impuissance et les ténèbres du chaos.

Dans le *Prospectus* que j'ai précédemment répandu, la classification à laquelle je me suis attaché est complètement exposée. J'y renvoie, de peur d'encourir le reproche que méritent de fatigantes répétitions.

EXPLICATION

DES PRINCIPALES ABRÉVIATIONS

EMPLOYÉES DANS CET OUVRAGE.

Agen. Bordeaux, etc.	Arrêt des cours d'Agen, de Bordeaux, etc.
Arr. Ar.	Arrêté.
Art.	Article.
Avr.	Avril.
Av. cons. d'Ét.	Avis du conseil d'État.
B.	Bulletin des Lois.
Bord.	Bordeaux.
Brum.	Brumaire.
Brux.	Bruxelles.
Cas.	Arrêt de la cour de cassation.
Ch. const.	Charte constitutionnelle.
Ch.	Charte.
Circ.	Circulaire.
C. c.	Code civil.
C. d. c.	Code de commerce.
C. F.	Code Forestier.
C. i. c.	Code d'instruction criminelle.
Colm.	Colmar.
C. p.	Code pénal.
C. p. c.	Code de procédure civile.
Comp.	Jour complémentaire.
Déc.	Décembre. Décision. Décret.

Déc. div.	Décisions diverses.
Décr.	Décret.
Den.	Journal des audiences de la cour de cassation, par Denevers.
Fév.	Février.
Flor.	Floréal.
Frim.	Frimaire.
Fruct.	Fructidor.
Germ.	Germinal.
Gren.	Grenoble.
Ib.	*Ibidem.*
Id.	*Idem.*
Inst.	Instruction.
J. A.	Journal des Avoués.
J. C. C.	Jurisprudence du Code civil.
J. G.	Jurisprudence Générale du royaume, par Dalloz.
J. p.	Journal du palais.
J. s. p.	Jurisprudence sur la procédure civile.
Janv.	Janvier.
Juil.	Juillet.
Mess.	Messidor.
Min.	Ministre.
Montp.	Montpellier.
Niv.	Nivose.
Nov.	Novembre.
Oct.	Octobre.
Ord.	Ordonnance du roi.
Orl.	Orléans.
P.	Page.
Pluv.	Pluviose.
Poit.	Poitiers.

Prair.	Prairial.
S.	Série.
Sén. cons.	Sénatus-consulte.
Sept.	Septembre.
Sir.	Jurisprudence de la cour de cassation, par Sirey.
Sir. et Den.	Jurisprudence ou Journal des audiences de la cour de cassation, par Sirey et Denevers.
Sup.	Supplément.
T.	Titre. Tome.
Therm.	Thermidor.
V.	Voyez.
Vend.	Vendémiaire.
Vent.	Ventose.
(3. 10. 22).	(nos 3. 10 et 22).
(17—109).	(Voyez depuis le n° 17 jusqu'au n° 109).

CORPS UNIVERSEL

DE DROIT CIVIL

FRANÇAIS.

CODE CIVIL.

PROMULGATION, EFFETS ET APPLICATION
DES LOIS.

1. Sous ce titre préliminaire se trouvent proclamées quelques-unes de ces maximes fécondes qui ont été consacrées par tous les peuples policés, et qui servent à diriger la marche de toute législation bien ordonnée. Ces maximes n'appartiennent à aucun Code particulier. Elles sont comme les prolégomènes, (préface, prélude, préambule, discours préalable, introduction) de tous les Codes. Il a néanmoins paru que leur véritable place était en avant du Code civil, parce que cette espèce de Code est celle qui, plus que toute autre, embrasse l'universalité des choses et des personnes.

Tome i.

2. Les Français sont égaux devant la loi, quels que soient d'ailleurs leurs titres et leurs rangs (a). *Lex est commune præceptum. Jura non in singulas personas, sed generaliter constituuntur.*

3. Les lois sont exécutoires dans tout le territoire français, en vertu de la promulgation qui en est faite par le roi (b).

4. Le roi seul sanctionne et promulgue les lois (c).

5. A la Guyane, le gouverneur promulgue les lois, ordonnances, arrêtés et réglemens, et en ordonne l'enregistrement (d).

6. Les lois, ordonnances et réglemens de la métropole ne peuvent être rendus exécutoires dans la colonie que par l'ordre du roi (e).

7. Avant la Charte constitutionnelle, la loi prenait sa date du jour où elle était décrétée par le corps législatif (f). Aujourd'hui elle ne la prend que du jour où elle est sanctionnée par le roi.

8. On appelle promulgation (3. 4) le mandement par lequel le roi ordonne l'envoi de la loi aux autorités constituées, et qui porte une date particulière.

(a) Charte du 4 juin 1814, art. 1 et 71 : B. 17, n° 133, 5ᵉ série. — (b) Art. 1 c. c. — (c) Ch. art. 22 : B. 17, n° 155, 5ᵉ s. — (d) Art. 65, ord. 27 août 1828 : B. 261, n° 9865, 8ᵉ s. — (e) Id. — (f) Av. du cons. d'Ét. 5 pluv. an 8 : B. 6, n° 57, 5ᵉ série.

9. Sous l'ancien régime, la loi était une volonté du prince. Elle était adressée aux cours souveraines, chargées de la vérification et du dépôt des lois. La loi n'était point exécutoire dans un ressort avant d'y avoir été vérifiée et enregistrée, mais elle devait s'exécuter aussitôt après l'enregistrement. La vérification était un examen, une discussion de la loi nouvelle. Elle représentait la délibération, qui est de l'essence de toutes les lois. L'enregistrement était la transcription de la loi vérifiée. Il produisait le double effet d'une sanction et d'une promulgation. Les cours pouvaient suspendre ou même refuser l'enregistrement d'une loi, la modifier en l'enregistrant, et ces modifications faisaient partie de la loi même. Une loi pouvait être acceptée par une cour souveraine, et refusée par une autre. Elle pouvait être diversement modifiée par les diverses cours. Il y avait certains ressorts où la loi était censée promulguée, et devenait exécutoire pour tous les habitans du pays, du jour qu'elle avait été enregistrée par le parlement de la province. Dans d'autres ressorts on ne regardait l'enregistrement que comme le complément de la loi considérée en elle-même, et non comme sa promulgation ou publication : on jugeait que la formation de la loi était consommée par l'enregistrement, mais qu'elle n'était promulguée que par l'envoi aux tribunaux subalternes, et qu'elle n'était exécutoire dans

chaque territoire que du jour de la publication faite à l'audience par la sénéchaussée ou le bailliage de ce territoire.

10. Un décret de l'Assemblée constituante, du 2 novembre 1790, porta qu'une loi était complète dès l'instant qu'elle avait été sanctionnée par le roi; que la transcription et la publication de la loi, faites par les corps administratifs et par les tribunaux, étaient de même valeur; et que la loi était obligatoire du moment où la publication en avait été faite, soit par l'administration, soit par le tribunal de l'arrondissement, sans qu'il fût nécessaire qu'elle eût été faite par tous deux. Le même décret voulait que la publication se fît par lecture, placards et affiches.

11. La Convention ordonna l'impression d'un *Bulletin des Lois*, et l'envoi de ce Bulletin aux autorités constituées. Elle décida que dans chaque lieu la promulgation de la loi serait faite, dans les vingt-quatre heures de la réception, par une publication au son de trompe ou de tambour, et que la loi y deviendrait obligatoire à compter du jour de la publication. La même assemblée rendit, le 12 vendémiaire an IV, un nouveau décret, par lequel elle supprima la publication à son de trompe ou de tambour. Elle conserva l'usage d'un bulletin officiel, que le ministre de la justice fut chargé d'adresser aux

fonctionnaires mentionnés dans le décret. Elle déclara que les lois obligeraient, dans l'étendue de chaque département, du jour où le Bulletin serait distribué au chef-lieu, et que ce jour serait constaté par un registre où les administrateurs certifieraient l'arrivée de chaque numéro. L'envoi d'un bulletin officiel aux administrations et tribunaux a été, jusqu'à l'émission du Code civil, le mode suivi pour la promulgation des lois.

12. Les rédacteurs du projet de Code avaient pensé que les lois dont l'application appartient aux tribunaux devaient être exécutoires, dans chaque partie de la France, du jour de leur publication par les cours d'appel; et les lois administratives, du jour de la publication faite par les corps administratifs. Ils avaient ajouté que les lois dont l'exécution et l'application appartiendraient à la fois aux tribunaux et à d'autres autorités, leur seraient respectivement adressées, et qu'elles seraient exécutoires, en ce qui est relatif à la compétence de chaque autorité, du jour de la publication par l'autorité compétente. Mais ce système de l'envoi aux tribunaux ou aux corps administratifs, et de la transcription dans leurs registres, a présenté l'inconvénient qu'à chaque instant la négligence ou la mauvaise foi d'un officier public pouvait paralyser la législation, au préjudice de l'État et des citoyens. Le plan des rédacteurs joignait aux vices des autres systèmes un vice de

plus : il fallait juger chaque loi, pour déterminer l'autorité qui devait en faire l'application.

13. On s'est fixé à ce que la loi peut être considérée 1° relativement à l'autorité dont elle
émane, 2° relativement à la nation pour qui elle
est faite. Entre la loi et le peuple il faut un lien
de communication. Ce lien est la promulgation. Avant, la loi est parfaite relativement à
l'autorité dont elle est l'ouvrage; mais son exécution ne peut commencer qu'après.

14. En France, la forme de la promulgation
est constitutionnelle; car la Charte règle que les
lois seront promulguées, et qu'elles le seront
par le roi (4). C'est pour cela qu'on a établi
que les lois seraient exécutoires en vertu de la
promulgation du roi (3).

15. Les lois sont exécutées dans chaque partie
du royaume, du moment où la promulgation
en peut être connue (a). Il faut que la promulgation soit connue ou puisse l'être, mais il n'est
pas nécessaire d'atteindre chaque individu. La
loi parle non à chaque particulier, mais au
corps entier de la société. Il suffit que les particuliers aient pu connaître la loi. C'est leur
faute, s'ils l'ignorent quand ils ont pu et dû la
connaître. Il y a bien moins d'inconvénient à
ce qu'un citoyen soit lié par une loi qu'il n'a
pas connue, lorsque tous les moyens de publi-

(a) Art. 1 c. c.

cité ont été pris, qu'à laisser la société sans loi, ou, ce qui est la même chose, qu'à lui donner des lois que chacun pourrait violer impunément, sous prétexte d'ignorance. *Nemini fas est jus ignorare. Nemo legem ignorare censetur. Regula est, juris ignorantiam cuique nocere.*

16. La loi était autrefois un mystère jusqu'à sa formation. Elle était préparée dans les conseils secrets du prince. Lors de sa vérification par les cours, la discussion n'en était pas publique. Aujourd'hui les discussions et délibérations se font avec solennité et en présence du peuple. On connaît les pensées du législateur avant qu'elles soient réduites en commandemens. Un délai précède la promulgation, et pendant ce délai la loi circule dans toutes les parties de l'État. Elle est déjà publique avant d'être promulguée. Cependant, comme ce n'est qu'une publication de fait, on a cru devoir garantir cette publicité de droit qui produit l'obligation et force l'obéissance. En conséquence, on a ménagé, après la promulgation, de nouveaux délais, pendant lesquels la loi promulguée dans le lieu où siège le gouvernement, peut être successivement parvenue jusqu'aux extrémités du royaume. On avait jeté l'idée d'un délai unique, d'un délai uniforme, après lequel la loi aurait été, dans le même instant, exécutoire partout. Mais il a semblé absurde et injuste que la loi fût sans exécution dans le lieu

de sa promulgation et dans les contrées envi-
ronnantes, parce qu'elle ne pouvait pas encore
être connue dans les parties les plus éloignées
du territoire. On a donc gradué les délais d'a-
près les distances.

17. La promulgation faite par le roi est réputée connue dans le département de la résidence royale, un jour après celui de la promulgation (*a*). Par conséquent la loi promulguée à
Paris le premier d'un mois, est exécutoire dans
toute l'étendue du département de la Seine le
trois du même mois.

18. Et dans chacun des autres départemens,
après l'expiration du même délai, augmenté
d'autant de jours qu'il y a de fois dix myriamètres (environ vingt lieues) entre la ville où
la promulgation a été faite, et le chef-lieu de
chaque département (*b*). Ainsi la loi promulguée à Paris le premier d'un mois, est exécutoire dans tel département dont le chef-lieu est
éloigné de Paris de dix myriamètres ou de
moins, le quatre; et ainsi progressivement un
jour par dix myriamètres, ou par fraction de
cette distance après les différentes distances de
dix myriamètres complets.

19. De ce qui précède ne résulte pas la conséquence que le Bulletin des lois cessera d'être
envoyé aux tribunaux et autres autorités. On

(*a*) Art. 1. c. c. — (*b*) *Id.*

doit en conclure seulement que cet envoi n'a pas toujours été nécessaire pour qu'on ne pût se dispenser d'exécuter la loi.

20. Afin de régulariser et indiquer le jour où la promulgation de chaque loi est réputée connue dans chacun des départemens, le gouvernement a pris, les 25 thermidor an XI, 16 mai 1810 et 7 juillet 1824, des arrêtés contenant les distances de Paris aux chefs-lieux de département (*a*).

21. La promulgation des lois et des ordonnances royales résulte de leur insertion au Bulletin officiel (*b*).

22. Elle est réputée connue un jour après que le Bulletin des lois a été reçu de l'imprimerie royale par le ministre de la justice (*c*).

23. Ce ministre constate sur un registre l'époque de la réception (*d*).

24. Les lois et ordonnances sont exécutoires, dans chacun des autres départemens du royaume, après l'expiration du même délai augmenté d'autant de jours qu'il y a de fois dix myriamètres entre la ville où la promulgation en a été faite et le chef-lieu de chaque département, suivant le tableau annexé à l'arrêté du 25 thermidor an XI (*e*).

(*a*) B. 312, n° 3149, 3ᵉ s. ; B. 287, n° 5414, 4ᵉ s. ; B. 680, n° 17306, 7ᵉ s. — (*b*) Art. 1 de l'ord. du 27 nov. 1816 : B. 124, n° 1347, 7ᵉ s. — (*c*) Art. 2. — (*d*) *Id.* — (*e*) Art. 5.

25. Néanmoins, dans les cas et les lieux où le roi juge convenable de hâter l'exécution, les lois et ordonnances sont censées publiées et sont exécutoires du jour qu'elles sont parvenues au préfet (*a*).

26. Il en constate la réception sur un registre (*b*).

27. Dans ce cas (25. 26), les préfets doivent prendre incontinent un arrêté par lequel ils ordonnent que lesdites lois et ordonnances soient imprimées et affichées partout où besoin est (*c*).

28. Lesdites lois et ordonnances sont exécutées à compter du jour de la publication faite dans cette (27) forme (*d*).

29. On avait demandé, avant la restauration, si les lois, dans les quatre nouveaux départemens de la rive gauche, n'étaient obligatoires que du jour où les Bulletins, traduits dans les deux langues, étaient parvenus et avaient été enregistrés au chef-lieu du département. Le ministre de la justice a répondu que la promulgation et la distance du lieu où elle se faisait, des différens chefs-lieux de département, étaient les seules choses à considérer pour déterminer l'époque à laquelle les lois étaient obligatoires, et que dès lors l'envoi des Bulletins, leur traduction, leur enregistrement au chef-lieu, ne

(*a*) Art. 4, ord. 27 nov. 1816 : *B.* 124, n° 1347, 7e *s.* — (*b*) *Id.* — (*c*) Art. 1, ord. 18 janv. 1817 : *B.* 154, n° 1622, 7e *s.* — (*d*) Art. 2.

pouvaient plus être considérés que comme des marques secondaires de précaution, de secours, pour assurer l'application.

30. Remarquez que, pour fixer l'époque où la loi devient obligatoire, il ne faut avoir égard qu'à la distance du chef-lieu du département (18), sans faire attention à celle des autres villes ou endroits formant l'arrondissement ou le ressort.

31. On considère dans le délai le département où siège le gouvernement (17). Ainsi ce délai pourrait changer à l'égard de chaque département, si le gouvernement changeait le lieu de son siège. Mais il ne faudrait point, pour fixer le délai, considérer le département où le gouvernement réside accidentellement et en voyage : il s'agit de celui où il réside ordinairement, où est le centre des affaires.

32. Quel sera le sort des actes contraires à la loi nouvelle, faits dans l'intervalle du jour de la promulgation à celui où elle devient obligatoire? — Ils ne peuvent être annulés par la nouvelle loi, qui n'a point encore d'empire : il n'y a pas de désobéissance, quand il n'y a pas de commandement. Ces mêmes actes ne sont pas réprouvés par la première loi, à laquelle il faut nécessairement supposer qu'ils sont conformes; sans quoi, ils seraient nuls, en vertu non pas de la loi nouvelle, mais de l'ancienne, à laquelle il y aurait contravention.

Il serait contradictoire d'établir que la loi ne sera obligatoire qu'à telle époque, et de vouloir qu'on s'y conforme auparavant. Il est d'ailleurs inadmissible qu'il y ait un interrègne dans les lois. Il faut que les anciennes soient observées jusqu'au moment où les nouvelles en prennent la place. Donc, non-seulement l'acte conforme aux anciennes lois, fait dans l'intervalle de la promulgation au moment où elle produit son effet, est valable; mais même l'acte fait, dans cet intervalle, conformément à la loi nouvelle, serait nul, s'il était directement contraire à l'ancienne. Par la même raison, tous les cas arrivés dans cet intervalle, et jusqu'au moment où la loi nouvelle devient obligatoire, doivent être réglés et jugés suivant les lois, coutumes et usages anciens, qui jusques-là conservent toute leur autorité.

33. Les décrets dits impériaux, insérés au Bulletin des lois, étaient obligatoires, dans chaque département, du jour auquel ce Bulletin avait été distribué au chef-lieu, conformément à l'art. 12 de la loi du 12 vendémiaire an IV (a).

34. Quant à ceux qui n'étaient point insérés au Bulletin, ou qui n'y étaient indiqués que par leur titre, ils étaient obligatoires du jour qu'il en était donné connaissance aux personnes

(a) Av. du cons. d'Ét. 25 prair. an XIII : B. 48. n° 812. 4° s

qu'ils concernaient, par publication, affiche, notification ou signification, ou envois faits ou ordonnés par les fonctionnaires publics chargés de l'exécution (*a*).

35. Cela (33. 34) était fondé sur ce que ces décrets n'étaient pas préparés et rendus avec la publicité qui accompagne la proposition et la discussion des lois, et ne pouvaient par conséquent être frappés de la même présomption de connaissance (*b*).

36. Ces règles (33—35), s'il y avait lieu de les rappeler aujourd'hui, se trouveraient implicitement abrogées par l'ordonnance (21. 24) du 27 novembre 1816 (*c*).

.37 Les avis du conseil d'état étaient obligatoires pour les tribunaux (*d*).

38. L'exécution de ces avis remonte à celle des lois dont ils interprètent les dispositions (*e*).

39. Sauf néanmoins les droits irrévocablement acquis avant que les avis interprétatifs eussent été approuvés par le chef lors actuel du gouvernement (*f*).

40. Les circulaires ministérielles ne sont pas obligatoires pour les tribunaux (*g*).

(*a*) Av. du cons. d'Ét. 25 prair. an XIII : B. 48, n° 812, 4ᵉ s. — (*b*) *Id.* — (*c*) Cas. 2 juil. 1818 : *J. P. t.* 53, *p.* 117. — (*d*) Journ. de l'enreg^t 1808, p. 142 : Sirey, 1808, déc. div. p. 293. — (*e*) Cas. 19 oct. 1808 : *Denevers*, 1808, *p.* 546. — (*f*) *Id.* — (*g*) Cas. 11 janv. 1816 : *J. P. t.* 46, *p.* 2}.

41. Des instructions administratives n'ont pas force de loi *(a)*.

42. Quoique la justice des lois arbitraires soit fondée sur l'utilité publique et sur l'équité des motifs qui y donnent lieu, comme elles n'ont d'autorité que par la puissance du législateur, et qu'elles n'opèrent qu'après leur publication (3. 15), la loi ne dispose que pour l'avenir *(b)*. *Ad præterita, finita transactave retrotrahi nequeunt.*

43. Elle n'a point d'effet rétroactif *(c)*. *Leges et constitutiones futuris certum est dare formam negotiis, non ad facta præterita revocari.* La loi ne doit avoir pour but que de régler les cas non encore arrivés. S'il en était autrement, jamais il n'existerait rien de stable. Ce qu'on aurait fait aujourd'hui conformément à la loi ou sans qu'aucune loi s'y opposât, serait détruit demain par une seconde loi; et l'ouvrage de demain pourrait être, à son tour, anéanti par l'intervention d'une loi nouvelle.

44. Ce n'est pas violer cette règle que d'appliquer le Code civil à une contestation antérieure, si les principes anciens étaient les mêmes *(d)*.

45. Une loi peut, sans rétroagir, arrêter des

(a) Cas. 18 fév. 1820 : *J. P. t.* 58, *p.* 169. — *(b)* Art. 2 c. c. — *(c)* Art. 2 c. c. Art. 4 c. p. — *(d)* Cas. 4 janv. 1825 : *J. P. t.* 73, *p.* 54.

intérêts qu'une loi antérieure faisait courir d'office (a).

46. On appelle effet rétroactif (43) ce qui fait considérer une chose arrivée après une autre, comme si la dernière était arrivée au temps de la première.

47. En vain on opposerait que le principe (42. 43) ne doit point trouver place dans un Code de lois, parce qu'il ne regarde que les législateurs, qui peuvent toujours changer les lois qu'ils ont faites, et substituer au principe une loi rétroactive, dont les tribunaux ne sauraient se dispenser d'ordonner l'exécution, et à laquelle les citoyens ne sauraient éviter d'obéir. — On répondrait que la disposition ne contient pas seulement un précepte pour les législateurs, qu'elle renferme de plus une obligation pour les juges et une garantie pour les citoyens. Elle recommande aux magistrats de ne jamais appliquer la loi à des faits antérieurs à son existence. Elle promet aux particuliers qu'ils ne seront jamais recherchés pour quelque acte que ce soit, si cet acte n'était défendu par aucune loi lorsqu'on l'a commis.

48. Il ne faut pas confondre les jugemens avec les lois. Il est de la nature des jugemens de régler le passé, parce qu'ils n'interviennent que sur des faits auxquels ils appliquent des lois

____

(a) Cas. 7 nov. 1825 : J. P. t. 75. p. 235.

existantes. Mais le passé n'est point du domaine des lois qui surviennent, puisqu'elles ne le régissaient pas.

49. Pourquoi, dira-t-on, laisser impunis des abus qui existaient avant la loi que l'on promulgue pour les réprimer? — Parce qu'il ne faut pas que le remède soit pire que le mal. Toute loi naît d'un abus : il n'y aurait donc point de loi qui ne dût être rétroactive. Il ne faut point exiger que les hommes soient avant la loi ce qu'ils ne doivent devenir que par elle.

50. De quel moment faut-il partir pour mettre en usage, dans l'administration de la justice, le principe de la non-rétroactivité?—S'il s'agit, par exemple, d'un droit acquis par une convention, ou tout autre acte entre vifs, qui ait une date certaine, il est hors de doute qu'en cas de contestation, cette convention et cet acte doivent être régis, tant pour la forme que pour le fond, par les lois qui existaient quand ils ont été passés ; et que les lois postérieures ne peuvent influer en rien sur le jugement, en quelque temps qu'il soit rendu. —Mais s'il s'agit d'une action intentée en vertu d'une loi existante, dans la vue d'acquérir les avantages accordés par cette loi, cette action sera-t-elle paralysée par l'événement d'une loi nouvelle, qui contrarie la loi antécédente? Le jugement à rendre devra-t-il être basé sur la loi qui existait quand l'action a été intentée, ou

sur la loi intervenue avant le jugement? — On pense que le droit acquis par une loi est irrévocable, à moins que la nouvelle ne l'ait expressément révoqué ; que par conséquent le jugement à rendre doit être basé sur la loi qui existait quand l'action a été intentée.

51. La loi du 30 juillet 1828 (a) est relative à l'interprétation des lois par les Chambres, après deux pourvois en cassation.

52. Quelques auteurs et même quelques arrêts avaient distingué entre les lois interprétatives, déclaratives d'un droit commun ou déjà reçu, d'avec les lois constitutives d'un droit nouveau ou destructives d'un droit ancien. Ils avaient accordé aux premières l'effet rétroactif. Mais, outre que cette distinction peut jeter dans l'arbitraire, il est sensible que si la loi nouvelle ne contenait pas quelque disposition qui modifiât ou changeât la loi ancienne, elle serait tout-à-fait inutile. On doit donc admettre que si la loi contient quelque disposition nouvelle qui change ou modifie la loi déjà existante, elle ne saurait avoir d'effet rétroactif, et il faut regarder comme proscrite la distinction ci-dessus.

53. S'il survient quelque loi qui ne soit que purement explicative de la loi existante, qui se borne à montrer quelle est la seule manière

____

(a) B. 244, n° 8800, 8ᵉ s.

d'entendre un mot, une expression équivoque, on pense que, quoiqu'une telle loi dût être exécutée même pour le passé, on ne pourrait pourtant pas la regarder comme ayant un effet rétroactif, par la raison que le sens qu'elle explique est réputé avoir existé dans la loi expliquée (38). Cependant les jugemens rendus en dernier ressort et les décisions arbitrales passées en force de chose jugée devraient toujours être exécutés (39).

54. Les lois de police et de sûreté obligent tous ceux qui habitent le territoire (*a*). Un étranger devient le sujet casuel du pays sur lequel il passe ou réside. Dans le cours de son voyage ou pendant sa résidence, il est protégé par cette loi : il doit donc la respecter. Comment un État se conserverait-il, s'il existait dans son sein des hommes qui pussent impunément enfreindre sa police et troubler sa tranquillité ? Habiter le territoire, c'est se soumettre à la souveraineté. Tel est le droit politique de toutes les nations. Chez toutes, les étrangers qui délinquent sont traduits devant les tribunaux du pays. Il y a exception pour les ambassadeurs ; ce qui les concerne est réglé par le droit des gens et par les traités. Voir les art. 5, 6 et 7 C. I. C.

55. Les immeubles, même ceux possédés par des étrangers, sont régis par la loi française (*b*).

(*a*) Art. 3 c. c. — (*b*) *Id.*

Les lois qui règlent la disposition des biens
immeubles , au moyen des contrats , des actes
entre vifs ou à cause de mort , sont appelées
réelles. Ces lois régissent les immeubles , lors
même qu'ils sont possédés par des étrangers.
Ce principe dérive de ce que les publicistes ap-
pellent le domaine éminent du souverain. Point
de méprise sur ces mots. Ce serait une erreur
d'en conclure que chaque État a un droit universel de propriété sur les biens de son territoire. Les mots domaine éminent n'expriment
que le droit qu'a la puissance publique de régler la disposition des biens par des lois civiles,
de lever sur ces biens des impôts proportionnés
aux besoins publics , et de disposer de ces
mêmes biens pour quelque objet d'utilité publique , en indemnisant les particuliers qui les
possèdent. Au citoyen appartient la propriété,
et au souverain l'empire. Mais les propriétés
des citoyens , réunies et contiguës , forment le
territoire de l'État; et relativement aux nations
étrangères ce territoire compose un seul tout ,
qui est sous l'empire du souverain ou de l'État.
La souveraineté est un droit à la fois réel et
personnel. Conséquemment aucune partie du
territoire ne peut être soustraite à l'administration du souverain, comme aucune personne
habitant le territoire ne peut être soustraite
à sa surveillante autorité. La souveraineté est
indivisible. Elle cesserait de l'être , si les por-

tions d'un même territoire pouvaient être régies par des lois qui n'émaneraient pas du même souverain. Il est donc de l'essence des choses que les immeubles dont l'ensemble constitue le territoire public d'un peuple, soient exclusivement régis par les lois de ce peuple, quoiqu'une partie de ces immeubles puisse être possédée par des étrangers.

56. Les tribunaux français sont compétens pour connaître de l'action en partage d'immeubles situés en France, quoique dépendans d'une succession ouverte en pays étranger, et quoique tous les co-héritiers soient étrangers (*a*).

57. Les lois concernant l'état et la capacité des personnes régissent les Français, même résidans en pays étranger (*b*). Les lois personnelles, c'est-à-dire celles qui sont relatives à la qualité des personnes, les suivent partout. Ainsi un Français, soit d'origine, soit naturalisé, ne peut éluder les lois de sa patrie, pour aller se marier en pays étranger, sans le consentement de ses père et mère, avant l'âge de vingt-cinq ans, comme nous le développerons sous le titre des *formalités relatives à la célébration du mariage*. Ainsi encore, même en pays étranger, le Français est protégé contre un illégal emprisonnement. Nous y reviendrons en traitant de la contrainte par corps.

(*a*) Colmar, 12 août 1817 : *J. P. t.* 52. *p.* 46. — (*b*) Art. 3 c. c.

58. Le Français qui possède des immeubles en pays étranger, est soumis aux lois et tribunaux de la situation des biens, pour le jugement de toute action réelle tendante à éviction (*a*).

59. Les colonies sont régies par des lois et des réglemens particuliers (*b*). On en a déjà '(5. 6) vu un exemple.

60. Le juge qui refuse de juger, sous prétexte du silence, de l'obscurité ou de l'insuffisance de la loi, peut être poursuivi comme coupable de déni de justice (*c*). *Quod legibus omissum est, non omittetur religione judicantis. Supplet prætor in eo quod legi deest.* C'est ici un grand changement aux précédens usages. Dans l'ancien régime, les tribunaux étaient obligés de déférer au législateur, quand ils pensaient que la loi devait être interprétée, à plus forte raison quand il n'en existait aucune pour le cas particulier (*d*). La constitution de l'an III avait aussi fait aux juges un devoir de recourir, dans ce cas, au corps législatif. Pour faire prévaloir le système contraire, on s'est étayé des considérations suivantes. Les lois ne sauraient prévoir tous les cas. L'administration de la justice serait perpétuellement interrompue, si un juge s'abstenait de prononcer toutes les fois que la

<hr>

(*a*) Paris, 28 janv. 1822 : *J. P. t.* 63, *p.* 26. — (*b*) Ch. const. art. 73 : B. 17, n° 135, 5° s. — (*c*) Art. 4 c. c. — (*d*) Ord. 1667, t. 1, art. 7.

contestation qui lui est soumise n'a pas été prévue. L'office de la loi est de statuer sur les cas qui arrivent le plus fréquemment. Les accidens, les cas fortuits, extraordinaires, ne sauraient être la matière d'une loi. *Quæ rarò accidunt, non computantur*. Même dans les choses qui méritent la sollicitude du législateur, il est impossible de tout fixer par des règles précises. De plus, on peut prévoir une loi à faire, sans croire devoir la précipiter. Il est donc une foule de circonstances dans lesquelles le juge se trouve sans loi. Il faut lui laisser la faculté d'y suppléer par les lumières naturelles de la droiture et du bon sens. Rien ne serait plus püéril que de vouloir prendre des précautions suffisantes pour qu'un juge n'eût jamais qu'un texte précis à appliquer. En voulant prévenir les jugemens arbitraires, on exposerait la société à mille jugemens iniques ; et, ce qui est pis, on l'exposerait à ne pouvoir plus se faire rendre justice. Avec la folle idée de décider tous les cas, on ferait de la législation un dédale immense, dans lequel la mémoire et la raison se perdraient également. Quand la loi se tait, la nature parle encore. Il est rare qu'il naisse des contestations sur l'application d'un texte précis. C'est ordinairement parce que la loi est obscure ou insuffisante, ou même parce qu'elle se tait, qu'il y a matière à litige. Il faut donc que le juge ne s'arrête jamais. Le pouvoir de

juger n'est pas toujours dirigé, dans son exercice, par des préceptes formels : il l'est par des
maximes, des usages, des exemples. *Ad similia
leges trahuntur, si eadem sit utilitas vel interpre-
tatio.* Il ne peut y avoir d'exception à ces règles
que pour les matières criminelles; et encore,
dans ces matières, le juge choisit le parti le plus
doux, si la loi est obscure ou insuffisante; et il
absout l'accusé, si la loi se tait sur le crime. Il
est souvent arrivé que des tribunaux, trouvant
la loi muette ou obscure sur une question qui
leur était soumise, se sont adressés au corps législatif, pour avoir une solution qu'ils croyaient
ne pas devoir donner, et en conséquence ont
suspendu le jugement jusqu'à ce que la réponse
fût parvenue. On n'aurait point ainsi arrêté
le cours de la justice, si l'on eût été sans cesse
pénétré du principe que la loi n'a point d'effet
rétroactif (42. 43). Il est incontestable que, ne
pouvant disposer que pour l'avenir, elle ne doit
point statuer sur des questions soumises aux
tribunaux antérieurement à son existence. Si
elle le fait, cette loi n'est point, par rapport à
ces mêmes questions, une disposition législative : elle ne l'est que dans l'expression; mais
dans la réalité c'est un jugement. De là résulte
une confusion manifeste du pouvoir législatif
avec le pouvoir judiciaire. D'ailleurs, en émet-
tant une loi sur chaque difficulté non prévue,
de quelle quantité prodigieuse ne serait-on pas

bientôt accablé! Combien de fois aussi n'arri-
verait-il pas que la loi particulière dérogerait
à la loi générale, au lieu d'être seulement in-
terprétative ! Et comme l'ancienne se trouverait liée à d'autres corrélatives, il n'y aurait
plus d'ensemble dans les différentes parties de
la législation. On y verrait au contraire une
incohérence monstrueuse, d'où résulterait une
foule de procès. En matière criminelle les inconvéniens seraient bien plus graves encore.
S'il fallait attendre une loi pour juger un acte
que les magistrats croiraient condamnable, et
sur lequel aucune loi ne leur paraîtrait avoir
prononcé, il n'est pas un citoyen qui ne dût
craindre continuellement de se voir un jour
poursuivi comme coupable, en vertu d'une loi
postérieure à l'acte qu'il aurait commis dans
un temps où cet acte n'était nullement défendu.
En un mot, pour toute affaire, soit civile, soit
criminelle : ou la loi parle, ou elle se tait. Si
la loi parle, il faut juger, en se conformant à
sa volonté. Si elle se tait, il faut juger encore;
mais avec cette différence que, lorsqu'il s'agit
d'une affaire civile, les juges doivent se déterminer par les règles de l'équité, qui consistent
dans les maximes de droit naturel, de justice
universelle et de raison; et que, lorsqu'il s'agit
d'un procès criminel, l'accusé doit être ren-
voyé, vu le silence de la loi. *Non leges ita scribi
possunt, ut omnes casus comprehendantur. Jura*

constitui oportet in his quæ ut plurimùm accidunt, non quæ ex inopinato.

61. Il faut d'abord que le refus du juge soit constaté, et ensuite qu'il soit motivé sur le dé-faut ou l'insuffisance de la loi; car c'est dans ce cas seulement (60) qu'il peut y avoir lieu à poursuite pour déni de justice.

62. La voie à employer est celle de la prise à partie.

63. Sur la forme, consultez le titre trois du quatrième livre de la première partie du Code de procédure civile, et sur la peine l'article 185 du Code pénal.

64. Le recours pour déni de justice n'entraîne pas nécessairement l'intimation du juge. La loi est facultative (60). On peut donc exercer le recours sans poursuivre le juge; et comme, respectivement au plaideur, la peine du déni de justice consiste en dommages-intérêts : si la partie n'intime point le juge, si elle ne forme point contre lui cette demande, il n'encourt plus que les peines de discipline.

65. Cette intimation n'est point une action principale, qui nécessite l'essai préalable de con-ciliation, mais un incident du procès, et que le paragraphe 7 de l'article 49 du Code de pro-cédure autorise à porter directement devant l'autorité qui doit en connaître.

66. Il est défendu aux juges de prononcer par voie de disposition générale et réglementaire

sur les causes qui leur sont soumises (*a*). Autrefois les cours souveraines rendaient des arrêts de réglement. Le droit qu'elles exerçaient à cet égard était fondé sur une ancienne possession qui dérivait du pouvoir législatif, auquel elles participaient en vérifiant les lois (9). Il est évident que ces arrêts de réglement étaient tout à la fois des jugemens et des lois : des jugemens, pour la cause sur laquelle ils statuaient ; des lois, pour les questions semblables ou analogues qui pouvaient se présenter à l'avenir. Aujourd'hui de tels actes seraient inconstitutionnels. La ligne de démarcation est fixée entre les pouvoirs législatif et judiciaire. Celui-ci n'a pas plus la faculté de faire des lois, que celui-là de rendre des jugemens. En laissant donc au ministère du juge la latitude convenable (60), on lui rappelle les bornes qui dérivent de la nature même de son pouvoir. Un juge est associé à l'esprit de la législation, mais ne saurait partager le pouvoir législatif. Une loi est un acte de souveraineté, une décision n'est qu'un acte de juridiction. Or, le juge deviendrait législateur, s'il pouvait, par des réglemens, statuer sur les questions qui s'offrent à son tribunal. Un jugement ne lie que les parties entre lesquelles il intervient. Un réglement lierait tous les justiciables, et le tribunal lui-même.

(*a*) Art. 5 c. c. Art. 127 c. p.

Il y aurait bientôt autant de législations que de ressorts. Un tribunal n'est pas dans une région assez haute pour délibérer des réglemens et des lois : il serait circonscrit dans ses vues, comme il l'est dans son territoire. L'esprit de judicature, toujours livré à des détails, et ne prononçant que sur des intérêts particuliers, ne pourrait souvent s'accorder avec l'esprit du législateur, qui voit les choses plus généralement et d'une manière plus vaste.

67. Les tribunaux ne peuvent, sans excès de pouvoir, délivrer des arrêtés en forme d'actes interprétatifs du sens de quelques articles de coutume ou de loi (a).

68. Ni prendre un arrêté en forme de réglement général, dont les dispositions tendent à obliger pour l'avenir tous ses justiciables (b).

69. Un jugement de justice de paix portant condamnation à réparer le dommage causé par des animaux, contient excès de pouvoir, s'il fait en même temps défense indéfinie au propriétaire de les laisser divaguer à l'avenir quand les récoltes sont pendantes et dans leur maturité (c).

70. Il y a excès de pouvoir dans la défense

(a) Cas. 14 avril 1824 : *J. P. t.* 69, *p.* 129. — (b) Cas. 19 juil. 1825 : *J. P. t.* 74, *p.* 305. — (c) Cas. 28 janv. 1824 : *J. P. t.* 69, *p.* 138.

que fait le juge au condamné, de continuer à
tenir de mauvais propos contre ses voisins (a).

71. Un tribunal ne peut faire de réglemens
additionnels sur l'exercice des huissiers (b).

72. Les lois ont leur effet indépendamment
de la volonté des particuliers : personne ne saurait empêcher les lois de régler ce qui le regarde. On ne peut déroger, par des conventions
particulières, aux lois qui intéressent l'ordre
public et les bonnes mœurs (c). *Jus publicum
pactis privatorum mutari non potest. Pacta quæ
contra leges constitutionesque vel contra bonos
mores fiunt, nullam vim habere indubitati juris est.*
Les conventions portent sur des intérêts privés;
ce qui constitue l'ordre public, tient à l'intérêt
de tous. Ce n'est que pour maintenir l'ordre
public qu'il y a des gouvernemens et des lois :
il est donc impossible d'autoriser entre les
citoyens des conventions capables d'altérer ou
de compromettre l'ordre public. Ainsi les promesses qui le violent, n'obligent à rien, qu'aux
peines méritées par ceux qui les ont faites.

73. La clause de garantie des biens originairement acquis de la nation, est contraire aux
lois d'ordre public, et, comme telle, doit être
sans effet (d).

(a) Cas. 19 juin 1828 : *J. P. t.* 81, *p.* 451. — (b) Cas. 22 mars
1825 : *J. P. t.* 73, *p.* 172. — (c) Art. 6 c. c. — (d) Paris, 23 janv.
1806 ; *J. C. C. t.* 6, *p.* 478.

74. Il est dérogé par des conventions particulières, aux lois qui intéressent l'ordre public (72), lorsque les contractans prennent des
engagemens prohibés à raison des choses ou
des personnes ; car les lois irritantes (qui annullent, rendent inutiles un acte ou une
clause) appartiennent essentiellement à l'ordre
public. *Irritum est quidquid , lege prohibente ,
factum est.* Mais il n'est pas contraire à cet
ordre de se relâcher d'un droit établi , quand
il ne s'agit que d'un intérêt privé. Ainsi deux
époux ne pourraient convenir de dissoudre
leur mariage. Mais un débiteur et un créancier peuvent faire une convention d'après laquelle l'un promette de ne pas user envers
l'autre d'une prescription acquise. Dans le contrat de gage on ne peut stipuler que , faute de
payer au jour marqué la somme prêtée , le
gage appartiendra au prêteur. Dans le contrat
de dépôt on ne peut stipuler que le dépositaire
ne sera pas garant de son dol. Un père , en
donnant par testament un tuteur à ses enfans,
ne peut l'affranchir de l'obligation de rendre
compte. Mais tout homme qui contracte un
cautionnement, peut renoncer au bénéfice de
discussion ou de division. L'acheteur peut renoncer à ce que le vendeur lui garantisse la
chose vendue. Cependant on ne peut stipuler
que le vendeur ne sera pas garant de son pro-

pre fait , parce que ce serait l'affranchir de l'o-
bligation de garantir le dol personnel.

75. L'ordre des juridictions est de droit public , quant au ressort et au pouvoir des juges.
Il est de droit privé , quant aux délais fixés
pour l'exercice des actions. Si une affaire est
portée immédiatement devant une cour d'appel, l'arrêt qu'elle rendra sera nul. Mais si un
appel est interjeté après les délais, et que l'intimé y défende sans opposer l'exception de la
chose jugée, l'arrêt intervenu sur le fond sera
valable, parce que le délai n'établissait en faveur de cet intimé qu'une sorte de prescription,
droit auquel il a pu renoncer.

76. Par suite du principe d'ordre général
(72), sont dispensés du préliminaire de la
conciliation les demandes qui intéressent l'État,
le domaine, les communes, les établissemens
publics, les mineurs, les interdits, les curateurs
aux successions vacantes, parce que ce sont matières sur lesquelles on ne saurait transiger ou
compromettre, du moins régulièrement, et sans
accomplir certaines formalités extraordinaires
et spéciales.

PERSONNES.

—

77. Les personnes sont le premier objet du Droit, car c'est pour elles principalement que tout le droit est établi.

78. L'acception du mot personne, dans le sens civil, désigne l'état de l'homme par rapport aux lois du pays ou de la nation dont il est membre. C'est en effet le droit civil de chaque peuple qui ajoute aux qualités naturelles des distinctions purement arbitraires, uniquement fondées sur les mœurs locales ou sur la volonté du législateur. Telles sont les différences établies entre les citoyens et les étrangers, entre les libres et les esclaves, entre les légitimes et les bâtards, entre les majeurs et les mineurs, etc.

—

Jouissance des droits civils.

79. L'EXERCICE des droits civils est indépendant de la qualité de citoyen (*a*). La conservation des droits civils influe sur le bonheur individuel bien plus encore que le maintien des droits politiques, parce que ceux-ci ne s'exercent qu'à des distances plus ou moins éloignées, et que la loi civile se fait sentir tous les jours, à tous les instans. Voilà pourquoi on peut exercer les droits civils sans être citoyen, c'est-à-dire sans participer à l'exercice des droits politiques.

80. La qualité de citoyen ne s'acquiert et ne se conserve que conformément à la loi constitutionnelle (*b*).

81. Sur l'exercice et la perte des droits civiques, consultez les articles 9, 42, 43, 109, 123, 401, 405 à 408, 410 du Code pénal.

82. Nul ne peut commander dans une place de guerre, s'il n'est né ou naturalisé Français (*c*).

83. Tout Français jouit des droits civils (*d*).

(*a*) Art. 7 c. c. — (*b*) *Id.* — (*c*) Art. 3, ord. 31 mai 1829 : *B.* 294, *n°* 11236, 8ᵉ s. — (*d*) Art. 8 c. c.

84. Sous les exceptions portées aux articles 18, 28, 34, 42, 43 du Code pénal.

85. Tout individu né en France d'un étranger, peut réclamer la qualité de Français (a). Le fils de l'étranger, qui reçoit accidentellement le jour en France, est certainement né étranger. Mais ses premiers regards ont vu le sol français. Sur cette terre hospitalière il a souri pour la première fois aux caresses maternelles. C'est-là qu'il a senti ses premières émotions, et que se sont développés ses premiers sentimens. Les impressions de l'enfance ne s'effacent jamais. Tout lui retracera, dans le cours de sa vie, ses premiers jeux, ses premiers plaisirs. C'est pour cela qu'on lui accorde le droit de réclamer la qualité de Français, que tant de souvenirs lui rendront chère.

86. Cette réclamation doit se faire dans l'année qui suit l'époque de la majorité du réclamant (b).

87. Dans le cas où le réclamant résiderait en France, il faut qu'il déclare que son intention est d'y fixer son domicile (c).

88. S'il réside en pays étranger, il doit faire sa soumission de fixer en France son domicile (d).

89. Il doit de plus l'y établir dans l'année, à compter de l'acte de soumission (e).

(a) Art. 9 c. c. — (b) Id. — (c) Id. — (d) Id. — (e) Id.

90. Est réputé Français l'individu né en France d'un père qui, étranger, a son domicile dans le royaume depuis longues années, a épousé une Française, et formé en France un établissement de commerce (a).

91. Il n'est pas expliqué de quel temps doit dater la résidence en France (87); d'où résulte que l'individu né en France d'un étranger, n'y résidât-il que depuis un jour, ne fît-il même que d'y arriver, sa déclaration de se proposer d'y fixer son domicile, suffirait pour lui acquérir la qualité de Français, et lui assurer l'exercice des droits civils.

92. Prenons garde que si l'individu né en France d'un étranger peut, dans l'année qui suit l'époque de sa majorité, réclamer la qualité de Français, il ne le peut plus après cette époque, telle qu'elle est requise, non par la loi étrangère, mais par la loi française, c'est-à-dire après vingt-deux ans. S'il laisse passer ce délai, sa condition est la même que celle de l'étranger qui n'est pas né en France. Le Code imprime à l'enfant né en France de parens étrangers la qualité de Français (85), et la lui conserve jusqu'à ce qu'il l'ait abdiquée par son silence pendant l'année qui suit sa majorité (86). Donc, sa majorité est fixée par la loi française (57).

(a) Paris, 18 mars 1823 : *J. P. t.* 65, *p.* 530.

93. Un premier système tendait à déclarer Français l'individu né en France d'un étranger, sans s'embarrasser de sa destinée et de sa volonté ultérieures. Puisqu'un heureux hasard, disait-on, l'a fait naître sur notre territoire, il faut que ce bonheur s'étende sur sa vie entière, et qu'il jouisse de tous les droits de Français. A l'appui de cette opinion, on citait l'exemple de l'Angleterre, où tout individu né sur le sol est sujet du roi. Les vues généreuses qui avaient produit ce système ont cédé à des motifs d'un ordre supérieur. On a reconnu qu'il serait injuste, et peu convenable à la dignité nationale, que le fils d'une étrangère qui lui aurait donné naissance en traversant le territoire français, emmené aussitôt par ses parens dans le lieu de leur origine, n'ayant ni résidé ni manifesté de résolution de s'établir en France, y pût jouir de tous les bienfaits de la loi civile. Ces bienfaits ne sont dus qu'à ceux qui se soumettent aux charges publiques, et dont la patrie peut à chaque instant réclamer les secours. Pour quiconque est adopté par un pays, c'est un devoir de se montrer digne de cette faveur, et d'associer sa destinée à celle de sa patrie adoptive, en y établissant sa résidence. On ne peut attribuer plus d'effet au hasard de la naissance, qu'on n'en accordait autrefois aux lettres de naturalité sollicitées par l'étranger, accordées par le souverain, et enregistrées, avec la solen-

nité des lois dans les tribunaux. Or, la condition expresse et nécessaire des lettres de naturalité était la résidence en France; condition si absolue, que son inobservation faisait perdre au naturalisé les droits et la qualité que ces lettres lui conféraient. Quant à la loi anglaise, elle ne fait que consacrer une maxime féodale, dont le motif n'a rien de commun avec la disposition qui nous occupe.

94. Ne perdons pas de vue qu'il ne s'agit point ici du titre de citoyen. L'étranger, pour l'acquérir, doit être âgé de vingt-un ans accomplis (*a*).

95. Déclarer l'intention de se fixer en France (*b*).

96. Et y résider pendant dix années consécutives (*c*).

97. Il a paru injuste d'exiger une déclaration préalable et dix ans de domicile de ceux qui, se regardant comme Français, n'avaient eu aucune déclaration à faire pour transporter leur domicile dans l'intérieur du royaume, y former des établissemens, y accepter ou occuper des fonctions publiques. On a jugé que l'acte même de réunion de leur pays à la France leur tenait lieu de déclaration particulière, et que, s'ils avaient exercé pendant dix ans les droits de citoyen français, il leur suffisait de décla-

______

(*a*) Art. 5 de l'acte du 22 frim. an VIII. — (*b*) *Id.* — (*c*) *Id.*

rer l'intention de les conserver, pour continuer à jouir des droits civils et politiques , à l'exception de celui de siéger à la chambre des pairs ou à celle des députés. On n'a pas trouvé moins équitable de précompter , sur les dix années que la loi exige pour acquérir un domicile en France, les années qui se sont écoulées depuis la réunion au royaume , des provinces qui n'en font plus aujourd'hui partie , et de faire cesser ainsi l'incertitude existante sur l'état de ces nombreux individus qui étaient déjà Français par leur domicile, ou sur le point de le devenir.

98. En conséquence sont censés avoir fait la déclaration (95) tous les habitans des départemens qui avaient été réunis au territoire de la France depuis 1791 (*a*).

99. Pourvu qu'en vertu de cette réunion ils se soient établis sur le territoire actuel de la France (*b*).

100. Et qu'ils y aient résidé sans interruption depuis dix années et depuis l'âge de vingt-un ans (*c*).

101. A la charge, par eux , d'avoir déclaré qu'ils persistaient dans la volonté de se fixer en France (*d*).

102. Déclaration qui doit avoir eu lieu dans

(*a*) Art. 1ᵉʳ. Loi du 14 oct. 1814 : B. 45 , nᵒ 355 , 5ᵉ s. —
(*b*) *Id.* — (*c*) *Id.* — (*d*) *Id.*

le délai de trois mois à dater de la publication de la loi du 14 octobre 1814 *(a)*.

103. Ils obtiennent à cet effet, du roi, des lettres de déclaration de naturalité *(b)*.

104. Ils ont pu jouir, dès l'époque du 14 octobre, des droits de citoyen français *(c)*.

105. A l'exception de ceux réservés dans l'article premier de l'ordonnance du 4 juin *(d)*, qui ne peuvent être accordés qu'en vertu de lettres de naturalisation vérifiées dans les deux chambres *(e)*.

106. Ceux qui, au 14 octobre 1814, n'avaient pas encore dix années de résidence réelle dans l'intérieur de la France, ont acquis les mêmes droits de citoyen français le jour où leurs dix ans de résidence ont été révolus *(f)*.

107. A charge de faire, dans le même délai, la déclaration susdite *(g)*.

108. Le roi se réserve néanmoins d'accorder, lorsqu'il le juge convenable, même avant les dix ans de résidence révolus, des lettres de déclaration de naturalité *(h)*.

109. A l'égard des individus nés et encore domiciliés dans des départemens qui, après avoir fait partie de la France, en ont été sépa-

---

(a) Art. 1er. Loi du 14 oct. 1814 ; *B.* 45, n° 355, 5e s. — (b) *Id.* — (c) *Id.* — (d) B. 17, n° 134, 5e s. — (e) Art. 1er. Loi du 14 oct. 1814 : *B.* 45, n° 355, 5e s. — (f) Art. 2. — (g) *Id.* — (h) *Id.*

rés par les derniers traités, le roi peut leur accorder la permission de s'établir dans son royaume et d'y jouir des droits civils (*a*).

110. Mais ils ne peuvent exercer ceux de citoyen français qu'après avoir fait la déclaration prescrite (*b*).

111. Après avoir rempli les conditions énoncées (94—96) plus haut (*c*).

112. Et avoir obtenu du roi des lettres de déclaration de naturalité (*d*).

113. Le roi se réserve néanmoins d'accorder lesdites lettres, quand il le juge convenable, avant les dix ans de résidence révolus (*e*).

114. Les étrangers qui rendent des services importans à l'État, ou qui apportent dans son sein des talens, des inventions ou une industrie utile, ou qui forment de grands établissemens, peuvent, après un an de domicile, être admis à jouir du droit de citoyen français (*f*).

115. Un décret du 17 mars 1809 (*g*) prescrit des formalités relatives à la naturalisation des étrangers.

116. Tout enfant né d'un Français en pays étranger, est Français (*h*), parce que le fils a

(*a*) Art. 3, loi 14 oct. 1814 : B. 45, n° 355, 5ᵉ s. — (*b*) *Id.* — (*c*) *Id.* — (*d*) *Id.* — (*e*) *Id.* — (*f*) Sén.-cons. 19 fév. 1808 : B. 181, n° 3064, 4ᵉ s. — (*g*) B. 229, n° 4195, 4ᵉ série. — (*h*) Art. 10 c. c.

l'état de son père. *Qui nascuntur, patris, non matris, familiam sequuntur.*

117. Cela est sans difficulté quand il y a mariage et que l'enfant en est le fruit, soit que la conception ait eu lieu en France ou non; soit que le père fût marié quand il est parti de France, et qu'il ait conduit sa femme avec lui; soit qu'il ne fût pas alors marié, et qu'il ne l'ait été qu'en pays étranger, même avec une étrangère. *Cùm legitima nuptia facta sunt, patrem liberi sequuntur.*

118. Mais si le père n'est pas marié, l'enfant sera-t-il Français?—Le principe général est que les enfans, lorsqu'il n'y a point de mariage, suivent la condition de leur mère. Ou la concubine est française, ou elle est étrangère. Dans le premier cas, point de doute. L'enfant, étant d'origine française tant du côté du père que du côté de la mère, est incontestablement Français. Dans le second cas, il faut distinguer. Ou le père français reconnaît l'enfant, ou il ne le reconnaît pas. S'il ne le reconnaît pas, l'enfant n'a pas de père certain, suit la condition de la mère, et est étranger. S'il le reconnaît, l'enfant reçoit de cette reconnaissance la qualité de Français. *Patris originem unusquisque sequitur.*

119. Il semble que l'enfant né en pays étranger, du commerce d'une française avec un étranger, est Français. On peut dire que le terme (116) est générique et comprend les

deux sexes. C'est ainsi qu'en droit le mot fils comprend aussi les filles. L'enfant, dans l'espèce présente, a encore pour lui le principe que, s'il n'y a point de mariage, les enfans suivent la condition de leur mère. *Vulgò quæsiti matrem sequuntur, illa enim semper est certa.*

120. Tout enfant né en pays étranger, d'un Français qui a perdu la qualité de Français, peut toujours recouvrer cette qualité, en remplissant les formalités (85—89) prescrites ci-dessus (a). Il est plus favorablement traité que l'étranger né en France. Celui-ci n'a qu'une année, à compter de sa majorité, pour manifester sa volonté de résider en France (86), tandis que l'autre le peut à toutes les époques de sa vie. Cette disposition est conforme à ce qui s'observait dans l'ancienne jurisprudence. Les enfans du Français qui avait abdiqué sa patrie, recouvraient leurs droits et leur qualité en vertu de simples lettres de déclaration; au lieu que les étrangers n'acquéraient cette qualité et ces droits qu'avec des lettres de naturalité. En effet, l'inconstance ou l'inconduite du père n'empêche point le sang français de couler dans les veines du fils.

121. L'enfant naturel jouira-t-il de ce (120) droit? — D'abord, à l'égard de l'enfant naturel né d'une française, il ne peut y avoir de

____

(a) Art. 10 c. c.

difficulté; et même, si la mère n'a pas perdu sa qualité, il est Français (116) par le seul effet de sa naissance, et sans être tenu à aucune formalité. — Si la mère est étrangère : ou l'enfant prouve avoir pour père un Français privé de sa qualité, ou il ne peut fournir cette preuve. Dans la première hypothèse, il lui est permis d'invoquer le bénéfice (120) dont il s'agit. Dans la seconde, il n'a pas ce droit.

122. L'étranger jouit en France des mêmes droits civils que ceux qui sont ou seront accordés aux Français par les traités de la nation à laquelle cet étranger appartient (a). Cette règle, en préparant pour l'avenir la suppression totale du droit d'aubaine, n'exclut d'ailleurs aucune des concessions particulières qui pourraient être sollicitées par les circonstances. Ceux qui veulent accorder aux étrangers une participation totale et absolue à nos droits civils, recherchent l'origine du droit d'aubaine dans celle de la féodalité, et regardent l'abolition entière de ce droit comme une conséquence nécessaire de la destruction du régime féodal. Suivant eux, l'intérêt national en sollicite l'extinction aussi puissamment que la barbarie de sa source. L'ancien gouvernement avait lui-même reconnu la nécessité de

(a) Art. 11 c. c.

le proscrire, dans une foule de traités, qui en avaient au moins modifié la rigueur. Il avait senti que ce droit ne devait plus subsister depuis que le commerce avait rattaché tous les peuples par les liens d'un intérêt commun. — L'admission indéfinie des étrangers peut avoir quelques avantages; mais on ne s'enrichit pas toujours des pertes ou des désertions de ses voisins, et un ennemi fait quelquefois des présens bien funestes. Le principe de la réciprocité d'après les traités, a cet avantage réel que, les traités étant suspendus par le fait seul de la déclaration de guerre, chaque peuple, dans ces circonstances critiques, redevient maître de prendre l'intérêt du moment pour unique règle de sa conduite. Pourquoi donnerions-nous des privilèges qu'on s'obstinerait à nous refuser? Lorsque l'ancien gouvernement français annonça l'intention de supprimer, d'adoucir du moins le droit d'aubaine envers les peuples qui partageraient ses principes, plusieurs gouvernemens s'empressèrent de s'assurer, par un juste retour, le bienfait de la suppression ou modification. On donna pour acquérir; car l'intérêt est la mesure des traités entre gouvernemens, comme des transactions entre particuliers. Mais depuis l'abolition absolue du droit d'aubaine par la France, de tous les peuples qui auparavant avaient traité avec elle, pas un n'a changé sa législation: ce qui prouve qu'une loi de réciprocité peut seule amener le grand résultat. Une institution peut n'être pas bonne, et cependant sa suppression absolue être dangereuse. Il faut distinguer le cas où une nation règle les intérêts de ses propres citoyens , et le cas où elle statue sur ses rapports avec les nations étrangères. Quand elle travaille sur elle-même, elle peut sans péril s'abandonner aux vues les plus libérales. Plus elle élève l'âme de ses citoyens, plus elle s'élève elle-même. Tout ce qu'elle fait pour les porter à la grandeur et à la gloire, elle le fait pour sa propre gloire et pour sa propre grandeur. Mais quand elle règle ses rapports avec les autres peuples, sa générosité envers eux serait souvent ou danger pour elle-même ou injustice pour les habitans de son territoire. Le droit qui régit les nations entre elles est dans leurs traités. Si l'une ne veut pas s'affaiblir ou se nuire, elle doit considérer ce que les autres font pour elle, avant de se prescrire ce qu'elle doit faire à leur égard. C'est sur ce principe que se fondent toutes les précautions auxquelles tiennent la sûreté et l'indépendance des peuples. C'est déjà un beau mouvement, un grand pas vers le bien de l'humanité, vers le rapprochement universel des peuples, que de leur assurer d'avance tous les avantages qu'ils nous accorderont par leurs traités. *Peregrini juris civilis participes non sunt.*

123. Dans une foule de passages subséquens on trouvera ce qui regarde les étrangers, leurs biens et obligations, leurs rapports avec les Français, la juridiction à laquelle ils sont soumis, le cautionnement qu'on leur impose, l'autorité de leurs actes, leurs droits en France, la forme des significations à leur faire, leur exclusion du bénéfice de cession, et les délits commis chez eux et par eux.

124. La réciprocité (122) ne s'étend pas aux obligations contractées par un Français envers un étranger (a). Voir néanmoins (130) ci-après.

125. L'étranger ne peut acquérir domicile en France sans l'autorisation du gouvernement (b).

126. L'étrangère qui a épousé un Français, suit la condition de son mari (c). C'est l'application d'une règle générale. *Mulier, quamdiù nupta est, incola ejusdem civitatis videtur, cujus maritus ejus est.*

127. Elle conserve cette qualité, quoique séparée de son mari, comme aussi quoique veuve. Mais la veuve remariée suit la condition de son second mari.

128. L'étrangère qui a épousé un Français, continue-t-elle d'être française, si elle a divorcé? — Tous les rapports qui existaient en-

---

(a) Colmar, 27 août 1816 : *J. P. t.* 47, *p.* 317. — (b) Paris, 16 août 1811 : *J. P. t.* 32. *p.* 371. — (c) Art. 12 c. c.

tre les époux ayant alors cessé , il semble que
l'étrangère a repris sa première qualité. Pourtant la question doit se décider d'après la règle
que l'intention de résider en France , jointe à
la résidence effective, rend Français (87—89).
Il paraît, suivant ce principe, que l'étrangère,
quoique divorcée , continue d'être Française ,
si , après son mariage avec un Français , elle a
résidé en France. Mais si après le divorce elle
est sortie de France , sans y avoir conservé
son domicile , elle a perdu la qualité de Française , et ne la recouvrerait qu'en se conformant aux règles prescrites aux étrangers.

129. L'étranger qui a été admis par l'autorisation du roi à établir son domicile en France,
y jouit de tous les droits civils tant qu'il continue d'y résider (a). Suivant un premier système , il ne pouvait jouir de ces droits qu'après
une année de résidence postérieure à sa déclaration : ce qui le plaçait dans une position
telle , qu'il n'appartenait, pendant cette année,
à la loi civile d'aucun pays. Effectivement
l'étranger n'a plus de patrie depuis sa déclaration de se fixer en France. La patrie ancienne
est abdiquée , la nouvelle n'est pas encore acquise. Il ne peut exercer de droits politiques
dans l'une ni dans l'autre. Peut-être même a-t-il déjà perdu l'exercice des droits civils sur

______

(a) Art. 13 c. c.

sa terre natale, uniquement parce qu'il a transporté son domicile sur le sol français. S'il faut pour participer à ces droits dans la nouvelle patrie, attendre encore un long espace de temps, comment supposera-t-on qu'un étranger se résigne à cette espèce de mort civile, pour obtenir un titre qui ne lui serait conféré qu'au bout de dix années (96)? Mais le caractère personnel de l'étranger, sa moralité, le moment où il vient se placer dans nos rangs, la position respective des deux peuples, et une foule d'autres circonstances, rendent son admission plus ou moins désirable; et pour s'assurer qu'une faveur ne tournera pas contre celui qui l'accorde, la loi ne fait participer aux droits civils que l'étranger admis par le gouvernement.

130. Quoique l'étranger ne puisse, sans l'autorisation du gouvernement, acquérir en France un domicile de droit, il peut y avoir un domicile de fait ou une résidence (a).

131. Comme exemple de ce qui précède (129), on peut voir, entre autres, des ordonnances du roi (b) des 5, 19 et 26 juillet 1814, qui admettent divers étrangers à établir leur domicile en France.

132. Les contestations sur la succession des

(a) Cas. 2 juil. 1822 : *J. P. t.* 64, *p.* 449. — (b) B. 25, 28, 29, n°ˢ 190, 210, 217, 5ᵉ s.

biens-meubles d'un étranger domicilié en France, sont de la compétence des tribunaux français (*a*).

133. On ne doit pas présumer que l'étranger puisse avant vingt-un ans être admis à résider à l'effet d'exercer les droits civils, puique (86) ce n'est qu'à cet âge que l'individu né en France d'un étranger est admis à réclamer la qualité de Français.

134. La loi n'a pas entendu exiger que l'étranger qui a acquis la qualité de Français, ne pût la conserver qu'autant que sa résidence fût si continue en France, qu'il ne s'en absentât jamais. Sans doute que, comme les autres Français, il sera censé résider en France tant qu'il y conservera le centre de ses affaires, et qu'il y sera compris aux contributions personnelles, ainsi que nous l'expliquerons en traitant du domicile.

135. L'étranger peut être cité devant les tribunaux français (*b*).

136. Pour l'exécution des obligations par lui contractées en France avec un Français (*c*). *Qui contrahit, subjicitur legibus loci in quo contrahit.*

137. Quand même cet étranger ne résiderait pas en France (*d*).

(*a*) Cas. 7 nov. 1826 : *J. P. t.* 77. *p.* 516. — (*b*) Art. 14 c. c. — (*c*) *Id.* — (*d*) *Id.*

138. Il peut être traduit devant les tribunaux de France, pour les obligations par lui contractées en pays étranger, envers un Français (*a*).

139. Même lorsqu'il y a déjà litispendance devant un tribunal étranger (*b*).

140. Mais si c'est le Français qui ait traduit un étranger devant les tribunaux de ce dernier, il ne peut plus saisir du même débat les tribunaux français (*c*).

141. Un étranger contre qui un Français réclame des dommages-intérêts pour un fait commis dans le pays de cet étranger, ne peut décliner les tribunaux de France (*d*).

142. Que l'obligation soit conventionnelle, légale, judiciaire, l'étranger n'en est pas moins justiciable (*e*).

143. Mais il faut qu'elle dérive d'un contrat, et non d'un fait donnant lieu seulement à action civile (*f*).

144. La règle de compétence (135—138) n'est plus applicable, si le Français a son domicile en pays étranger au moment où il forme sa demande (*g*).

(*a*) Art. 14 c. c. — (*b*) Cass. Trèves, 18 mars 1807, 7 sept. 1808 : *J. C. C. t.* 9, *p.* 114, *Sirey*, 1808, *p.* 453. — (*c*) Cas. 15 nov. 1827 : Paris, 29 juil. 1826 : *J. P. t.* 79, *p.* 104; *t.* 81, *p.* 222. — (*d*) Poitiers, 8 prair. an xiii : *J. C. C. t.* 5, *p.* 467. — (*e*) Id. — (*f*) Paris, 5 juin 1829 : *J. P. t.* 84, *p.* 444. — (*g*) Paris, 28 fév. 1814 : *J. P. t.* 39, *p.* 355.

145. Un étranger résidant en France peut être cité devant les tribunaux français par un autre étranger (*a*).

146. Pourvu qu'il s'agisse d'un fait de commerce, et non d'une action personnelle (*b*).

147. L'individu domicilié depuis long-temps en France, et qui y exerce ses droits civils, peut traduire un étranger devant les tribunaux français (*c*).

148. Un étranger non domicilié en France ne peut, pour raison d'un acte de commerce passé en France avec un autre étranger qui n'y est pas non plus domicilié, être assigné par celui-ci devant un tribunal français (*d*).

149. Un Français naturalisé anglais ne peut traduire un Anglais devant les tribunaux français, pour raison des obligations contractées envers lui en Angleterre (*e*).

150. Un étranger ne peut, en vertu d'un contrat passé en pays étranger, en assigner un autre devant les tribunaux français, en validité de saisie-arrêt de deniers qui se trouvent en France (*f*).

(*a*) Cas. Paris. 3o nov. 1814, 3o mai 1808, 24 mars 1817, 10 nov. 1825 : *Sirey*, 1808, *déc. div.* p. 211 ; *J. P. t.* 42, *p.* 337 ; *t.* 48, *p.* 3o6 ; *t.* 74, *p.* 470. — (*b*) Cas. Paris, 22 juil. 1806, 10 nov. 1825, 26 nov. 1828 : *J. C. C. t.* 6, *p.* 290 ; *J. A. t.* 3o, *p.* 394 ; *J. P. t.* 83, *p.* 75. — (*c*) Cas. 24 avril 1827 : *J. P. t.* 79, *p.* 4o3. — (*d*) Cas. 6 février 1822 : *J. P. t.* 63, *p.* 312. — (*e*) Rouen, 17 août 1817 : *J. P. t.* 5o, *p.* 197. — (*f*) Paris, 6 août 1817 : *J. P. t.* 55, *p.* 2o8.

151. L'ordonnance qui admet un étranger à jouir des droits civils en France, ne lui attribue point, à l'égard des tiers, les prérogatives d'un Français, pour un contrat fait en pays étranger avant cette ordonnance (*a*).

152. L'étranger qui forme en France un établissement commercial, n'acquiert pas par ce seul fait un domicile qui le rende justiciable des tribunaux français, pour l'exécution des obligations par lui contractées, en pays étranger, envers un autre étranger, antérieurement à sa résidence en France (*b*).

153. Les tribunaux français sont-ils compétens pour ordonner le paiement de lettres de change qui, endossées au profit d'un Français, ont été faites à l'étranger, y sont payables, et dont le tireur et l'accepteur sont étrangers? — Jugé diversement (*c*).

154. Si des étrangers viennent, d'un commun accord, plaider devant un tribunal français qu'ils auraient droit de décliner, ce tribunal peut refuser de juger (*d*).

155. L'étranger détenu en France, au su de son créancier, ne doit pas être assigné au lieu

(*a*) Paris, 6 août 1817 : *J. P. t.* 53, *p.* 208. — (*b*) Cas. 28 juin 1820 : *J. P. t.* 58, *p* 5. — (*c*) Douai, Aix, 27 fév., 12 avril, 7 mai, 25 août 1828 : *J. P. t.* 81, *p.* 555 : *J. A. t.* 36, *p.* 14. — (*d*) Cas. 8 avril 1818 : *J. P. t.* 63, *p.* 519.

de sa détention, mais plutôt devant le tribunal du lieu où l'obligation a été contractée (*a*).

156. Tant pour la forme que pour le fond de l'obligation, si elle est contractée en pays étranger, ou qu'il en naisse une action réelle ou hypothécaire, à raison d'immeubles situés en pays étranger, il faut suivre les lois de ce dernier.

157. Il en est de même, s'il s'agit de statuer sur la capacité de l'étranger qui s'est obligé.

158. Mais pour le mode d'exécution il faut suivre la loi française (*b*).

159. Le Code de procédure indique où doivent être assignés ceux qui n'ont aucun domicile connu en France, ceux qui habitent le territoire français hors du continent, et ceux qui sont établis chez l'étranger.

160. On y trouve aussi la fixation du délai que ces personnes ont pour comparaître.

161. Un Anglais, prisonnier de guerre en France, avait tiré une lettre de change sur un particulier de Londres. Elle fut renvoyée, faute de paiement. Le tribunal de commerce de Paris ayant condamné le tireur à l'entier acquittement de la somme, celui-ci se pourvut devant la cour d'appel de Paris. Je suis Anglais, disait-il : mon unique domicile est à Londres ; et d'après les règles observées chez

(*a*) Paris, 3o mai 1808 : *Sir.* 1808, *déc. div. p.* 211. — (*b*) Cas. 1er avril 1817 : *J. P. t.* 49, *p.* 450.

tous les peuples, c'était devant les juges de cette ville qu'en ma qualité de défendeur je devais être traduit. Indépendamment de cette exception, les tribunaux français sont doublement incompétens 1° parce que je suis prisonnier de guerre, et qu'il répugne au droit des gens de charger de condamnations l'homme en état de captivité; 2° parce que c'est à Londres que l'obligation devait être exécutée, que le protêt a été fait, et les poursuites commencées. — Mais, malgré ces raisons, la cour, attendu qu'un étranger qui contracte en France des obligations, se soumet aux tribunaux français; que la qualité de prisonnier de guerre ne pouvait mettre l'appelant en état de surséance pour l'acquittement d'une lettre de change par lui tirée depuis sa détention, sans avoir égard aux moyens d'incompétence, ordonna que ce dont était appel sortirait son effet (a).

162. Un Français peut être traduit devant un tribunal de France, pour les obligations par lui contractées en pays étranger (b).

163. Même avec un étranger (c).

164. Cependant il n'était reçu dans les tribunaux de France aucune instance ayant pour objet le paiement d'engagemens contractés pour faits de commerce par des négocians français envers les Anglais. Les instances engagées ont

---

(a) J. C. C. t. 4, p. 145. — (b) Art. 15 c. c. — (c) Id.

dû être suspendues, ainsi que l'exécution des jugemens qui avaient pu s'ensuivre (*a*).

165. Cette suspension a eu lieu jusqu'au rétablissement de la paix (*b*).

166. La mesure n'avait pour objet de suspendre que les poursuites exercées par les Anglais, et n'empêchait point un Français de poursuivre un procès commencé par un Anglais (*c*).

167. C'est devant le tribunal dont ressort le domicile du Français que peut être engagée l'instance (162. 163), s'il naît de l'obligation une action personnelle, ou une action réelle ou hypothécaire sur des biens situés en pays étranger. Mais s'il naît de l'obligation du Français une action réelle ou hypothécaire sur des fonds situés en France, cette action doit être introduite devant le tribunal dans le ressort duquel le fonds est assis.

168. Un Français ne peut être actionné par un autre Français devant un tribunal étranger (*d*).

169. Même pour obligations contractées en pays étranger (*e*).

170. Un individu né en France, réputé Français, et marié comme tel à une Française, ne peut, sous prétexte que sa famille est d'ori-

---

(*a*) Arr. 19 mess. an xi : *B.* 296, n° 2935, 3ᵉ *s.* — (*b*) *Id.* — (*c*) Cas. 5 frim. an xiv : *Sir.* 1806, *p.* 110. — (*d*) Paris, 24 avril 1815 : *J. P. t.* 42, *p.* 273. — (*e*) *Id.*

gine étrangère, et qu'il remplit des fonctions qui font supposer dans sa personne la qualité d'étranger, décliner la juridiction des tribunaux français, et obliger sa femme à venir plaider contre lui devant des juges étrangers (*a*).

171. En toutes matières, l'étranger qui est demandeur est tenu de donner caution pour le paiement des frais et dommages-intérêts résultant du procès (*b*).

172. Ce cautionnement n'est point indéfini, mais fixé par le juge à une valeur approximative de la condamnation probable, selon la nature de la contestation.

173. Il n'atteint point l'étranger défendeur. *Actor voluntariè agit, reus autem ex necessitate se defendit.*

174. Si les deux parties sont étrangères, le défendeur ne peut exiger la caution (*c*).

175. L'étranger qui appelle d'un jugement dans lequel il a figuré comme défendeur, n'est pas tenu de fournir caution (*d*).

176. La règle (171) souffre exception 1° pour les matières de commerce (*e*) : ce qui est fondé sur ce que la prompte expédition de ces sortes

(*a*) Paris, 21 juil. 1818 : *J. P. t.* 52, *p.* 185. — (*b*) Art. 16 c. c. — (*c*) Orléans, 26 juin 1828 : *J. A. t.* 35, *p.* 8. — (*d*) Metz, 27 août 1817 : *J. P. t.* 55, *p.* 206. — (*e*) Art. 16 c. c.

d'affaires importe trop à la fortune publique pour les environner de formalités difficiles.

177. 2° Quand l'étranger possède en France des immeubles d'une valeur suffisante pour assurer le paiement des frais et dommages (*a*). C'est encore au juge à vérifier cette valeur, et à examiner si des hypothèques l'absorbent ou la diminuent. Quand elle se trouve insuffisante, il y a lieu à un cautionnement supplétif.

178. L'étranger qui, en matière criminelle ou correctionnelle, se rend partie civile, est tenu de fournir la caution *judicatum solvi* (*b*)

179. On pense que si deux étrangers sont respectivement demandeurs, l'un et l'autre peut exiger la caution de son adversaire.

180. Sur la caution à fournir par les étrangers, voyez au Code de procédure civile, sous les titres *des exceptions* et *des tribunaux de commerce.*

181. Le cautionnement n'est point exigé de l'étranger qui poursuit contre un Français l'exécution d'un titre paré et exécutoire (*c*).

(*a*) Art. 16 c. c. — (*b*) Cas. 3 fév. 1814 : *J. P. t.* 40, *p.* 248. — (*c*) Cas. 9 avril 1807 : *Sir. et Den.* 1807, *p.* 398.

LÉGISLATION TRANSITOIRE.

182. La compétence française (132-135) s'applique aux obligations antérieures au Code (a).

(a) Pau, 8 juil. 1809. Den. 1809, *sup. p.* 191.

—

*Privation des droits civils par la perte de la qualité
de Français.*

183. La qualité de Français se perd 1° par la naturalisation acquise en pays étranger (*a*). Ce fait est tel, qu'on en induit nécessairement le dessein de renoncer pour toujours à la patrie.

184. Même quand le naturalisé conserverait l'esprit de retour (*b*).

185. La qualité de Français ne se perd pas par l'obtention de lettres de dénization en Angleterre (*c*).

186. Elle se perd 2° par l'acceptation de fonctions publiques conférées par un gouvernement étranger (*d*).

187. Quand cette acceptation n'est pas autorisée par le roi (*e*).

188. 3° Enfin, par tout établissement fait en pays étranger, sans esprit de retour (*f*).

189. Il serait superflu de rappeler qu'il ne s'agit pas ici des droits politiques et de la perte du titre de citoyen, mais du simple exercice

---

(*a*) Art. 17 c. c. — (*b*) Cas. 17 juil. 1826 : *J. P. t.* 77, *p.* 58. — (*c*) Cas. Paris. 19 janv. 1819, 17 juil. 1820, 29 avril 1822 : *J. P. t.* 53, *p.* 477; *t.* 58, *p.* 70; *t.* 71, *p.* 5. — (*d*) Art. 17 c. c. — (*e*) *Id.* — (*f*) *Id.*

des droits civils, droits acquis à un grand nombre de Français qui ne sont pas, qui ne peuvent
être citoyens. Toute cause qui prive du titre de
citoyen ne doit pas nécessairement priver des
droits civils et de la qualité de Français. Cette
qualité ne se perd que par des causes qui font
présumer la renonciation à la patrie. Ainsi celui qui s'est fait naturaliser en pays étranger,
celui qui a accepté des fonctions publiques chez
une nation rivale, celui qui a abandonné la
France sans espoir de retour, ne peut conserver le titre de Français. Néanmoins, dans le
nombre des causes qui détruisent cette qualité
on doit faire une distinction. Il en est qui ne
sont susceptibles d'aucune interprétation favo-
rable, celle, par exemple, de la naturalisation
en pays étranger. Mais il en est, telles que l'acceptation de fonctions ou de service chez l'é-
tranger, qui peuvent être quelquefois excusées.
Un peuple ami peut réclamer auprès du gouvernement des secours que notre intérêt même
ne permet pas de refuser. Aussi n'a-t-on attaché
la perte de la qualité de Français qu'à l'acceptation non autorisée de service ou de fonctions
chez l'étranger (186. 187. 217—219). On abdi-
que donc la qualité de Français ou expressément
ou tacitement. C'est une abdication expresse
quand on se fait naturaliser en pays étranger.
Celui qui se donne une nouvelle patrie, re-
nonce à la première. Mais il faut que la natu-

ralisation soit acquise (183). On peut se repentir pendant qu'on subit les épreuves ou qu'on remplit les formalités, et en ce cas on n'a perdu aucun de ses droits primitifs. L'abdication est tacite 1° lorsqu'en acceptant, sans autorisation, des fonctions publiques conférées par un gouvernement étranger, on contracte envers lui des engagemens incompatibles avec la subordination et la fidélité qu'on doit à celui de son pays; 2° lorsqu'en formant en pays étranger un établissement sans esprit de retour, on rompt tous les liens qui attachaient à la patrie.

190. L'autorisation du roi est nécessaire à tout ecclésiastique français, pour poursuivre ou accepter la collation d'un évêché *in partibus* (a).

191. Un Français peut exercer les fonctions ecclésiastiques en pays étranger, sans l'autorisation du gouvernement français (b).

192. Et sans perdre les droits civils en France (c).

193. Les établissemens de commerce ne sont jamais considérés comme ayant été faits sans esprit de retour (d). Cette disposition est tout à la fois utile et conforme au caractère national. Elle est utile, puisqu'elle tend à multiplier les entreprises commerciales, en conser-

(a) Décret 7 janv. 1808 : B. 172, n° 2913, 4ᵉ s. — (b) Cas. 17 nov. 1818 : J. P. t. 53, p. 508. — (c) Id. — (d) Art. 17 c. c.

vant à ceux qui les forment, quelle que soit leur durée, et dans quelques lieux éloignés qu'elles les portent, une qualité dont ils sont si jaloux. Elle est conforme au caractère national; car, de tous les peuples le Français est celui qui reste le plus fidèlement attaché à sa patrie. Si des vues de fortune l'entraînent loin d'elle, il ne chérit ses succès que par l'espérance de retourner en jouir dans son sein.

194. Quelles sont les preuves de la perte de l'esprit de retour? — Tout, à cet égard, dépend des circonstances. La décision de pareille question reste abandonnée à l'arbitraire des juges.

195. Le Français qui a perdu sa qualité de Français, peut toujours la recouvrer (a). On suppose qu'en quittant sa patrie il a uniquement cédé à l'impulsion d'un caractère léger; qu'il a voulu surtout améliorer sa situation par son industrie, pour jouir ensuite, au milieu de ses concitoyens, de l'aisance qu'il se serait procurée. On suppose encore que sa désertion a été suivie de regrets.

196. Pour jouir de cette faveur, il faut que le Français rentre en France avec l'autorisation du roi (b), afin que le retour de ce Français ne soit pas un moyen de trouble dans l'État, le gouvernement pouvant connaître

______

(a) Art. 18. c. c. — (b) Id.

la conduite passée et les sentimens de l'individu.

197. Il faut, de plus, qu'il déclare vouloir se fixer en France (*a*).

198. Et renoncer à toute distinction contraire à la loi française (*b*).

199. Ces formalités (196—198) ne se suppléent point (*c*).

200. Deux décrets des 6 janvier 1807 (*d*) et 21 février 1814 (*e*) ont fait l'application de ces principes à Louis Jouenne, qui avait perdu sa qualité par son établissement en Angleterre; et à Etienne-Gaspard Robert, qui l'avait perdue par sa naturalisation en Russie. Voyez aussi l'ordonnance du 12 juillet 1814 (*f*).

201. Le Français qui a perdu sa qualité (195—198) se trouve dans la même classe que l'étranger qui veut acquérir le titre de Français. Mais cela n'a pas lieu dans la thèse commerciale (193). Le Français qui s'y trouve et qui revient, n'a pas besoin de se faire naturaliser. Il n'a été qu'absent. On ne peut lui opposer qu'il avait perdu l'esprit de retour, puisqu'il prouve le contraire par son retour même.

202. Une femme française qui épouse un

(*a*) Art. 18 c. c. — (*b*) *Id.* — (*c*) Cas. 17 juil. 1826 : *J. P. t.* 77. p. 58. — (*d*) B. 131. n° 2144. 4ᶜ s. — (*e*) B. 559. n° 10185. 4ᶜ s. — (*f*) B. 26. n° 197. 5ᶜ s.

étranger, suit la condition de son mari (*a*).
*Rescripserunt mulierem, quamdiù nupta est, inco-
lam ejusdem civitatis videri cujus maritus ejus est.*
Voir l'arrêt de Metz (*b*) du 25 août 1825.

203. Elle doit porter sa demande en séparation devant le juge national du mari (*c*).

204. Lors même que les époux résident sur
le territoire français (*d*).

205. Et que les sévices ont eu lieu en France (*e*).

206. L'incompétence du tribunal français est
absolue (*f*).

207. Sauf les mesures provisoires (*g*).

208. La règle (202-207) s'applique à la femme
qui avait épousé un étranger devenu Français
par la réunion de son pays à la France, et re-
devenu étranger par leur division (*h*).

209. La Française qui épouse un Anglais,
ne peut plus succéder en France que dans le
cas où les Anglais y pourraient succéder (*i*).

210. Si elle (202) devient veuve, elle recouvre la qualité de Française (*j*).

211. Pourvu qu'elle réside en France(*k*).

212. Ou qu'elle y rentre avec l'autorisation
du roi (*l*).

(*a*) Art. 19 c. c. — (*b*) J. P. t. 77, p. 69. — (*c*) Cas. 27 nov.
1822, 30 juin 1823; Paris, 23 avril 1822 : *J. P. t.* 63, *p.* 457 :
t. 67, *p.* 378. — (*d*) *Id.* — (*e*) *Id.* — (*f*) *Id.* — (*g*) *Id.* — (*h*) Metz,
25 août 1825 : *J. A. t.* 33, *p.* 335. — (*i*) Cas. 6 avril 1819 :
J. P. t. 54, *p.* 481. — (*j*) Art. 19 c. c. — (*k*) *Id.* —(*l*) *Id.*

213. Et en déclarant qu'elle veut s'y fixer (*a*).

214. Les individus qui recouvrent la qualité de Français dans les cas prévus ci-dessus (120. 195—198. 202. 210—213), ne peuvent s'en prévaloir qu'après avoir rempli les conditions qu'ils leur imposent (*b*).

215. Et seulement pour l'exercice des droits ouverts à leur profit depuis cette époque (*c*), afin que leur retour ne devienne pas un signal de discorde dans leur famille.

216. L'ancienne législation distinguait les lettres de naturalité, qui donnaient à un étranger la qualité de Français, des lettres de déclaration, qui rendaient cette qualité ou à un Français qui l'avait perdue, ou à ses enfans. Ces lettres de déclaration avaient un effet rétroactif : celui qui les obtenait était considéré comme n'ayant jamais quitté le territoire, et revenait sur les partages faits pendant son absence : abus que la nouvelle législation fait cesser.

217. Perd sa qualité de Français celui qui prend du service militaire chez l'étranger (*d*).

218. Ou s'affilie à une corporation militaire étrangère (*e*).

219. Sans autorisation du roi (*f*).

(*a*) Art. 19 c. c. — (*b*) Art. 20. — (*c*) *Id.* — (*d*) Art. 21. —
(*e*) *Id.* — (*f*) *Id.*

220. Il ne peut rentrer en France qu'avec la permission du roi (*a*).

221. Et recouvrer la qualité de Français qu'en remplissant les conditions imposées à l'étranger pour devenir citoyen (*b*)

222. Les causes qui (183. 186—188, 217—221) font perdre la qualité de Français, privent de la solde de retraite (*c*).

223. Le tout sans préjudice des peines prononcées par la loi criminelle contre les Français qui ont porté ou porteront les armes contre leur patrie (*d*).

224. Le cas dont il s'agit ici a un caractère de gravité qui le distingue. Ce n'est plus un simple acte de légèreté, une démarche sans conséquence. C'est un acte particulier de dévouement à la défense d'une nation, aujourd'hui notre alliée, mais qui demain peut devenir notre ennemie. Le Français a dû prévoir qu'il s'exposait, par son acceptation, à porter les armes contre sa patrie. En vain dirait-il que, dans le cas d'une rupture entre les deux nations, il n'aurait pas balancé à rompre ses nouveaux engagemens. Quel garant pourrait-il donner de son assertion ? La puissance qui l'a pris à sa solde, a-t-elle entendu cette restriction ? L'aurait-elle laissé maître du choix ?

(*a*) Art. 21 c. c. — (*b*) *Id.* — (*c*) Art. 16, ord. 27 août 1814 : B. 56. n°. 268, 5e s. — (*d*) Art. 21 c. c.

225. Au reste, il paraît que le service militaire chez l'étranger, doit, pour faire perdre au Français sa qualité, être constant et régulier. Des Français qui, se trouvant chez un prince étranger, auraient, dans une occasion imprévue, servi, comme volontaires, contre une tierce nation, et fait ce qu'on appelle un coup de main, encourraient-ils cette peine? La loi se sert des termes prendre du service (217): ce n'est donc pas donner un secours momentané, mais entrer dans des corps de troupes réglées, y prendre rang, se soumettre à leur discipline.

226. Diverses ordonnances, entre autres celles des 19 janvier, 28 et 29 février 1816 (*a*), ont permis à des Français de prendre du service chez l'étranger, sans perdre leur qualité.

227. Un avis du conseil d'état, du 26 fructidor an 13 (*b*), fixe l'époque à compter de laquelle sont valables les actes faits par des émigrés amnistiés par le senatus-consulte du 6 floréal an 10.

228. Le décret du 26 août 1811 (*c*) concerne les Français naturalisés en pays étranger, avec ou sans autorisation du gouvernement, et ceux qui étaient déjà entrés ou qui voudraient entrer à l'avenir au service d'une puissance étrangère.

(*a*) B. 65. 72, n°s 409. 488 et 489 . 7e s. — (*b*) B. 58, n° 1050. 4e s. — (*c*) B. 387, n° 7186, 4e s.

229. Par un avis du conseil d'état du 21 janvier 1812 (*a*) sont résolues diverses questions relatives à l'exécution du même décret.

230. Deux ordonnances des 16 décembre 1814 et 20 décembre 1815 (*b*) fixent le délai dans lequel doivent rentrer en France les militaires qui, sans autorisation, ont pris du service chez l'étranger. Elles déterminent aussi la forme suivant laquelle ils doivent justifier de leur retour.

231. Une autre ordonnance du 17 février 1815 (*c*) concerne les militaires nés dans les pays qui ne font plus partie de la France.

232. Le décret du 10 avril 1815 (*d*) appliquait aux agens politiques qui ne rentreraient pas en France, les dispositions concernant les Français à l'étranger.

233. L'ordonnance du 5 juin 1816 (*e*) fixe définitivement le sort et les droits des militaires étrangers susceptibles de conserver ou d'obtenir en France des soldes de retraite et traitemens de réforme.

234. Celle du 7 décembre 1816 (*f*) est relative aux militaires pensionnés, français ou naturalisés, qui résident en pays étranger.

(*a*) B. 415, n° 7602, 4ᵉ s. — (*b*) B. 63, n° 542, 5ᵉ s. B. 54, n° 322, 7ᵉ s. — (*c*) B. 81, n° 713, 5ᵉ s. — (*d*) B. 14, n° 95, 6ᵉ s. — (*e*) B. 93, n° 807, 7ᵉ s. — (*f*) B. 126, n° 1592, 7ᵉ s.

---

235. Les condamnations à des peines dont l'effet est de priver celui qui est condamné, de toute participation aux droits civils ci-après exprimés, emportent la mort civile (*a*). Celui qui est condamné légalement pour avoir dissous, autant qu'il était en lui, le corps social, n'est plus reconnu par la société. Il est mort pour elle, comme elle n'existe plus pour lui. Voilà la mort civile. Cet état s'assimile à la mort naturelle, parce que ceux qui y tombent sont retranchés de la société et de la vie civile, et deviennent comme esclaves de la peine qui leur est imposée.

236. La condamnation à la mort naturelle emporte la mort civile (*b*). Ce serait en effet une contradiction bien étrange, si la loi regardait comme vivant celui qui n'existe que parce qu'il a dérobé sa tête à une juste vengeance. *Qui ultimo supplicio damnantur, statim et civitatem perdunt.*

237. Les autres peines afflictives perpétuelles n'emportent la mort civile qu'autant que la loi

---

(*a*) Art. 22 c. c. — (*b*) Art. 23.

y a attaché cet effet (*a*). La mort civile, devant être aussi perpétuelle et irrévocable que celle prononcée par l'arrêt de la nature, ne peut être attachée qu'à des peines qui aient elles-mêmes ce caractère de perpétuité. Le présent passage annonce qu'il peut y avoir des peines afflictives perpétuelles qui n'entraînent pas la mort civile. C'est un changement à l'ancienne législation.

238. Nous verrons, avec l'article 1425 C. C. quels sont les effets de la mort civile de l'un des époux sur les biens de communauté.

239. Les condamnations aux travaux forcés à perpétuité et à la déportation, emportent mort civile (*b*).

240. Les régicides bannis par la loi du 12 janvier 1816 (*c*), ne sont pas morts civilement. La privation des droits civils par eux encourue, ne les rend pas incapables de succéder en France (*d*).

241. Le gouvernement peut accorder au déporté, dans le lieu de la déportation, l'exercice des droits civils, ou de quelques-uns de ces droits (*e*).

242. Aux articles 28 et 29 du Code pénal sont déterminés les effets civils de la condam-

(*a*) Art. 24 c. c. — (*b*) Art. 18 C. P. — (*c*) B. 58, n° 349, 7ᵉ s. — (*d*) Cas. 21 janv. 1821 : *J. P. t.* 60, *p.* 129. — (*e*) Art. 18 C. P.

nation aux travaux forcés à temps, au bannissement, à la réclusion, au carcan.

243. Par la mort civile, le condamné perd la propriété de tous les biens qu'il possédait (*a*).

244. Sa succession est ouverte au profit de ses héritiers (*b*), c'est-à-dire au profit de ceux qui ont cette qualité au moment où la mort civile est encourue, car elle ne l'est pas par le jugement seul (275—277. 280. 281).

245. Ses biens leur sont dévolus de la même manière que s'il était mort naturellement et sans testament (*c*).

246. Donc, s'il en a fait un, il n'est d'aucune valeur (*d*).

247. Il ne peut plus recueillir aucune succession (*e*), puisqu'il est réputé mort (235), et que, pour succéder, il faut nécessairement exister.

248. Ni transmettre, à ce titre, les biens qu'il a acquis par la suite (*f*). *Quod si deportatus sit, quia civitatem amisit, heredem habere non potest.*

249. Il ne peut disposer de ses biens (*g*).

250. En tout ou en partie (*h*).

251. Soit par donation entre vifs (*i*).

252. Soit par testament (*j*).

253. La loi ne comprend pas dans sa défense

(*a*) Art. 25 c. c. — (*b*) *Id.* — (*c*) *Id.* — (*d*) Agen, 23 juin 1824 : *J. G.* 1825, 2ᵉ *part. p.* 9. — (*e*) Art. 25 c. c. — (*f*) *Id.* — (*g*) *Id.* — (*h*) *Id.* — (*i*) *Id.* — (*j*) *Id.*

les dispositions à titre onéreux (251. 252), comme la vente , l'échange. Ces actes sont du droit des nations, dont tout homme est capable.

254. Il ne peut recevoir par donation entre vifs (a).

255. Ni par testament (b).

256. Si ce n'est pour cause d'alimens (c). Voir, à ce sujet, un arrêt de la cour de Paris (d) du 27 novembre 1813.

257. Un homme censé mort ne peut acquérir par des voies propres au droit civil. Mais il le peut par celles qui sont du droit des nations. Ainsi, comme le mort civilement peut vendre, il peut acheter, et acquérir par contrat à titre onéreux.

258. Il ne peut être nommé tuteur (e). Son état est celui d'une interdiction légale, résultante de condamnation ; et l'on verra, en son lieu, que c'est une cause générale d'exclusion.

259. Ni concourir aux opérations relatives à la tutelle (f) : conséquence de ce qui vient d'être dit (258) et sera répété sous le titre des incapacités et destitutions des fonctions de tuteur.

260. Il ne peut être témoin dans un acte solennel ou authentique (g), parce qu'il a cessé d'être citoyen, et ne jouit plus des droits civils.

(a) Art. 25 c. c. — (b) Id. — (c) Id. — (d) J. P. t. 39, p. 54. — (e) Art. 25 c. c. — (f) Id. — (g) Id.

Voyez les articles 9 et 11 de la loi (*a*) du 25 ventose an XI.

261. Ni être admis à porter témoignage en justice (*b*).

262. Si ce n'est pour fournir de simples renseignemens (*c*).

263. Il ne peut procéder en justice, ni en défendant, ni en demandant, que sous le nom et par le ministère d'un curateur spécial (*d*).

264. Ce curateur lui est nommé par le tribunal où l'action est portée (*e*). Voir l'arrêt de la cour de Rouen (*f*) du 12 mai 1808.

265. Celui qui est mort civilement n'a pour objet, dans les actions civiles, que les biens qu'il a acquis et les obligations qu'il a contractées depuis sa condamnation. Il ne peut prétendre à ce qu'il possédait auparavant, puisqu'il en a été dépouillé (243). Quant aux obligations par lui contractées avant la mort civile, elles tombent à la charge de ceux à qui ses biens ont passé (244. 245). On ne peut par conséquent l'actionner à ce sujet.

266. Il est incapable de contracter un mariage qui produise aucun effet civil (*g*). En conséquence il n'a point sur sa femme la puissance que la loi accorde au mari, sur ses

______

(*a*) B. 258, n° 2440, 3ᵉ s. — (*b*) Art. 25 c. c. — (*c*) Art. 28 et 42 c. P. — (*d*) Art. 25 c. c. — (*e*) *Id.* — (*f*) Sir. 1808, déc. div. p. 218. — (*g*) Art. 25 c. c.

enfans la puissance paternelle , sur leurs biens l'usufruit légal.

267. Le mariage qu'il avait contracté précédemment , est dissous quant à tous ses effets civils (*a*) , c'est-à-dire que le mariage n'est nul que quant à ces effets : le lien naturel est valable et subsiste. Nous reviendrons sur ce principe , quand nous serons arrivés au titre du mariage.

268. Son époux et ses héritiers peuvent exercer respectivement les droits et les actions auxquels sa mort naturelle donnerait ouverture (*b*) : ce qui se développera par les règles touchant l'extinction de l'usufruit , l'ouverture des successions , la dissolution de communauté et le préciput conventionnel.

269. Ces dispositions (243—252. 254—256. 258—264. 266—268) sont énonciatives , et non limitatives. Le condamné est privé de tous les droits civils , même de ceux qui ne se trouvent pas compris dans la précédente énumération.

270. La dissolution , quant aux effets civils (267) , doit s'entendre de l'avenir et non du passé. Le mari perd tous les droits qui étaient des suites civiles du mariage; mais ni la femme ni les enfans ne perdent aucun de leurs droits. Ces derniers succèdent à leur père , aux biens qu'il

---

(*a*) Art. 25 c. c. — (*b*) Id.

avait quand il a encouru la mort civile (244. 245); non à ceux que depuis il aurait acquis, puisqu'il a perdu la capacité de transmettre (248). Ils succèdent à tous leurs parens, tant paternels que maternels, parce qu'ils conservent tous les droits qui leur étaient acquis. Ils succèdent au lieu de leur père, dans les cas où il était appelé, parce qu'ils se trouvent au degré suivant. A l'égard de l'autre époux, loin que ses droits se trouvent perdus, ils deviennent actifs (268).

271. On sent que l'une des conséquences de la mort civile doit être la dissolution du mariage du condamné, car la loi ne peut le reconnaître en même temps comme existant et comme n'existant pas. Elle ne peut lui enlever une partie de ses droits civils comme mort, et lui en conserver une partie comme vivant. Tout ce à quoi il peut prétendre, c'est le droit de pourvoir à sa subsistance, celui d'être secouru, s'il est menacé ou frappé. On a dit contre cette disposition, qu'elle ajoute à la sévérité de l'ancienne loi française, qui, en privant le condamné et la famille de tous ses biens, avait cru néanmoins devoir conserver l'engagement qui subsistait entre les époux. On a ajouté qu'en faisant même abstraction des idées religieuses, le mariage ne doit pas être considéré comme une chose purement civile; que c'est un contrat naturel, que la loi civile

ne fait que régler ; une union dont la perpétuité est le vœu. Enfin on a regardé cette dissolution du mariage comme une peine infligée
à des tiers intéressés , la femme et les enfans ;
comme tendant à établir une opposition toujours funeste entre la loi d'un côté , et la
morale et la religion de l'autre : la loi ,
qui regarde comme un concubinage la persé-
vérance d'une épouse à partager la destinée de
l'époux malheureux et coupable ; la morale et
la religion , qui l'approuvent comme un acte
de dévouement et de vertu. — Quant au reproche d'être plus sévère que les anciennes lois,
on a répondu que cette disparité est fondée sur
la manière différente dont on envisageait ,
sous l'empire de ces lois , les liens du mariage.
C'était alors un engagement tout à la fois religieux et civil : la religion et la loi concouraient
également à le former , et la loi ne pouvait
pas rompre seule des nœuds qu'elle n'avait pas
seule tissus. Aujourd'hui la célébration du mariage et tous ses effets appartiennent à la loi
civile. Elle laisse aux époux le soin ou la liberté
de prendre le ciel à témoin de leurs engagemens. Elle n'entre point , à cet égard , dans
l'asyle impénétrable des consciences ; mais à ses
yeux il n'y a d'union légitime que celle qui se
forme devant les magistrats qu'elle en charge ;
il n'y a que les mariages ainsi contractés qui
produisent les effets qu'elle y attache : aussi

se contente-t-elle de dissoudre le lien quant à ces effets. Il est vrai que dans le mariage le contrat naturel précède le contrat civil. Mais tout ce qu'il faut en conclure, c'est que cet engagement est sous la double autorité de la loi naturelle et de la loi civile. Si l'un des époux vit encore naturellement, le lien qu'il a formé subsiste sous l'empire de la loi naturelle, à laquelle, il est vrai, ne reste plus de sanction. Mais si cet époux est hors de la société, les lois que cette société n'a faite que pour elle-même, qui n'existent que par sa volonté et pour son intérêt, ne peuvent plus sans se contredire, reconnaître la durée de l'engagement, quant aux effets qu'elle y avait attachés. La rupture d'un lien légal est la suite nécessaire de la perte de tous les droits légaux. Comment supposer qu'un individu mort civilement, reste chef d'une communauté dissoute par l'ouverture de sa succession (244. 245); que celui qui n'a ni biens (243), ni existence légale (235), soit capable d'exercer la puissance déférée par les lois aux époux et aux pères sur la personne et les biens de leur femme et de leurs enfans; qu'il puisse autoriser l'épouse à comparaître devant les tribunaux, quand l'accès lui en est interdit à lui-même (263. 264)? Si l'on objecte qu'il est possible que de cette union dissoute naissent des enfans, privés alors de la légitimité, on répond qu'en pareil cas la légitimité perd beaucoup de ses honneurs et de son prix, et que d'ailleurs la législation est pleine de ces dispositions rigoureuses, commandées par des intérêts d'un ordre supérieur. A l'égard de la femme qui, oubliant les crimes de son époux, ne voit que son malheur, et consent à suivre sa destinée : si elle se croit liée aux yeux de la religion et de la nature, la loi n'entend contrarier ni ses sentimens ni sa résolution. Qu'elle trouve dans sa conscience, dans sa religion, dans l'opinion même, la récompense de son dévouement. Tout cela sort du domaine de la loi, dont le devoir est d'assurer aux peines leur effet, d'être conséquente avec elle-même, de ne plus voir dans la société celui qu'elle en a exclu.

272. Le mariage contracté par le mort civilement, est-il privé des effets civils, même relativement à la succession du conjoint de bonne foi ? Par exemple, les enfans succèdent-ils à leur mère, quand c'est le père qui a été condamné, et que la mère a ignoré cette condamnation ? Le texte de la loi conduit à ne faire aucune distinction (266. 267). Comment d'ailleurs supposer la bonne foi ? Une condamnation exécutée est censée connue. Cependant si le condamné change de nom, va se marier dans un lieu éloigné de celui de l'exécution, il est bien difficile de ne pas regarder la bonne foi de l'autre conjoint comme un moyen favo-

rable aux enfans. Tout le monde est bien censé avoir connaissance d'un jugement de condamnation, prononcé et exécuté contre un tel ; mais s'il quitte le nom proscrit, pour en prendre un qui n'a souffert aucune tache, et qu'il se présente ensuite dans un lieu où sa personne ne peut être connue, il est impossible de n'être pas trompé.

273. Un émigré n'a pu se marier valablement (*a*).

274. Contre la disposition qui veut que le mort civilement ne puisse transmettre à titre de succession les biens par lui postérieurement acquis (248), et dont il se trouve en possession au jour de sa mort naturelle, on a dit que la loi civile ne brise pas les liens physiques qui unissent le condamné à ses parens ; que les rapports de la nature sont indépendans de cette loi civile, qui ne peut ni les détruire ni les méconnaître ; que le condamné a toujours, dans l'ordre naturel, une famille appelée à recueillir sa succession. Mais-on a répondu que si la loi civile ne peut rompre le lien naturel des familles, au moins cette loi, qui a attaché aux liens naturels certains effets, peut les retrancher ou les modifier, suivant que l'intérêt social l'exige. Sans doute elle ne peut détruire ces rapports antérieurs et immuables qu'établit

______

(*a*) Cas. 16 mai 1808 : *Sir.* 1808, *p.* 297.

la nature ; mais les conséquences de ces rapports dans les droits civils auxquels ils donnent ouverture par les actions qu'elle autorise, et qui s'intentent en son nom, restent toujours dans son domaine : toujours elle peut les changer ou même les supprimer. Cette vérité s'applique surtout à l'ordre des successions, qui est tout entier l'objet et l'apanage de la loi civile. La nature conserve ses rapports, sans que la loi perde ses droits; et la loi peut fort bien reconnaître des parens dans l'ordre naturel, et méconnaître des héritiers dans l'ordre légal.

275. Les condamnations contradictoires n'emportent la mort civile qu'à compter du jour de leur exécution (a).

276. Soit réelle (b).

277. Soit par effigie (c).

278. La condamnation à déportation n'est réputée exécutée que du jour de la translation hors du territoire continental de France (d).

279. La translation du condamné en une prison provisoire n'est pas réputée exécution (e).

280. Les condamnations par contumace n'emportent la mort civile qu'après les cinq

______

(a) Art. 26 c. c. — (b) Id. — (c) Id. — (d) Toulouse. 18 août 1820 : J. P. t. 62, p. 325. — (e) Id.

années qui suivent l'exécution du jugement par effigie (*a*).

281. Pendant ces cinq années, le condamné peut se représenter (*b*).

282. Dans l'ancienne jurisprudence on s'attachait servilement au principe qui fait commencer la mort civile du jour de l'exécution. Par une conséquence rigoureuse de cette maxime, si le condamné décédait après les cinq ans et sans s'être présenté, il était réputé mort civilement au moment de cette exécution. Puisque, d'après la nouvelle législation, le condamné par contumace a cinq ans pour se représenter (281), et que sa mort ou sa comparution dans l'intervalle ont l'effet de détruire le jugement (289—294), il est plus convenable de ne fixer qu'à l'expiration des cinq années l'instant où la mort civile commence. Alors seulement la condamnation a tout son effet. Ainsi s'évanouissent les embarras du système contraire. Le condamné a vécu civilement jusqu'à ce moment : il a pu succéder, il a été époux et père. Il n'y a point contradiction à exécuter par effigie le jugement de condamnation, et à reculer cependant jusqu'au terme de cinq années le commencement de la mort civile. Un jugement peut ne pas recevoir dans le même moment toute son exécu-

(*a*) Art. 27 c. c. — (*b*) *Id*. Art. 476 C. I. C.

tion , un tribunal la suspend quelquefois pour des motifs très-légitimes. La loi peut , à plus forte raison , en maintenant , pour l'exemple , l'exécution par effigie au moment de la condamnation , reporter cependant l'époque de la mort civile à l'expiration des cinq années données au contumax pour se représenter. Jusques-là , le condamné n'est qu'un absent (285). La nature même du jugement rendu par contumace , et les dispositions qui l'accompagnent, exigent que la mort civile ne soit encourue qu'après les cinq années. Pendant la durée de ce délai , le sort du condamné est incertain , tout reste provisoire à son égard. Non-seulement, s'il est arrêté ou se représente , les choses recouvrent leur premier état ; mais s'il vient à mourir , il meurt dans l'intégrité du sien , et sa succession s'ouvre par sa mort naturelle. Ce n'est qu'après le délai pour purger la contumace que la condamnation, suivant les principes et les expressions de l'ancienne jurisprudence , est réputée contradictoire. Il serait donc injuste de faire mourir civilement le condamné pendant l'ordre de choses purement provisoire qui s'établit jusqu'à l'expiration de ce délai. On insiste sur la nécessité de l'exemple. Mais l'exemple est donné par l'exécution en effigie , par la privation de l'exercice des droits civils , provisoirement prononcée contre le condamné (283. 284) ; par sa mort civile et son expropriation après les cinq ans, s'il ne s'est pas présenté. Indépendamment des vues générales d'équité et d'humanité qui s'élèvent en faveur de cette disposition, elle est encore secourue par les difficultés infinies que présente l'exécution du système contraire, l'organisation d'une mort civile provisoire, dont les effets peuvent à chaque moment s'anéantir par la résurrection ou la mort naturelle du condamné. Ce système, quelques précautions qu'on prenne, laisse toujours régner une affreuse incertitude 1° sur le sort des enfans nés dans les cinq ans : légitimes, si le père meurt ou se représente dans cet intervalle ; illégitimes, si les cinq ans s'écoulent sans que la destinée du père soit connue ; 2° sur le sort de la femme qui aura contracté dans les cinq ans un nouvel engagement : épouse légitime, si son premier mari ne reparaît pas ; infidèle et coupable, s'il meurt ou se représente ; 3° sur le sort des successions qui, pendant les cinq ans, s'ouvriraient au profit du condamné : héritier, s'il paraît ou meurt ; non héritier, s'il laisse passer les cinq années sans se représenter. L'impossibilité de remédier à tant d'inconvéniens, jointe à la vérité et à la force du principe qui ne permet pas de placer dans un état de choses purement provisoire, des effets définitifs par leur nature, a déterminé la préférence donnée à la disposition maintenant en vigueur.

283. Les condamnés par contumace sont privés de l'exercice des droits civils pendant les cinq ans (*a*). Mais ces droits mêmes ne sont pas anéantis (285) : il y a seulement impuissance de les exercer personnellement.

284. Ou jusqu'à ce qu'ils se représentent ou qu'ils soient arrêtés pendant ce délai (*b*).

285. Leurs biens sont administrés et leurs droits exercés comme ceux des absens (*c*), parce qu'il est incertain si le contumax se représentera ou non.

286. Pour le mode d'exécution, voir la partie du Code civil qui traite de la présomption d'absence, les dispositions du Code de procédure relatives à l'envoi en possession dés biens d'un absent, et les articles 465, 469, 471 et 475 du Code d'instruction criminelle.

287. Un avis du Conseil d'état (*d*) du 20 septembre 1809, détermine les effets de cette règle (285) relativement aux condamnations par contumace, prononcées soit avant, soit depuis la publication du Code.

288. La privation (285—285) n'est point applicable à un individu condamné par contumace à une peine afflictive qui n'emporte pas mort civile (*e*).

(*a*) Art. 28 c. c. — (*b*) *Id.* — (*c*) *Id.* — (*d*) B. 245, n° 4742, 4e s. — (*e*) Cas. 20 fév. 1809 : Den. 1809, p. 54.

289. Le jugement est anéanti de plein droit, lorsque le condamné par contumace se présente volontairement dans les cinq années (*a*).

290. A compter du jour de l'exécution (*b*).

291. Ou lorsqu'il a été saisi et constitué prisonnier dans ce délai (*c*).

292. L'accusé est remis en possession de ses biens (*d*).

293. Il est jugé de nouveau (*e*).

294. Si la peine n'est pas prescrite (*f*).

295. Si par ce nouveau jugement il est condamné à la même peine, ou à une peine différente emportant également mort civile, elle n'a lieu qu'à compter du jour de l'exécution du second jugement (*g*).

296. Si le prévenu meurt après que l'instruction a été épuisée avec lui, mais avant qu'il ait été procédé au jugement, il meurt dans la plénitude de ses droits, puisque, n'y ayant pas encore de jugement, il ne peut y avoir de mort civile (235).

297. Il en est de même, s'il meurt avant que le jugement, quoique rendu et prononcé contradictoirement, ait été exécuté, parce que la prononciation du jugement au condamné ne suffit pas pour opérer contre lui la mort civile,

---

(*a*) Art. 29 c. c. — (*b*) *Id.* — (*c*) *Id.* — (*d*) *Id.* — (*e*) *Id.* — (*f*) Art. 641 C. I. C. — (*g*) Art. 29 c. c. Art. 471 et 476 C. I. C.

et qu'elle ne commence que du jour de l'exécution (275—277. 280. 281).

298. Si le prévenu prend la fuite après que
l'instruction a été épuisée avec lui, et avant
qu'il ait été procédé au jugement, il semble
que le jugement doive produire le même effet
que s'il était contradictoire, puisque toutes les
preuves ont été acquises contradictoirement
avec le prévenu. On peut même dire que, dans
le cas supposé, le jugement est véritablement
contradictoire; car ce qui fait la contradiction
c'est la défense du prévenu, que l'on suppose
ici avoir été complète. Mais quand est-elle ainsi
réputée? Quoique le jury ait fait sa déclaration,
la défense de l'accusé n'est pas encore épuisée ,
parce que ce n'est qu'après cette déclaration
que le procureur général requiert l'application
de la peine : l'accusé ou son défenseur a le droit
de parler sur cette application ; et l'audition
de l'accusé peut sur ce point devenir très–importante, sous le rapport non–seulement de sa
vie, mais encore de ses droits civils. Ce n'est
donc qu'autant que l'accusé s'évaderait après
que le procureur général aurait requis en sa
présence l'application de la peine, que la défense devrait être réputée complète.

299. Lorsque le condamné par contumace,
qui ne s'est représenté ou qui n'a été constitué
prisonnier qu'après les cinq ans, est absous par
le nouveau jugement, ou n'a été condamné

qu'à une peine qui n'emporte pas mort civile, il rentre dans la plénitude de ses droits civils (*a*).

300. Pour l'avenir (*b*) seulement : ainsi le veut l'intérêt public.

301. Et à compter du jour où il a reparu en justice (*c*). Il peut commencer une nouvelle vie, mais sans troubler l'état des familles, ni contester les droits acquis pendant la durée de sa mort civile.

302. Le premier jugement conserve, pour le passé, les effets que la mort civile a produits dans l'intervalle écoulé depuis l'époque de l'expiration des cinq ans jusqu'au jour de sa comparution en justice (*d*). Ainsi les actes qu'il a faits dans cet intervalle, sont nuls. S'il s'est ouvert, pendant le même temps, une succession à laquelle il était appelé, il n'a pu la recueillir : sa part a accru à ses cohéritiers; ou, s'il était seul successible, elle a été dévolue au degré suivant.

303. On voit que le contumax est jugé de nouveau (293—295. 299—301). Quelque fortes présomptions qu'élève contre lui sa longue absence; quoiqu'on ait droit de soupçonner qu'une comparution si tardive n'est due qu'à l'éloignement des témoins à charge; au dépérissement des preuves, que le temps amène toujours après lui; à cet affaiblissement des premières impres-

<hr>

(*a*) Art. 30 c. c. — (*b*) *Id.* — (*c*) *Id.* — (*d*) *Id.* Art. 476 C. I. C.

sions, qui, disposant les esprits à l'indulgence et à la pitié, fait entrevoir au coupable son impunité : l'humanité ne permet cependant pas de refuser d'entendre celui qui ne s'était point défendu.

304. Si le condamné par contumace meurt dans le delai de grace des cinq années, sans s'être représenté, ou sans avoir été saisi ou arrêté, il est réputé mort dans l'intégrité de ses droits (a). La présomption est pour l'innocence; et il devient incertain si le contumax ne serait pas représenté dans les cinq ans, et n'eût pas été absous.

305. Le jugement de contumace est anéanti de plein droit (b).

306. Sans préjudice néanmoins de l'action de la partie civile (c) contre les héritiers de l'accusé décédé (d).

307. Cette action ne peut être intentée contre les héritiers du condamné que par la voie civile (e).

308. La mort avant le jugement éteint l'action criminelle, après le jugement contradictoire elle affranchit de la peine le condamné. Mais dans les deux cas elle laisse subsister l'action et les adjudications civiles. Si la confiscation, ainsi que la mort civile, est la suite de

---

(a) Art. 31 c. c. — (b) Id. — (c) Id. — (d) Art. 2 C. I. C. — (e) Art. 31 c. c.

l'exécution, il n'en est pas de même du remboursement des frais, indemnité accordée au fisc, aux dépens duquel se font les poursuites, et qui a les mêmes droits que les plaignans ou accusateurs privés. Ainsi le décès d'un contumax n'empêche pas les frais de procédure d'être à sa charge (a).

309. En aucun cas, la prescription de la peine ne réintègre le condamné dans ses droits civils pour l'avenir (b).

310. Appartiennent à l'État, par droit de déshérence, les biens acquis par le condamné, depuis la mort civile encourue (c) : conséquence d'une règle générale, qui attribue au domaine public tous les biens vacans et sans-maître.

311. La règle ne s'applique qu'aux biens dont le condamné se trouve en possession au jour de sa mort naturelle (d).

312. Néanmoins il est loisible au roi de faire, au profit de la veuve, des enfans ou parens du condamné, telles dispositions que l'humanité lui suggère (e).

(a) Av. du cons. d'Ét. 26 fruct. an XIII : *B.* 58, n° 1052, 4ᵉ s. — (b) Art. 32 c. c. Art. 635. 637. 641 C. I. C. — (c) Art. 33 c. c. — (d) *Id.* — (e) *Id.* Art. 475 C. I. C.

—

Dispositions générales.

313. I∟ y a des règles également applicables à tous les actes de l'état civil, et des principes généraux qui les régissent. Ils vont être exposés ci-après (315 etc.).

314. L'Assemblée constituante avait décidé qu'il serait établi pour tous les Français , sans distinction , un mode de constater les naissances , mariages et décès. Elle voulait rendre la validité des actes civils indépendante des dogmes religieux. L'Assemblée législative organisa ce principe par la loi du 20 septembre 1792 ; mais cette loi ne statua pas seulement sur les formes des actes, elle régla les conditions du mariage.

315. Les actes de l'état civil énoncent l'année , le jour et l'heure où ils sont reçus (*a*).

316. Les prénoms , noms , âge , profession et domicile de tous ceux qui y sont dénommés (*b*).

317. On écarte ainsi la difficulté et le danger des preuves testimoniales , on donne un titre authentique à la possession ; on garantit les

(*a*) Art. 54 c. c. — (*b*) *Id.*

citoyens contre la perte , les omissions ou l'inexactitude des titres domestiques : la grande famille se constitue gardienne et dépositaire des premiers et des plus importans titres de l'homme.

318. Les officiers de l'état civil ne peuvent rien insérer dans les actes qu'ils reçoivent, soit par note, soit par énonciation quelconque, que ce qui doit être déclaré par les comparans (a). Ceci rappelle à ces officiers qu'ils n'ont aucune juridiction , et ne sont qu'instrumens passifs des actes. On ne considère ici la naissance , le mariage , le décès que comme des faits dont la société recueille la preuve au moment où ils arrivent. C'est à d'autres époques qu'on en jugera , s'il y a lieu , la vérité et les conséquences. Rien donc ne doit être inséré dans les registres , que ce qui appartient essentiellement à ces faits eux-mêmes. Aucune circonstance qui en altérerait l'uniforme simplicité , qui ferait l'avantage ou le préjudice soit des parties qui y ont intérêt , soit des tiers qui y sont étrangers , ne doit y trouver place. Les rédacteurs ne sont point juges , mais greffiers, commissaires enquêteurs. Souvent par un zèle inconsidéré, d'autres fois par un motif plus répréhensible, les conservateurs des actes civils s'étaient permis de contrarier ou d'affaiblir les

____

(a) Art. 55 c. c.

déclarations à eux faites. On en avait vu suspecter la légitimité qui leur était certifiée, nier ou révoquer en doute le mariage dont on leur disait qu'un enfant était né, en demander les preuves, et changer en inquisition un ministère purement passif. On a voulu prévenir cet abus, que l'ancienne jurisprudence avait déjà réprimé. On a même introduit une grande amélioration, puisqu'en prohibant toute énonciation ou note quelconque du chef de ces officiers, on a eu soin d'exprimer qu'ils ne peuvent écrire que ce qui doit leur être déclaré par les parties; c'est-à-dire que, si l'enfant qui leur est présenté est né de parens qu'on leur dit mariés, ils l'écriront ainsi; que s'il est né hors du mariage, d'un père qui ne l'avoue pas, ils ne feront point mention du père.

319. Ici se trouve la solution d'une question qui, dans l'an 10, fut vivement débattue au Tribunat. D'après cette règle que l'officier de l'état civil n'est que le rédacteur des déclarations à recueillir sur le fait qui doit être constaté, on avait pensé que si, en lui présentant un enfant né hors du mariage, on en désignait le père, cette désignation devait être écrite, toutefois avec la mention formelle qu'elle était faite par la mère. On voulait conserver ainsi au prétendu père tous ses droits contre une assertion fausse et injurieuse. On opposa à cette

disposition l'espèce de flétrissure qui en pourrait résulter pour le père désigné , le trouble
qu'elle jetterait peut-être dans un ménage bien
uni , l'encouragement qu'elle donnerait à la
calomnie et à l'audace des prostituées. On la
défendit par la nécessité de constater le fait
de la naissance : elle suppose toujours un père.
S'il est connu, de quelque manière qu'il le soit,
il doit être désigné. On disait qu'il est juste de
permettre à une femme de nommer à la société l'homme qui la rendit mère ; qu'il serait
cruel de lui imposer un silence propre à la
confondre avec les femmes perdues qui ne connaissent pas même ceux à qui elles s'abandon-
nent. On faisait valoir l'intérêt de l'enfant : il
lui importe de connaître à qui il pourra s'a-
dresser un jour , et de quel homme il pourra
plus particulièrement réclamer la tendresse ,
au moins la pitié. — Si la recherche de la
paternité hors le mariage était permise , la désignation du père , faite au nom de la mère,
dans l'acte de naissance , en serait sans doute
une base desirable et essentielle. Mais cette
recherche étant interdite , comme il sera expliqué à l'occasion de la reconnaissance des
enfans naturels , la désignation du père serait
sans but. L'intérêt moral de la mère et de
l'enfant n'est pas un motif suffisant pour le
législateur , qui s'occupe seulement des intérêts civils. Il est d'ailleurs mille rapports mo-

raux sous lesquels il est bon de prohiber la recherche de paternité, et par conséquent les déclarations qui, malgré la loi, commenceraient cette recherche. Il est donc réglé que si, d'une part, les rédacteurs ne peuvent ajouter ni retrancher aux déclarations qui doivent leur être faites, de l'autre, les parties ne doivent déclarer que ce que la loi demande. Vont-elles au-delà ? l'officier public peut et doit supprimer ce qui, dans leurs déclarations, excède ou contrarie le vœu de la loi.

320. Il est défendu de s'arroger des titres et qualifications non conférés (a).

321. Et aux officiers de l'état civil, notaires, et autres, de les donner (b).

322. La peine contre quiconque s'attribue des titres royaux qui ne lui ont pas été légalement conférés, est de six mois à deux ans d'emprisonnement (c).

323. Dans les cas où les parties intéressées ne sont point obligées de comparaître en personne, elles peuvent se faire représenter par un fondé de procuration spéciale et authentique (d).

324. Les actes de l'état civil ne sont pas livrés aveuglément à la foi des officiers publics, ils doivent être certifiés par des témoins.

325. Ceux qui y sont produits ne peuvent

(a) Déc. 1er mars 1808, art. 15 : B. 186, n° 3206, 4e s. — (b) Id. — (c) Art. 259 c. P. — (d) Art. 36 c. c.

être que du sexe masculin (*a*). *Receptum est ut fœminæ civilibus officiis non fungantur.*

326. A peine de nullité (*b*) : ce qui pourtant ne doit s'entendre qu'avec beaucoup de circonspection (404. 762).

327. Agés de vingt-un ans au moins (*c*).

328. Parens ou autres (*d*).

329. Ils sont choisis par les personnes intéressées (*e*).

330. L'officier de l'état civil donne lecture des actes aux parties comparantes (*f*).

331. Ou à leur fondé de procuration (*g*).

332. Et aux témoins (*h*).

333. Il y est fait mention de l'accomplissement de cette formalité (*i*).

334. Ces actes sont signés par l'officier de l'état civil (*j*).

335. Par les comparans (*k*).

336. Et les témoins (*l*).

337. Ou mention est faite de la cause qui empêche les comparans et les témoins de signer (*m*).

338. Les actes de l'état civil sont inscrits, dans chaque commune, sur un ou plusieurs registres tenus doubles (*n*). Le registre est tenu double, pour que la perte de l'un puisse être

(*a*) Art. 37 c. c. — (*b*) Caen, 13 janv. 1819 : *J. P. t.* 56, p. 398. — (*c*) Art. 37 c. c. — (*d*) *Id.* — (*e*) *Id.* — (*f*) Art. 38. — (*g*) *Id.* — (*h*) *Id.* — (*i*) *Id.* — (*j*) Art. 39. — (*k*) *Id.* — (*l*) *Id.* — (*m*) *Id.* — (*n*) Art. 40.

réparée par l'autre. Les doubles doivent répéter tout ce qui a été originairement inscrit sur les premiers registres, et tout ce qui y est mis ensuite par addition ou correction.

339. La déclaration de 1736 n'avait également prescrit qu'un seul registre double pour tous les actes. La loi du 20 septembre 1792 en ordonna un double pour chaque espèce d'acte. L'expérience a prouvé que l'on s'était trompé en croyant que la multiplicité des registres faciliterait la distinction de chaque espèce d'acte. On a donc pensé qu'il était plus convenable de n'avoir qu'un seul registre, tenu double, pour l'inscription des actes de toute espèce à la suite les uns des autres, et que ce procédé était beaucoup plus simple, exigeait moins d'attention, et exposait à moins d'erreurs. Cependant la règle de l'unité des registres n'est pas posée d'une manière si absolue (338), que le gouvernement ne puisse y faire exception pour les villes où les officiers de l'état civil ont plus de lumières, et où la rédaction des actes est plus multipliée.

340. Pour la sûreté des registres, ils sont cotés par première et dernière (a).

341. Et paraphés sur chaque feuille (b).

342. Par le président du tribunal de première instance (c).

343. Ou par le juge qui le remplace (d).

(a) Art. 41 c. c. — (b) Id. — (c) Id. — (d) Id.

344. Les actes sont inscrits sur les registres, de suite (*a*).

345. Sans aucun blanc (*b*).

346. Les ratures et les renvois sont approuvés et signés de la même manière que le corps de l'acte (*c*).

347. Il n'y est rien écrit par abréviation (*d*).

348. Aucune date n'est mise en chiffres (*e*).

349. Les registres sont clos et arrêtés par l'officier de l'état civil (*f*).

350. A la fin de chaque année (*g*).

351. Dans le mois, l'un des doubles est déposé aux archives de la commune (*h*).

352. L'autre au greffe du tribunal de première instance (*i*).

353. Les procurations et autres pièces qui doivent demeurer annexées aux actes de l'état civil, sont déposées au greffe du tribunal (*j*).

354. Avec le double des registres dont le dépôt doit avoir lieu audit greffe (*k*).

355. Après avoir été paraphées par la personne qui les a produites (*l*).

356. Et par l'officier de l'état civil (*m*).

357. La rédaction des tables alphabétiques annuelles et décennales des actes de l'état civil, fait l'objet d'un décret du 20 juillet 1807 (*n*).

(*a*) Art. 42 c. c. — (*b*) *Id.* — (*c*) *Id.* — (*d*) *Id.* — (*e*) *Id.* — (*f*) Art. 43. — (*g*) *Id.* — (*h*) *Id.* — (*i*) *Id.* — (*j*) Art. 44. — (*k*) *Id.* — (*l*) *Id.* — (*m*) *Id.* — (*n*) B. 154, n° 2615, 4ᵉ s.

358. La loi de 1792 attribuait à l'autorité administrative une sorte de juridiction et de police sur la tenue des registres. Elle disposait qu'ils seraient cotés et paraphés par le président du directoire de district; que l'un des doubles serait transmis à cette administration, qui vérifierait si les actes avaient été dressés et les registres tenus dans les formes prescrites; que ce double serait ensuite envoyé au directoire de département, avec les observations, déposé et conservé aux archives de cette administration. On motivait ces dispositions sur les relations des citoyens avec les administrations de département, et des administrations avec le ministre de l'intérieur et le corps législatif. On prétendait que les registres seraient mieux conservés dans les archives des administrations que dans les greffes; que ce dépôt n'avait rien de commun avec les fonctions judiciaires; que les rapports des citoyens avec les tribunaux, quant à leur état civil, étaient purement accidentels; qu'au contraire l'administration devait donner les états de population, et répartir les contributions, dont la population est une des grandes bases. D'un autre côté, on a dit que l'état des citoyens est une propriété qui repose, comme toutes les autres, sous l'égide des tribunaux. Les registres doivent être cotés et paraphés par le juge

(340—343) , parce que , sans cela , en cas de contestation , il serait obligé de faire vérifier la signature et le paraphe des préfets ou sous-préfets. Ainsi, lorsque les registres étaient tenus par les curés , ils étaient déposés au greffe des bailliages, et conservés par l'autorité chargée de protéger l'état des citoyens. On n'attente point aux droits de l'autorité administrative : ses fonctions, qui à cet égard ne sont que de police , se bornent à pourvoir de registres les communes. S'il y a des altérations , s'il survient des procès , cela ne regarde plus que les tribunaux. Il importe que le dépositaire du registre soit, autant que possible , permanent ; et les agens de l'autorité judiciaire sont plus stables que ceux de l'autorité administrative. Si les préfets ont besoin des registres pour les états de population, ils peuvent être autorisés à prendre aux greffes des tribunaux tous les renseignemens nécessaires. D'ailleurs , le double qui doit être déposé aux archives de chaque commune , est toujours à leur disposition.

359. Toute personne peut se faire délivrer , par les dépositaires des registres de l'état civil, des extraits de ces registres (a). Les lois qui semblaient avoir limité cette faculté aux parties intéressées , étaient injustes. L'état civil ,

____

(a) Art. 45 c. c.

des hommes doit être public, et il y avait de l'inconvénient à laisser les officiers juges des motifs sur lesquels pouvait être fondée la demande d'une expédition. Enfin, ces actes n'appartiennent pas seulement aux parties et à leurs familles, ils sont à la société entière.

360. Font foi jusqu'à inscription de faux les extraits délivrés conformes aux registres (a).

361. Et légalisés par le président du tribunal de première instance (b).

362. Ou par le juge qui le remplace (c).

363. Cela (360) ne veut pas dire qu'il est nécessaire, pour que les extraits fassent foi, de les collationner sur les registres dont ils ont été tirés, mais qu'il suffit qu'ils soient certifiés conformes à ces registres.

364. Des expéditions d'actes de l'état civil, réformés non contradictoirement, délivrés sans qu'il soit fait mention de la rectification, font foi en justice jusqu'à inscription de faux, quoique l'ancien état des registres soit constaté par des extraits certifiés conformes, levés antérieurement à la rectification (d).

365. Les extraits des registres des actes de l'état civil, délivrés depuis la loi du 28 pluviose an VIII, sous le certificat et la signature des employés dits secrétaires ou secrétaires généraux

_____

(a) Art. 45 c. c. — (b) Id. — (c) Id. — (d) Cas. 29 juil. 1809 ; Den. 1809, p. 509.

de mairie, jusqu'au jour de la publication de l'avis du conseil d'état du 2 juillet 1807, sont considérés comme authentiques (*a*).

366. Si cette signature a été, avant cette dernière époque, légalisée (*b*).

367. Soit par les maires ou les préfets avant la loi du 20 ventose an XI (*c*).

368. Soit depuis par les présidens des tribunaux de première instance (*d*).

369. Ou par les fonctionnaires remplaçant momentanément les uns et les autres (*e*).

370. Sauf les inscriptions en faux, en cas de droit (*f*).

371. Les employés des mairies qui se qualifient de secrétaires, n'ont point de caractère public (*g*).

372. Ils ne peuvent rendre authentique aucun acte, aucune expédition, ni aucun extrait des actes des autorités (*h*).

373. Notamment les extraits des actes de l'état civil ne peuvent être délivrés que par le fonctionnaire public dépositaire des registres (*i*).

374. Voyez le décret du 15 mai 1813 (*j*), relatif aux actes de l'état civil reçus par des secrétaires de mairie, depuis le 1er mars 1811

(*a*) Av. du cons. d'Ét. 2 juil. 1807 : B. 150, n° 2554, 4e s.
— (*b*) Id. — (*c*) Id. — (*d*) Id. — (*e*) Id. — (*f*) Id. — (*g*) Id. —
(*h*) Id. — (*i*) Id. — (*j*) B. 501, n° 9216, 4e s.

jusqu'au 1er janvier 1813, dans les communes dépendantes du grand duché de Berg, et lors réunies au territoire français.

375. Les droits à percevoir par les officiers publics de l'état civil sont réglés par le décret du 12 juillet 1807 (*a*).

376. Lorsqu'il n'a pas existé de registres, ou qu'ils sont perdus, la preuve en est reçue tant par titres que par témoins (*b*).

377. Dans ces cas, les mariages, naissances et décès peuvent être prouvés tant par les registres et papiers émanés des père et mère décédés, que par témoins (*c*).

378. A cet égard la loi s'en rapporte à la prudence du juge (*d*).

379. Cette faculté s'applique à la preuve de prestation de serment des étrangers naturalisés (*e*).

380. La disposition exceptionnelle (376. 377) n'est point exclusive de la preuve par titres et témoins dans tout autre cas que celui de la non existence ou de la perte des registres (*f*).

381. Il est laissé à la prudence des tribunaux

(*a*) B. 152, n° 2567, 4e s. — (*b*) Art. 46 c. c. — (*c*) Id. — (*d*) Cas. 12 déc. 1827 : J. P. t. 81, p. 332. — (*e*) Cass. 4 fév. 1822 : J. P. t. 64, p. 5. — (*f*) Cas. 12 mars 1807, 5 fév. 1809, 22 déc. 1819. Montpellier, 12 fév. 1825 : J. C. C. t. 8, p. 479 : J. P. t. 23, p. 417 ; t. 57, p. 161 ; t. 75, p. 184.

d'admettre ce genre de preuve dans d'autres circonstances non moins extraordinaires (*a*).

382. Il n'y a que l'autorité des titres publics et la possession qui rende l'état civil inébranlable. La loi naturelle a établi la preuve qui naît de la possession, la loi civile a établi la preuve qui naît des registres. La preuve testimoniale, seule, n'est pas d'un poids et d'un caractère qui puissent suppléer à ces espèces de preuves, ou leur être opposés. Toutes les ordonnances, animées de cet esprit, ont voulu que la preuve de la naissance fût faite par les registres publics, et qu'en cas de perte de ces registres, on eût recours aux titres et papiers domestiques des père et mère décédés, pour ne pas faire dépendre l'état, la filiation, l'ordre et l'harmonie des familles, uniquement de preuves équivoques et dangereuses, telles que la preuve testimoniale seule, dont l'incertitude a toujours effrayé les législateurs. L'ordonnance de 1667 avait, par une disposition formelle, consacré ces principes ; et la jurisprudence y a toujours été conforme. Ainsi, malgré la juste répugnance des lois civiles pour la preuve testimoniale : comme la sûreté ou le rétablissement de l'état des hommes doit passer avant tout : si, nonobstant l'injonction, il n'a

______

(*a*) Cas. 12 mars 1807, 5 fév. 1809. Agen, 19 juin 1821 : J. C. C. t. 8, p. 479; J. P. t. 25, p. 417; t. 61, p. 398.

pas été tenu de registres, ou si la malice humaine ou l'injure des temps les ont soustraits, la preuve qu'ils sont destinés à fournir est suppléée par la preuve testimoniale et les papiers domestiques.

383. La soustraction de quelques feuillets équivaut à l'absence ou à la perte du registre, et l'on peut prouver par témoins le mariage dont l'acte devrait se trouver sur un des feuillets soustraits (a).

384. On peut suppléer par la preuve testimoniale à la représentation de l'acte de mariage, quand les registres n'ont pas été régulièrement tenus (b).

385. Lorsque l'un des époux prétend que l'autre est décédé, s'il ne s'agit que d'intérêts pécuniaires, et que tout puisse se réparer en cas d'erreur, les juges n'ont à consulter que les circonstances (c).

386. Un décès peut être prouvé par témoins, quoiqu'il existe des registres (d).

387. On peut prouver sa successibilité par une série d'actes de famille établissant la filiation (e).

388. Après avoir préparé aux hommes les

<hr>

(a) Cas. 21 juin 1814 : *J. P. t.* 40, *p.* 369. — (b) Riom, 30 janv. 1810 : *Den.* 1810, *sup. p.* 78. — (c) Aix, 28 mars 1811 : *J. C. C. t.* 17, *p.* 120. — (d) Bordeaux, 29 août 1811 : *J. P. t.* 35, *p.* 142. — (e) Paris, 3 janv. 1825 : *J. P. t.* 72, *p.* 165.

moyens les plus authentiques de constater leur état, il a fallu leur accorder, au besoin, des moyens subsidiaires. Par suite de ce principe, tout acte de l'état civil des Français et des étrangers, fait en pays étranger, fait foi (*a*).

389. S'il est rédigé dans les formes usitées dans ledit pays (*b*). *Locus regit actum.*

390. Ajoutons qu'il doit être revêtu des formalités nécessaires pour fixer son authenticité, c'est-à-dire de la légalisation du chargé d'affaires de France dans le pays. Si, en France, la signature d'un notaire doit être attestée par le juge de son domicile, quand l'acte où elle se trouve est produit dans un autre département ou ressort que celui où ce notaire a sa résidence (*c*), à plus forte raison la signature d'un officier étranger, qui n'a aucun caractère chez nous, doit-elle être légalisée, puisque la loi ordonne cette formalité pour les extraits tirés des registres tenus en France (360—362).

391. Tout acte de l'état civil des Français en pays étranger est valable (*d*).

392. S'il a été reçu par les agens diplomatiques ou par les consuls (*e*).

393. Conformément aux lois françaises (*f*).

394. On vient ainsi (388—393) au secours des Français qui se trouvent momentanément

---

(*a*) Art. 47 c. c. — (*b*) *Id.* — (*c*) Loi 25 vent. an XI, art. 28 : B. 258. n° 2440, 5° s. — (*d*) Art. 48 c. c. — (*e*) *Id.* — (*f*) *Id.*

chez l'étranger. La loi leur permet de suivre les formes établies dans ces lieux (388. 389); ou de profiter du bénéfice de la loi française, en s'adressant aux agens diplomatiques de leur nation, considérés alors comme officiers de l'état civil (391—393). Sur ce point on a donné quelque extension à l'ordonnance de 1681.

395. Dans tous les cas où la mention d'un acte relatif à l'état civil doit avoir lieu en marge d'un autre acte déjà inscrit, elle est faite à la requête des parties intéressées (a).

396. Par l'officier de l'état civil (b).

397. Sur les registres courans (c).

398. Ou sur ceux qui ont été déposés aux archives de la commune (d).

399. Et par le greffier du tribunal de première instance (e).

400. Sur les registres déposés au greffe (f).

401. A l'effet de quoi, l'officier de l'état civil en donne avis au procureur du roi près ledit tribunal (g).

402. Dans les trois jours (h).

403. Celui-ci veille à ce que la mention soit faite d'une manière uniforme sur les deux registres (i).

404. Les soins pris en faveur des citoyens pour leur état, tourneraient contre eux, et

(a) Art. 49. — (b) Id. — (c) Id. —(d) Id. — (e) Id. — (f) Id. — (g) Id. — (h) Id. — (i) Id.

résisteraient à l'intention de la loi, si de l'o-
mission de ces soins résultaient des nullités.
A moins que les actes ne soient reconnus faux,
leurs imperfections ne les laissent pas sans
force : ils donnent toujours aux citoyens un
titre quelconque.

405. Mais toute contravention aux dispositions précédentes de la part des fonctionnaires
y dénommés est poursuivie devant le tribunal
de première instance (a).

406. Elle est punie d'une amende qui ne
peut excéder cent francs (b). Cette précaution
est surtout nécessaire à l'égard d'officiers qui
ne sont pas personnellement intéressés à l'exécution de la loi. Les parties trouvent leur punition dans la perte qu'elles éprouvent du droit
ou de l'avantage attaché, pour elles, à cette
exécution. Mais les officiers ne souffrant de
l'inobservation aucun préjudice individuel, il
faut, par la crainte, lier leur intérêt à l'obéissance.

407. Tout dépositaire des registres est civilement responsable des altérations qui y surviennent (c). La preuve de l'état des citoyens
formant leur propriété la plus précieuse, ce
dépositaire est tenu de la faute la plus légère.
Ses obligations sont d'autant plus rigoureuses,
la garde et la surveillance qui lui sont impo-

______

(a) Art. 50. — (b) Id. — (c) Art. 51.

sées doivent être d'autant plus exactes, que, d'une part, le dépôt est plus important, et que, de l'autre, il n'est point volontaire.

408. Sauf son recours, s'il y a lieu, contre les auteurs desdites altérations (a).

409. Donnent lieu aux dommages-intérêts des parties, toute altération, tout faux dans les actes de l'état civil (b).

410. Toute inscription de ces actes faite sur une feuille volante, et autrement que sur les registres à ce destinés (c).

411. Sans préjudice des peines portées au Code pénal (d). On doit en effet distinguer les simples contraventions produites par l'erreur ou la négligence, des délits qui supposent une intention criminelle.

412. Les officiers de l'état civil qui ont inscrit leurs actes sur de simples feuilles volantes, sont punis d'un emprisonnement d'un mois au moins et de trois mois au plus (e).

413. Et d'une amende de seize francs à deux cents francs (f).

414. Les peines portées contre les officiers de l'état civil, leur sont appliquées lors même que la nullité de leurs actes n'a pas été demandée ou a été couverte (g).

(a) Art. 51 c. c. — (b) Art. 52. — (c) Id. — (d) Id. Art. 145. 192—195 C. P. — (e) Art. 192 C. P. — (f) Id. — (g) Art. 195.

415. Sans préjudice des peines plus fortes prononcées en cas de collusion (*a*).

416. La matière des dommages – intérêts (409. 410), le mode de condamnation à iceux, leur liquidation etc. font l'objet d'une foule de dispositions législatives qui trouveront successivement leur place et que nous traiterons tour à tour.

417. Le procureur du roi au tribunal de première instance est tenu de vérifier l'état des registres lors du dépôt qui en est fait au greffe (*b*).

418. Cette vérification se fait dans les quatre premiers mois de chaque année (*c*).

419. Le procureur du roi dresse un procès-verbal sommaire de la vérification (*d*).

420. Ce procès-verbal est divisé par cantons (*e*).

421. Il est subdivisé par communes (*f*).

422. Et par nature de registres (*g*).

423. Il désigne les actes défectueux par le n° correspondant du registre dont ils font partie (*h*).

424. Il indique les contraventions, en énonçant les articles du Code civil dont les dispositions ont été violées (*i*).

(*a*) Art. 195 C. P. — (*b*) Art. 53 c.c. — (*c*) Art. 1ᵉʳ ord. 26 nov. 1823 : B. 640, n° 15963, 7ᵉ s. — (*d*) Art. 53 c. c. — (*e*) Art. 1ᵉʳ ord. 26 nov. 1823 : B. 640, n° 15963, 7ᵉ s. — (*f*) *Id.* — (*g*) *Id.* — (*h*) *Id.* — (*i*) *Id.*

425. Le procureur du roi dénonce les contraventions ou délits commis par les officiers de l'état civil (a).

426. Il requiert contre eux la condamnation aux amendes (b).

427. Ces vérifications (417—426) ne donnent ni au procureur du roi ni au tribunal le droit de rien changer d'office à l'état des registres. Ils doivent demeurer avec leurs omissions, leurs erreurs ou leurs imperfections. Il serait du plus grand danger que, même sous prétexte de régulariser, corriger ou perfectionner, aucune autorité portât la main sur les registres. Le procureur du roi doit dénoncer et poursuivre les contraventions, non pour les réparer (il faut, dans une matière aussi délicate, attendre la réquisition des parties intéressées); mais pour faire punir l'officier négligent, et le ramener à l'observation de ses devoirs.

428. Les procès-verbaux de vérification sont adressés aux procureurs généraux (c).

429. Dans la première quinzaine du mois de mai (d).

430. Les procureurs généraux les transmettent au garde des sceaux (e).

431. Avec leurs observations (f).

(a) Art. 55 c. c. — (b) Id. — (c) Art. 2, ord. 26 nov. 1825 : B. 640, n° 15963, 7e s. — (d) Id. — (e) Id. — (f) Id.

432. Dans la première quinzaine du mois suivant (*a*).

433. Aussitôt que la vérification est terminée, les procureurs du roi adressent aux officiers de l'état civil de leur arrondissement, des instructions sur les contraventions qui ont été commises dans les actes de l'année précédente, et sur les moyens de les éviter (*b*).

434. Ils envoient copie de ces instructions aux procureurs généraux (*c*).

435. Afin que la vérification puisse être achevée dans le délai ci-dessus, les procureurs du roi veillent à ce que les registres soient déposés au greffe (352. 354. 529. 530) dans le mois de janvier de chaque année (*d*).

436. Ils avertissent les maires qui n'ont pas déposé les registres de leur commune (*e*).

437. En cas de retard, ils les poursuivent devant le tribunal (*f*).

438. Ils apportent le même soin pour le dépôt de la table (357) alphabétique annuelle des actes (*g*).

439. Les procureurs du roi peuvent, lorsqu'ils le jugent nécessaire, se transporter sur les lieux, et vérifier les registres de l'année courante (*h*).

(*a*) Art. 2, ord. 26 nov. 1823 : B. 640, n° 15963, 7ᵉ s. — (*b*) Art. 3. — (*c*) *Id.* — (*d*) Art. 4. — (*e*) *Id.* — (*f*) *Id.* — (*g*) *Id.* — (*h*) Art. 5.

440. Ils peuvent, dans le même cas, délé-guer le juge de paix du canton dans lequel est située la commune dont les registres doivent être vérifiés (*a*).

441. Dans tous les cas où un tribunal de première instance connaît des actes relatifs à l'état civil, les parties intéressées peuvent se pourvoir contre le jugement (*b*). L'allégation d'un vice dans un acte est un fait à prouver; il peut être contesté par les tiers à qui l'erreur prétendue a acquis des droits : c'est la matière d'un procès civil.

442. Un décret du 22 juillet 1806 (*c*) prescrit des mesures particulières relatives aux actes concernant l'état civil des Français professant le culte luthérien, dont les naissances, maria-ges et décès ont été enregistrés, antérieurement à la loi du 20 septembre 1792, par des chape-lains étrangers, à ce autorisés.

443. Les membres des autorités sanitaires exercent les fonctions d'officiers de l'état civil dans les lieux réservés (*d*).

444. Les actes de naissance et de décès sont dressés en présence de deux témoins (*c*).

445. Expédition des actes de naissance et de décès est adressée à l'officier ordinaire de l'état

(*a*) Art. 5, ord. 26 nov. 1823 : B. 640, n° 15963, 7ᵉ s. — (*b*) Art. 54 c. c. — (*c*) B. 108, n° 1800, 4ᵉ s. — (*d*) Art. 9, loi 3 mars 1822 : B. 508, n° 12211, 7ᵉ série. — (*c*) Id.

civil de la commune où est situé l'établissement (*a*).

446. Dans les vingt-quatre heures (*b*).

447. Cet officier en fait la transcription (*c*).

448. Ces fonctions (443—447) sont remplies par le président semainier, assisté du secré-taire (*d*).

449. Les formalités nécessaires pour consta-ter l'état civil des princes et princesses de la maison royale, sont déterminées par l'ordon-nance du 23 mars 1816 (*e*).

450. L'ordonnance du 25 avril 1820 (*f*) est relative à la tutelle des enfans du duc de Berry, à la composition du conseil de famille, et aux formalités à observer lors des scellés ou inven-taires qui auraient lieu après le décès des prin-ces ou princesses de la famille royale, ou en toute autre occasion.

451. Une ordonnance du 18 août 1819 (*g*) enjoint aux officiers de l'état civil de se procu-rer, dans le délai fixé, de nouveaux registres de l'état civil, lorsque des cours ou tribunaux auront ordonné, pour l'instruction des causes, l'apport au greffe des registres courans.

(*a*) Art. 9, loi 3 mars 1822 : B. 508, n° 12211, 7ᵉ s. — (*b*) *Id.* — (*c*) *Id.* — (*d*) Art. 77, ord. 7 août 1822 : B. 548, n° 13201, 7ᵉ s. — (*e*) B. 85, n° 660, 7ᵉ s. — (*f*) B. 366, n° 8678, 7ᵉ s. — (*g*) B. 303, n° 7270, 7ᵉ s.

ACTES DE NAISSANCE.

—

452. Les déclarations de naissance sont faites à l'officier de l'état civil du lieu (*a*).

453. Dans les trois jours de l'accouchement (*b*).

454. Après ce délai, la déclaration n'est reçue et inscrite qu'en vertu de jugement rendu avec les intéressés, ou eux dûment appelés (*c*).

455. Le ministère public a qualité pour provoquer ce jugement (*d*).

456. L'enfant est présenté à l'officier de l'état civil (*e*), parce que la naissance est un fait, et qu'un fait doit être justifié à celui qui en donne acte. Cette formalité est nécessaire pour prévenir beaucoup d'abus. Elle n'interdit point à l'officier civil de se transporter vers l'enfant, suivant l'urgence des cas.

457. La naissance de l'enfant est déclarée par le père (*f*), comme présumé en être le mieux instruit.

458. Ou, à défaut du père, par les docteurs en médecine ou en chirurgie, sages-femmes, officiers de santé, et autres personnes qui ont assisté à l'accouchement (*g*).

(*a*) Art. 55. c. c. — (*b*) *Id.* — (*c*) Colmar, 25 juil. 1828 : *J. P.* t. 83, *p.* 532. — (*d*) *Id.* — (*e*) Art. 55 c. c. — (*f*) Art. 56. — (*g*) *Id.*

459. Et lorsque la mère est accouchée hors de son domicile, par la personne chez qui elle est accouchée (*a*).

460. Les anciennes lois exigeaient simplement dans les actes de baptême, la signature du père, s'il était présent, et celle du parrain et de la marraine. La loi de septembre 1792 exigea davantage. Elle imposa au père et à l'accoucheur présens à la naissance, ou à la personne chez laquelle une femme aurait accouché, l'obligation de déclarer la naissance à l'officier de l'état civil. Elle punit de deux mois de prison la contravention à cette disposition. Mais on reconnut bientôt que la loi était incomplète, puisqu'elle ne déterminait pas le délai dans lequel la déclaration devait être faite. Cette omission fut réparée par la loi additionnelle du 19 décembre 1792, qui fixa ce délai à trois jours de la naissance et du décès, et qui porta la peine jusqu'à six mois de prison, en cas de récidive. On ne voit point dans la discussion de ces lois le motif de ce nouveau système. Cependant il est facile de le reconnaître lorsqu'on se reporte aux circonstances. Les dissensions religieuses et politiques faisaient dissimuler des naissances. Il y avait des parens qui, par esprit d'opposition à la nouvelle législation, ou par les alarmes qu'on jettait dans leur

____

(*a*) Art. 56 c. c.

conscience, refusaient de présenter leurs enfans à l'officier public. L'état de cet enfant était compromis. Mais la menace de la peine ne convertit point les parens de mauvaise foi, elle ne décida point les consciences timorées et crédules : la loi ne continua pas moins d'être éludée. Maintenant que les circonstances sont changées, que la liberté des cultes existe réellement, que les persécutions religieuses ont entièrement cessé ; qu'en attribuant à l'autorité civile la rédaction des actes relatifs à l'état civil des hommes, on ne défend point de les faire sanctifier par les solennités de la religion, il semblait devenu inutile d'employer des moyens aussi rigoureux.

461. Cependant, toute personne qui, ayant assisté à un accouchement, n'a pas fait la déclaration à elle prescrite (457—459), et dans le délai fixé (453), est punie d'un emprisonnement de six jours à six mois (*a*).

462. Et d'une amende de seize francs à trois cents francs (*b*).

463. Quand une femme accouche hors de son domicile, la personne chez qui l'accouchement a lieu est seule tenue de faire la déclaration, et seule passible des peines (*c*).

464. L'acte de naissance est rédigé de suite (*d*).

(*a*) Art. 346 C. P. — (*b*) *Id.* — (*c*) Cas. 7 sept. 1823 : Lyon, 19 juil. 1827 : *J. P. t.* 71, *p.* 143 ; *t.* 79, *p.* 300. — (*d*) Art. 56 c. c.

465. En présence de deux témoins (*a*), pour appuyer la vérité de la déclaration faite à l'officier public, l'état des citoyens ne pouvant, sans grand danger, rester à la discrétion d'un seul homme.

466. L'acte de naissance énonce le jour, l'heure et le lieu de la naissance (*b*) puisqu'il est destiné à prouver l'âge et la qualité de Français.

467. Le sexe de l'enfant (*c*), comme déterminant les droits et charges.

468. Les prénoms qui lui sont donnés (*d*) : ils servent de distinction et de signe de reconnaissance.

469. Les noms en usage dans les différens calendriers, et ceux des personnages connus de l'histoire ancienne, peuvent seuls être reçus, comme prénoms, sur les registres de l'état civil destinés à constater la naissance des enfans (*e*).

470. Il est interdit aux officiers publics d'en admettre aucun autre dans leurs actes (*f*).

471. On ne peut, dans un acte de naissance, donner pour prénom à un enfant naturel, le nom de famille d'un individu. Ce serait, en

(*a*) Art. 56 c. c. — (*b*) Art. 57. — (*c*) *Id.* — (*d*) *Id.* — (*e*) Loi 11 germ. an XI, art. 1er : B. 267, n° 2614. 5e s. — (*f*) *Id.*

quelque sorte, éluder la loi qui défend toute recherche de paternité (*a*).

472. L'acte de naissance énonce les prénoms, noms, profession et domicile des père et mère (*b*), afin d'établir la filiation : ce qui ne veut pas dire qu'on doive nommer le père, s'il ne se déclare pas, ou s'il n'est pas connu par son mariage avec la mère. Ce sont des faits certains qui doivent être énoncés. L'existence de l'enfant est un fait, l'accouchement est un fait, la mère est certaine et connue. Mais le père est incertain, à moins que son mariage ne le manifeste, ou qu'il ne se montre et se nomme. On n'énoncera donc que le père qui veut ou qui doit être déclaré.

473. L'acte de naissance énonce les prénoms, noms, profession et domicile des témoins (*c*).

474. L'enfant abandonné, dès sa naissance, de ceux dont il a reçu le jour, a des droits à la protection de la loi. Il faut qu'elle lui fournisse tous les moyens possibles de recouvrer l'état qu'on a voulu lui ravir, de se présenter à ses proches, environné de preuves irrécusables. Si les indices recueillis sont insuffisans pour le faire reconnaître un jour, du moins la loi pousse la prévoyance aussi loin qu'il est permis.

475. Toute personne qui a trouvé un enfant

(*a*) Bruxelles, 5 janv. 1807 : *J. C. C. t.* 8, *p.* 160. — (*b*) Art. 57 c. c. — (*c*) *Id.*

nouveau-né, est tenue de le remettre à l'officier de l'état civil (*a*).

476. Ainsi que les vêtemens et autres effets trouvés avec l'enfant (*b*).

477. L'infraction est punie d'un emprisonnement de six jours à six mois (*c*).

478. Et d'une amende de seize francs à trois cents francs (*d*).

479. Cette disposition n'est point applicable à celui qui aurait consenti à se charger de l'enfant (*e*).

480. Et qui aurait fait sa déclaration à cet égard devant la municipalité du lieu où l'enfant a été trouvé (*f*).

481. Celui qui a trouvé l'enfant, est encore tenu de déclarer toutes les circonstances du temps et du lieu où il a été trouvé (*g*).

482. Il en est dressé un procès-verbal détaillé (*h*).

483. Ce procès-verbal énonce en outre l'âge apparent de l'enfant (*i*).

484. Son sexe (*j*).

485. Les noms qui lui sont donnés (*k*).

486. L'autorité civile à laquelle il est remis (*l*).

487. Ce procès-verbal est inscrit sur les re-

(*a*) Art. 58 c. c. — (*b*) *Id.* — (*c*) Art. 347 C. P. — (*d*) *Id.* — (*e*) *Id.* — (*f*) *Id.* — (*g*) Art. 58 c. c. — (*h*) *Id.* — (*i*) *Id.* — (*j*) *Id.* — (*k*) *Id.* — (*l*) *Id.*

gistres (*a*). Quoique leur but principal soit de conserver et de distinguer les familles, de préparer et de former les preuves de la paternité et de la filiation, ils seraient incomplets, s'ils ne contenaient la mention de tous ceux qui naissent. Appartenir à une famille, être légitime, être reconnu par un père hors du mariage, ce sont là des modifications de l'état, et des distinctions purement civiles et arbitraires, uniquement fondées sur les mœurs de chaque peuple et sur la volonté absolue du législateur : c'est l'état particulier ou l'état de tel individu. Mais avoir droit à la liberté, à la cité, à la protection des lois, c'est l'état public, l'état du citoyen. Tous les membres de la société en sont investis de quelque manière qu'ils y viennent. C'est pour cela que la loi ordonne d'énoncer, avec le même soin et dans les mêmes registres, la naissance des enfans légitimes ou illégitimes, présentés par leurs parens, quels qu'ils soient, ou recueillis par une main bienfaisante ou par la commisération publique.

488. La loi évite d'employer toute expression tendant à occasionner des recherches sur la paternité. Constater la naissance de l'enfant et le lieu où il est déposé, pourvoir à ses besoins, recueillir soigneusement tout ce qui peut servir à le faire reconnaître un jour par ses parens :

_____

(*a*) Art. 58 c. c.

voilà les droits et les obligations de la société ; voilà ce qui se pratique chez toutes les nations policées. Les recherches que l'autorité ferait de la paternité, seraient funestes aux enfans : elles mettraient aux prises l'honneur avec la tendresse maternelle, la pudeur avec la nature ; elles renouvelleraient le scandale de ces crimes affreux que provoquait une législation barbare.

489. S'il naît un enfant pendant un voyage de mer, l'acte de naissance est dressé dans les vingt-quatre heures (*a*).

490. En présence du père, s'il est présent (*b*).

491. Et de deux témoins (*c*).

492. Ces témoins sont pris parmi les officiers du bâtiment (*d*).

493. Ou, à leur défaut, parmi les hommes de l'équipage (*e*).

494. Cet acte est rédigé, savoir, sur les bâtimens du roi, par l'officier d'administration de la marine (*f*), appelé commis d'administration (*g*).

495. Et sur les bâtimens appartenant à un armateur ou négociant, par le capitaine, maître ou patron du navire (*h*).

496. L'acte de naissance est inscrit à la suite du rôle d'équipage (*i*).

(*a*) Art. 59 c. c. — (*b*) Id. — (*c*) Id. — (*d*) Id. — (*e*) Id. — (*f*) Id. — (*g*) Art. 562, ord. 31 oct. 1827 : B. 201, n° 7621, 8ᵉ s. — (*h*) Art. 59 c. c. — (*i*) Id.

497. Au premier port où le bâtiment aborde, soit de relâche, soit pour toute autre cause que celle de son désarmement, les officiers de l'administration de la marine, capitaine, maître ou patron, sont tenus de déposer deux expéditions authentiques des actes de naissance qu'ils ont rédigés, savoir, dans un port français, au bureau du préposé à l'inscription maritime (*a*).

498. Et, dans un port étranger, entre les mains du consul (*b*).

499. L'une de ces expéditions reste déposée au bureau de l'inscription maritime (*c*).

500. Ou à la chancellerie du consulat. (*d*).

501. L'autre est envoyée au ministre de la marine (*e*).

502. Celui-ci fait parvenir une copie, de lui certifiée, de chacun desdits actes, à l'officier de l'état civil du domicile du père de l'enfant (*f*).

503. Ou de la mère, si le père est inconnu (*g*).

504. Cette copie est inscrite de suite sur les registres (*h*).

505. Cet officier (502) doit 1° mentionner qu'il ne fait que copier l'acte à lui adressé par le ministre, c'est-à-dire dresser un procès-verbal qui constate cette pièce et la source d'où elle

______

(*a*) Art. 60 c. c. — (*b*) *Id.* — (*c*) *Id.* — (*d*) *Id.* — (*c*) *Id.* — (*f*) *Id.* — (*g*) *Id.* — (*h*) *Id.*

vient, ainsi que la manière dont elle lui est parvenue ; car il n'a ni le père ni les témoins nécessaires pour dresser un acte de naissance : il ne fait que transcrire un acte déjà existant.

506. 2° Faire cette transcription sur les deux doubles des registres, et annexer à celui qui doit être déposé au greffe, la pièce même qui lui a été adressée et la lettre d'envoi, après les avoir paraphées.

507. 3° Faire mention sur l'un et l'autre registres, à la date de la naissance de l'enfant, du procès-verbal dressé, ainsi que de la feuille où il se trouve. Cette mention importe par deux raisons. La première est que l'acte pouvant parvenir à l'officier de l'état civil long-temps après sa date, on ne le trouverait plus, si l'on n'en faisait pas mention sur les registres, à la même date : au moyen de quoi, la transcription deviendrait inutile. L'autre raison est que la même pièce peut parvenir une seconde fois, postérieurement, à l'officier de l'état civil (5og. 5io). Si, à la date de l'acte, il n'était pas fait mention de l'inscription déjà opérée, on en établirait alors une seconde : d'où résulterait un double emploi, un acte double pour le même individu, et la possibilité de graves inconvéniens.

508. A l'arrivée du bâtiment dans le port du désarmement, le rôle d'équipage est déposé

au bureau du préposé à l'inscription maritime (*a*).

509. Ce préposé envoie une expédition de
l'acte de naissance, de lui signée, à l'officier
de l'état civil du domicile du père de l'enfant (*b*).

510. Ou de la mère, si le père est inconnu (*c*).

511. Cette expédition est inscrite de suite sur
les registres (*d*).

512. L'acte de reconnaissance d'un enfant est
inscrit sur les registres (*e*).

513. A sa date (*f*).

514. Il en est fait mention en marge de l'acte
de naissance, s'il en existe un (*g*), afin que la
recherche en soit facile.

515. Les termes « s'il en existe un » ne
veulent pas dire qu'il puisse ne pas y avoir
d'acte de naissance, et que la reconnaissance en
tienne lieu. Ils signifient seulement que l'acte
de reconnaissance peut être postérieur à celui
de naissance, et que c'est dans ce cas qu'il
faut faire mention de la reconnaissance en
marge de ce dernier. Il est évident que si la
reconnaissance est exprimée dans l'acte de
naissance, la mention en marge devient inutile;
en sorte qu'il faut lire « sil en existe déjà un ».

(*a*) Art. 61 c. c. — (*b*) *Id.* — (*c*) *Id.* — (*d*) *Id.* — (*e*) Art. 62.
— (*f*) *Id.* — (*g*) *Id.*

—

516. On ne traite ici que des formes. Le fond fait l'objet d'autres dispositions, qui seront expliquées lorsqu'il s'agira des conditions, empêchemens, nullités.

517. Avant la célébration du mariage, l'officier de l'état civil fait deux publications (a).

518. A huit jours d'intervalle (b).

519. Un jour de dimanche (c).

520. Devant la porte de la maison commune (d). Elles ne seraient pas valablement faites dans l'intérieur, ni même sous le vestibule. Dans les endroits où il n'y a pas de maison commune, c'est celle du maire qui en tient lieu.

521. Il n'y a que l'officier de l'état civil qui puisse procéder à ces publications. Elles ne seraient faites valablement par aucune autre personne, pas même par un officier de justice. Dans le cas où celui de l'état civil refuserait, sans motif raisonnable, de publier les bans de mariage, il faudrait, après lui avoir fait sommation, le citer devant le tribunal d'arrondissement.

522. Le mariage intéresse toute la société : son premier caractère est d'être public. L'or-

(a) Art. 63 c. c. — (b) Id. — (c) Id. — (d) Id.

donnance de Blois voulait que toute personne, de quelque état et condition qu'elle fût, ne pût contracter valablement mariage sans proclamation précédente de bans, faite par trois divers jours de fête, avec intervalle compétent, dont on ne pourrait obtenir dispense, sinon après la première publication, et seulement pour quelque urgente et légitime cause. Mais les dispositions de cette loi furent éludées. La formalité des publications n'était plus observée que par ceux qui n'avaient pas le moyen de payer les dispenses. Ces trois publications étaient devenues l'exception, et les dispenses la règle habituelle. La loi de 1792 n'exigeait qu'une publication, faite huit jours avant la célébration du mariage, et affichée pendant ce délai. La loi nouvelle impose deux publications. C'est le supplément de ce qu'il y avait autrefois de plus éclatant et de plus vulgaire, la publication aux prônes. Une grande foule entendait malgré soi ce que personne n'est contraint d'aller lire à la porte de la maison commune; le bruit en pouvait facilement parvenir à ceux même qui n'y avaient pas assisté. Parce que cela ne peut plus être, il y a deux publications.

523. Les publications (517—520) et l'acte qui en est dressé, énoncent les prénoms, noms, professions et domiciles des futurs époux (a).

(a) Art. 63 c. c.

524. Leur qualité de majeurs ou de mineurs (*a*).

525. Les prénoms, noms, professions et domiciles de leurs pères et mères (*b*).

526. Cet acte énonce en outre les jours, lieux et heures où les publications ont été faites (*c*). Quoique l'officier paraisse laissé maître de l'heure, ce ne peut être néanmoins avant le lever du soleil, ni après son coucher; car les actes publics doivent se faire entre deux soleils. Au reste, il semble convenable de choisir le moment où l'on sort de la messe paroissiale. C'est celui qu'indiquent plusieurs lois, à l'égard des actes pour lesquels elles veulent une grande publicité, et c'est en effet celui où les habitans se trouvent rassemblés en plus grand nombre.

527. Ce même acte est inscrit sur un seul registre (*d*).

528. Ce registre est coté et paraphé comme il est dit (340—343) plus haut (*e*).

529. Il est déposé au greffe du tribunal de l'arrondissement (*f*).

530. A la fin de chaque année (*g*).

531. Un extrait de l'acte de publication est et reste affiché à la porte de la maison commune (*h*).

(*a*) Art. 63 c. c. — (*b*) *Id.* — (*c*) *Id.* — (*d*) *Id.* — (*e*) *Id.* — (*f*) *Id.* — (*g*) *Id.* — (*h*) Art. 64.

532. Pendant les huit jours d'intervalle de l'une à l'autre publication (*a*).

533. Le mariage ne peut être célébré avant le troisième jour (*b*).

534. Depuis et non compris celui de la seconde publication (*c*).

535. Si le mariage n'est pas célébré dans l'année, à compter de l'expiration du délai des publications, il ne peut plus être célébré qu'après que de nouvelles publications ont été faites dans la forme ci-dessus (*d*). Ainsi l'on ne peut profiter scandaleusement de publications surannées, ainsi l'on ne peut éluder des oppositions dont la cause serait postérieure.

536. Les actes d'opposition au mariage sont signés par les opposans (*e*).

537. Ou par leurs fondés de procuration spéciale et authentique (*f*).

538. Sur l'original et sur la copie (*g*).

539. Ils sont signifiés à la personne des parties (*h*).

540. Ou à leur domicile (*i*).

541. Avec la copie de la procuration (*j*).

542. Ils sont également signifiés à l'officier de l'état civil (*k*) : ce qui suffit pour empêcher la célébration, quoique la signification n'ait pas été faite aux parties. Mais alors l'huissier est

(*a*) Art. 64 c. c. — (*b*) *Id.* — (*c*) *Id.* — (*d*) Art. 65. — (*e*) Art. 66. — (*f*) *Id.* — (*g*) *Id.* — (*h*) *Id.* — (*i*) *Id.* — (*j*) *Id.* — (*k*) *Id.*

répréhensible, et l'opposant passible de dommages-intérêts.

543. La signification à l'officier civil doit aussi être accompagnée de la copie de la procuration (*a*).

544. L'opposition signifiée dans le local de la mairie, aux parties et à l'officier de l'état civil, au moment même de la célébration, doit l'arrêter. Tant que le lien n'est pas formé, il est toujours temps de le suspendre. L'opposant peut avoir été empêché d'effectuer plutôt son opposition. Mais il s'expose à des dommages-intérêts, si l'on vient à reconnaître qu'il a choisi ce moment par méchanceté.

545. L'officier de l'état civil met son visa sur l'original de l'opposition (*b*).

546. Il fait sans délai une mention sommaire des oppositions sur le registre des publications (*c*).

547. Il fait aussi mention, en marge de l'inscription desdites oppositions, des jugemens ou des actes de main-levée dont expédition lui a été remise (*d*).

548. A l'égard des jugemens, l'officier de l'état civil fait bien d'attendre qu'on les lui signifie; et si la main-levée résulte d'un jugement par défaut, il doit attendre le délai de l'opposition; et exiger, après ce délai, un certificat

(*a*) Art. 66 c. c. — (*b*) *Id.* — (*c*) Art. 67. — (*d*) *Id.*

constatant qu'il n'est point survenu d'opposition au jugement. Il n'en est pas de même, s'il
est contradictoire, quoique rendu en premier
ressort. C'est assez qu'il ait été signifié. L'exécution ne peut être suspendue que par la notification de l'appel de l'opposant.

549. En cas d'opposition au mariage, l'officier de l'état civil ne peut le célébrer avant
qu'on lui en ait remis la main-levée (*a*).

550. Sous peine de trois cents francs d'amende (*b*).

551. Et de tous dommages-intérêts (*c*).

552. S'il n'y a point d'opposition, il en est
fait mention dans l'acte de mariage (*d*).

553. Si les publications ont été faites dans
plusieurs communes, les parties remettent un
certificat délivré par l'officier de l'état civil de
chaque commune, constatant qu'il n'existe
point d'opposition (*e*).

554. Comme la validité du mariage dépend
de l'âge des contractans, l'officier de l'état civil
se fait remettre l'acte de naissance de chacun
des futurs époux (*f*).

555. Mais il y a des circonstances où la représentation de cet acte est impossible. Celui
donc des époux qui est dans l'impossibilité de

____

(*a*) Art. 68 c. c. — (*b*) *Id.* — (*c*) *Id.* — (*d*) Art. 69. — (*e*) *Id.*
— (*f*) Art. 70.

se procurer son acte de naissance, peut le suppléer en rapportant un acte de notoriété (a).

556. Délivré par le juge de paix du lieu de
sa naissance (b).

557. Ou par celui de son domicile (c).

558. L'acte de notoriété contient la déclaration faite par sept témoins (d).

559. De l'un ou de l'autre sexe (e), par exception à la règle générale (325).

560. Parens ou non parens (f).

561. Cette déclaration indique les prénoms,
nom, profession et domicile du futur époux (g).

562. Ceux de ses père et mère, s'ils sont connus (h).

563. Le lieu de sa naissance (i).

564. Autant que possible, son époque (j);
c'est-à-dire en désignant cette époque le plus
approximativement que faire se peut.

565. Les causes qui empêchent d'en rapporter l'acte (k).

566. Les témoins signent l'acte de notoriété (l).

567. Avec le juge de paix (m).

568. S'il en est qui ne puissent ou ne sachent
signer, il en est fait mention (n).

569. De peur qu'il n'y ait dans le défaut
d'exhibition de l'acte de naissance quelque

(a) Art. 70 c. c. — (b) Id. — (c) Id. — (d) Art. 71. — (e) Id.
— (f) Id. — (g) Id. — (h) Id. — (i) Id. — (j) Id. — (k) Id.
— (l) Id. — (m) Id. — (n) Id.

fraude à l'autorité paternelle ou à la loi, l'acte
de notoriété est présenté au tribunal de première instance du lieu où doit se célébrer le
mariage (*a*).

570. Le tribunal donne ou refuse son homo-
logation (*b*).

571. Selon qu'il trouve suffisantes ou insuffisantes les déclarations des témoins (*c*).

572. Et les causes qui empêchent de rapporter l'acte de naissance (*d*).

573. Après avoir entendu le procureur du
roi (*e*).

574. L'acte authentique du consentement des
père et mère ou aïeuls et aïeules, ou, à leur
défaut, celui de la famille, contient les prénoms, nom, profession et domicile du futur
époux (*f*).

575. Et de tous ceux qui ont concouru à
l'acte (*g*).

576. Ainsi que leur degré de parenté (*h*).

577. Quand les père et mère, ou seulement
le père, et lorsqu'à défaut de père et mère,
l'aïeul assiste au mariage, il n'est pas nécessaire
de rapporter l'acte de consentement, puisqu'il
est exprimé dans celui même de mariage, signé
par le parent qui a droit d'y consentir. Mais
lorsqu'à défaut des père et mère, aïeul et aïeule,

(*a*) Art. 72 c. c. — (*b*) *Id.* — (*c*) *Id.* — (*d*) *Id.* — (*e*) *Id.* —
(*f*) Art. 73. — (*g*) *Id.* — (*h*) *Id.*

le consentement doit être donné par la famille assemblée, la présence d'un des parens au mariage ne suffit pas : il faut produire un acte contenant toutes les énonciations ci-dessus (574—576).

578. Le témoignage des pères et mères ou aïeux assistans au mariage, et attestant l'identité, suffit pour procéder à la célébration du mariage, si le nom d'un des futurs n'est pas orthographié dans son acte de naissance comme celui de son père (a).

579. Ou si l'on a omis quelqu'un des prénoms de ses parens (b).

580. Il en est de même dans le cas d'absence des pères et mères ou aïeux, s'ils attestent l'identité dans leur consentement donné en la forme légale (c).

581. En cas de décès des pères, mères ou aïeux, l'identité est valablement attestée, pour les mineurs, par le conseil de famille (d).

582. Ou par le tuteur *ad hoc* (e).

583. Pour les majeurs, par les quatre témoins de l'acte de mariage (f).

584. Si les omissions d'une lettre ou d'un prénom se trouvent dans l'acte de décès des pères, mères ou aïeux, la déclaration à ser-

____

(a) Av. du cons. d'Ét. 30 mars 1808 : B. 188, n° 3254, 4ᶜ s. — (b) *Id.* — (c) *Id.* — (d) *Id.* — (e) *Id.* — (f) *Id.*

ment des personnes dont le consentement est nécessaire pour les mineurs, suffit aussi (a).

585. Il en est de même de la déclaration à serment des parties et des témoins pour les majeurs (b).

586. Sans qu'il soit nécessaire, dans tous ces cas, de toucher aux registres de l'état civil (c).

587. Ces registres ne peuvent jamais être rectifiés qu'en vertu d'un jugement (d).

588. Les formalités susdites ne sont exigibles que lors de l'acte de célébration (e).

589. Et non pour les publications (f).

590. Ces publications doivent toujours être faites conformément aux notes remises par les parties aux officiers de l'état civil (g).

591. En aucun cas, les déclarations faites pas les parens ou témoins ne peuvent nuire aux parties qui ne les ont point requises et qui n'y ont point concouru (h).

592. Le mariage est célébré dans la commune où l'un des deux époux a son domicile (i).

593. Ce domicile, quant au mariage, s'établit par six mois d'habitation continue dans la commune (j). C'est un principe consacré par toutes les lois.

(a) Av. du cons. d'Ét. 30 mars 1808 : B. 188, n° 3254, 4° s. — (b) Id. — (c) Id. — (d) Id. — (e) Id. — (f) Id. — (g) Id. — (h) Id. — (i) Art. 74 c. c. — (j) Id.

594. Cette résidence de six mois peut s'établir par des présomptions *(a)*.

595. L'officier de l'état civil fait lecture aux parties, des pièces ci-dessus mentionnées, relatives à leur état et aux formalités du mariage *(b)*.

596. Il leur fait lecture aussi du chapitre vi du titre du mariage, sur les droits et les devoirs respectifs des époux *(c)*.

597. Il reçoit de chaque partie, l'une après l'autre, la déclaration qu'elles veulent se prendre pour mari et femme *(d)*.

598. Il prononce, au nom de la loi, qu'elles sont unies par le mariage *(e)*.

599. Il en dresse acte sur-le-champ *(f)*.

600. Tout cela (595—599) se fait le jour désigné par les parties *(g)*.

601. Une fausse date dans l'acte de mariage n'entraîne pas nullité, s'il n'existe aucun empêchement dirimant à l'époque de la date indiquée comme véritable *(h)*.

602. Cela (600) ne se fait encore qu'après les délais des publications *(i)*.

603. Dans la maison commune *(j)*, ainsi qu'il sera expliqué plus loin, en énumérant

---

(a) Colmar, 19 juin 1823 : *J. P. t.* 69, *p.* 212. — *(b)* Art. 75. c. c. — *(c) Id.* — *(d) Id.* — *(e) Id.* — *(f) Id.* — *(g) Id.* — *(h)* Bourges, 23 mai 1822 : *J. P. t.* 64, *p.* 311. — *(i)* Art. 75. c. c. — *(j) Id.*

les formalités relatives à la célébration du mariage.

604. En présence de quatre témoins (*a*).

605. Ce qui pourtant n'est pas prescrit à peine de nullité (*b*).

606. Ces témoins sont parens on non-parens (*c*).

607. Un mariage n'est pas nul parce qu'un des témoins, signataire de l'acte, n'a pas assisté à toute la célébration (*d*).

608. On énonce, dans l'acte de mariage, 1° les prénoms, noms, professions, âge, lieux de naissance et domiciles des époux (*e*).

609. 2° S'ils sont majeurs ou mineurs (*f*).

610. 3° Les prénoms, noms, professions et domiciles des pères et mères (*g*).

611. 4° Le consentement des pères et mères, aïeuls et aïeules, et celui de la famille, dans les cas où ils sont requis (*h*).

612. 5° Les actes respectueux, s'il en a été fait (*i*).

613. 6° Les publications dans les divers domiciles (*j*).

614. 7° Les oppositions, s'il y en a eu (*k*).

615. Leur main-levée (*l*).

(*a*) Art. 75 c. c. — (*b*) Grenoble, Bourges, 27 fév. 1817, 23 mai 1822 : *J. P. t.* 49, *p.* 502; *t.* 64, *p.* 311. — (*c*) Art. 75 c. c. — (*d*) Cas. 21 juin 1814 : *J. P. t.* 40, *p.* 369. — (*e*) Art. 76 c. c. — (*f*) *Id.* — (*g*) *Id.* — (*h*) *Id.* — (*i*) *Id.* — (*j*) *Id.* — (*k*) *Id.* — (*l*) *Id.*

616. Ou la mention qu'il n'y a point eu d'opposition (*a*).

617. 8° La déclaration des contractans de se prendre pour époux (*b*).

618. Le prononcé de leur union par l'officier public (*c*).

619. 9° Les prénoms, noms, âge, professions et domiciles des témoins (*d*).

620. Leur déclaration s'ils sont parens ou alliés des parties (*e*).

621. De quel côté (*f*).

622. A quel degré (*g*).

(*a*) Art. 76 c. c. — (*b*) *Id*. — (*c*) *Id*. — (*d*) *Id*. — (*e*) *Id*. — (*f*) *Id*. — (*g*) *Id*.

623. Aucune inhumation n'est faite sans une autorisation de l'officier de l'état civil (a).

624. Sur papier libre (b).

625. Et sans frais (c).

626. Ceux qui, sans l'autorisation préalable de l'officier public, dans les cas où elle est prescrite, ont fait inhumer un individu décédé, sont punis de six jours à deux mois d'emprisonnement (d).

627. Et d'une amende de seize francs à cinquante francs (e).

628. Sans préjudice de la poursuite des crimes dont les auteurs de ce délit pourraient être prévenus dans cette circonstance (f).

629. La même peine a lieu contre ceux qui ont contrevenu, de quelque manière que ce soit, à la loi et aux réglemens relatifs aux inhumations précipitées (g).

630. L'officier civil ne peut délivrer l'autorisation qu'après s'être transporté auprès de la personne décédée, pour s'assurer du décès (h). La loi nouvelle exige cette précaution dans des

---

(a) Art. 77 c. c. — (b) *Id.* — (c) *Id.* — (d) Art. 358 C. P. — (e) *Id.* — (f) *Id.* — (g) *Id.* — (h) Art. 77 c. c.

cas où celle de 1792 l'avait omise, comme ceux de décès dans les hôpitaux, prisons et autres établissemens publics.

631. L'inhumation ne se fait que vingt-quatre heures après le décès (*a*).

632. Hors les cas prévus par les réglemens de police (*b*). Cette exception avait été réclamée par plusieurs tribunaux. Il y a, en effet, des circonstances où le délai de vingt-quatre heures deviendrait funeste par la putréfaction du cadavre ou la nature contagieuse de la maladie qui a occasionné la mort.

633. Les autorisations pour inhumer font le sujet d'un décret du 4 thermidor an XIII (*c*).

634. Consultez encore, sur les sépultures, les décrets des 23 prairial an XII et 10 février 1806 (*d*).

635. L'acte de décès est dressé par l'officier de l'état civil (*e*).

636. Sur la déclaration de deux témoins (*f*).

637. Ces témoins sont, s'il est possible, les deux plus proches parens ou voisins (*g*).

638. Ou, lorsqu'une personne est décédée hors de son domicile, la personne chez laquelle elle est décédée (*h*).

639. Et un parent ou autre (*i*).

(*a*) Art. 77 c. c. — (*b*) *Id.* — (*c*) B. 52, n° 865, 4ᵉ s. — (*d*) B. 5 et 74, n° 25 et 1314, 4ᵉ s. — (*e*) Art. 78 c. c. — (*f*) *Id.* — (*g*) *Id.* — (*h*) *Id.* — (*i*) *Id.*

640. L'acte de décès contient les prénoms, nom, âge, profession et domicile de la personne décédée (*a*).

641. Les prénoms et nom de l'autre époux, si la personne décédée était mariée ou veuve (*b*).

642. Les prénoms, noms, âge, professions et domiciles des déclarans (*c*).

643. S'ils sont parens, leur degré de parenté (*d*).

644. Le même acte contient de plus, autant qu'on peut le savoir, les prénoms, noms, profession et domicile des père et mère du décédé (*e*).

645. Et le lieu de sa naissance (*f*).

646. Ces énonciations (644. 645) ne doivent jamais être adoptées comme preuves, mais seulement comme renseignemens, qui auront plus ou moins d'importance, suivant les personnes de qui elles émaneront. Si elles sont données par un proche parent, elles auront quelque degré de certitude, ces personnes devant naturellement posséder une assez grande connaissance des membres de leur famille. Si elles sont fournies par des étrangers, leur influence sera bien moindre, parce qu'elles peuvent résulter de rapports inexacts ou erronés. Enfin ces énonciations ne sont d'un poids dé-

---

(*a*) Art. 79 c. c. — (*b*) Id. — (*c*) Id. — (*d*) Id. — (*e*) Id. — (*f*) Id.

cisif que quand elles se trouvent d'accord avec les autres actes de filiation.

647. En cas de décès dans les hôpitaux, militaires, civils, ou autres maisons publiques, les supérieurs, directeurs, administrateurs et maîtres de ces maisons, sont tenus d'en donner avis à l'officier de l'état civil (*a*).

648. Dans les vingt-quatre heures (*b*).

649. Cet officier s'y transporte pour s'assurer du décès (*c*).

650. Il en dresse acte conformément à ce qui est dit (640—645) ci-dessus (*d*).

651. Sur les déclarations qui lui ont été faites (*e*).

652. Et sur les renseignemens qu'il a pris (*f*).

653. Il est tenu en outre, dans lesdits hôpitaux et maisons, des registres destinés à inscrire ces déclarations et ces renseignemens (*g*).

654. L'officier de l'état civil envoie l'acte de décès à celui du dernier domicile de la personne décédée (*h*).

655. Ce dernier l'inscrit sur les registres (*i*).

656. S'il y a un délit, il faut saisir le dernier moment qui reste pour le constater. Ainsi, lorsqu'il y a des signes ou indices de mort violente, ou d'autres circonstances qui donnent lieu de le soupçonner, on ne peut faire l'inhumation

(*a*) Art. 80 c. c. — (*b*) *Id.* — (*c*) *Id.* — (*d*) *Id.* — (*e*) *Id.* — (*f*) *Id.* — (*g*) *Id.* — (*h*) *Id.* — (*i*) *Id.*

qu'après qu'un officier de police, assisté d'un docteur en médecine ou en chirurgie, a dressé procès-verbal de l'état du cadavre (*a*).

657. Et des circonstances y relatives (*b*).

658. Ainsi que des renseignemens qu'il a pu recueillir sur les prénoms, nom, âge, profession, lieu de naissance et domicile de la personne décédée (*c*).

659. L'officier de police est tenu de transmettre de suite à l'officier de l'état civil du lieu où la personne est décédée, tous les renseignemens énoncés dans son procès-verbal (*d*).

660. C'est d'après ces renseignemens que l'acte de décès est rédigé. (*e*).

661. L'officier de l'état civil en envoie une expédition à celui du domicile de la personne décédée, s'il est connu (*f*).

662. Cette expédition est inscrite sur les registres (*g*).

663. Les greffiers criminels sont tenus d'envoyer à l'officier de l'état civil du lieu où le condamné a été exécuté, tous les renseignemens énoncés (640—645) plus haut (*h*).

664. Dans les vingt-quatre heures de l'exécution des jugemens portant peine de mort (*i*).

665. L'acte de décès est rédigé d'après ces renseignemens (*j*).

(*a*) Art. 81 c, c. — (*b*) *Id.* — (*c*) *Id.* — (*d*) Art. 82. — (*e*) *Id.* — (*f*) *Id.* — (*g*) *Id.* — (*h*) Art. 85. — (*i*) *Id.* — (*j*) *Id.*, Art. 378 C. J. C.

666. En cas de décès dans les prisons ou maisons de réclusion et de détention, il en est donné avis à l'officier de l'état civil (a)

667. Sur-le-champ (b).

668. Par les concierges ou gardiens (c).

669. L'officier s'y transporte (649—651) comme il a été déjà dit (d).

670. Il rédige l'acte de décès (e).

671. Dans tous les cas de mort violente, ou dans les prisons et maisons de réclusion, ou d'exécution à mort, il n'est fait sur les registres aucune mention de ces circonstances (f).

672. Les actes de décès sont alors simplement rédigés (640—645) dans les formes précédemment indiquées (g).

673. L'usage était d'inscrire sur les registres le procès-verbal d'exécution à mort : la loi du 21 janvier 1790 l'abolit, et ordonna qu'il ne serait plus fait sur les registres aucune mention du genre de mort. On a pensé qu'il fallait étendre cette disposition à trois espèces qui les renferment toutes : la mort violente, qui comprend le duel et surtout le suicide ; la mort en prison ou autres lieux de détention, ce qui comprend l'état d'arrestation, d'accusation et de condamnation ; enfin l'exécution à mort par suite d'un jugement. Quoiqu'aux yeux de la raison les

(a) Art. 84 c. c. — (b) Id. — (c) Id. — (d) Id. — (e) Id. — (f) Art. 85. — (g) Id.

peines et la flétrissure qui en résulte soient personnelles, on ne peut se dissimuler qu'un préjugé contraire a encore beaucoup d'empire sur le plus grand nombre des hommes. Dès lors, la loi, qui ne peut l'effacer subitement, doit en adoucir les effets, et venir au secours des familles qui auraient à en supporter l'injustice. On a donc consacré formellement le principe de 1790, en disposant que, dans tous ces cas, les actes de décès seraient simplement rédigés dans les formes communes aux décès ordinaires. Effectivement les actes civils ne doivent contenir que ce qui est essentiel à la preuve des faits. Il ne s'agit point de recueillir des notes pour l'éloge ou la censure. L'infamie du supplice ne poursuivra donc pas jusques dans le tombeau l'homme qui a satisfait à la loi.

674. En cas de décès pendant un voyage de mer, il en est dressé acte dans les vingt-quatre heures (a).

675. Par le commis d'administration de la marine (b).

676. En présence de deux témoins (c).

677. Ils sont pris parmi les officiers du bâtiment (d).

678. Ou, à leur défaut, parmi les hommes de l'équipage (e).

(a) Art. 86 c. c. — (b) Art. 562, ord. 31 oct. 1827 : B. 201, n° 7621, 8ᵉ s. — (c) Art. 86 c. c. — (d) Id. — (e) Id.

679. Cet acte se rédige, s'inscrit et se dépose (494—504) comme il a déjà été expliqué (*a*). Les mêmes motifs produisent les mêmes dispositions : *ubi eadem ratio, ibi idem jus.*

680. L'expédition de l'acte de décès s'envoie à l'officier de l'état civil du domicile de la personne décédée (*b*).

681. Voir l'arrêté du 22 prairial an 5 (*c*), concernant les avis à donner de la mort des personnes qui laissent pour héritiers des pupilles, des mineurs et des absens.

682. Lorsque le cadavre d'un enfant dont la naissance n'a pas été enregistrée, est présenté à l'officier de l'état civil, cet officier n'exprime pas qu'un tel enfant est décédé (*d*).

683. Mais seulement qu'il lui a été présenté sans vie (*e*).

684. Il reçoit de plus la déclaration des témoins, touchant les noms, prénoms, qualités et demeure des père et mère de l'enfant (*f*).

685. Et la désignation des an, jour et heure auxquels l'enfant est sorti du sein de la mère (*g*).

686. Cet acte est inscrit à la date sur les registres des décès (*h*).

687. Sans qu'il en résulte aucun préjugé sur la question de savoir si l'enfant a eu vie ou non (*i*).

(*a*) Art. 86 et 87 c. c. — (*b*) Art. 87. — (*c*) B. 128, n° 1232, 2ᵉ s. — (*d*) Déc. 4 juil. 1806 : B. 104, n° 1744, 4ᵉ s. — (*e*) *Id.* — (*f*) *Id.* — (*g*) *Id.* — (*h*) *Id.* — (*i*) *Id.*

ACTES DE L'ÉTAT CIVIL

683. Ce qui concerne les actes de l'état civil
des militaires hors du territoire est une créa-
tion nouvelle. Les armées se composent de la
jeunesse française : ce sont les fils de citoyens
que la loi y appelle. En obéissant à la voix de
la patrie, chaque soldat n'en continue pas
moins d'appartenir à une famille. Il ne cesse
point d'avoir le libre usage des droits civils,
dans les limites compatibles avec l'état militaire. Ainsi lorsqu'il est sur le territoire français, ses droits sont réglés par la loi commune;
mais lorsque l'armée est sur le territoire étranger, il y a nécessairement exception. Rigoureu-
sement on aurait pu se contenter de la disposition générale qui porte que tout acte de l'état
civil des Français, fait en pays étranger, est
valable, s'il est rédigé dans les formes usitées
en ce pays (391—393). Mais on a pensé que la
France était momentanément partout où une
armée française portait ses pas, que la patrie pour des militaires était toujours attachée au drapeau. Cette institution est pleine

d'avantages. D'abord elle protège et assure mieux que jamais l'état civil des militaires et les intérêts de leurs familles. Elle oppose un frein nécessaire au tumulte et à la licence des camps. Elle met obstacle à des mariages abusifs et à la supposition de ceux qui n'existèrent pas même abusivement. Elle fournit de meilleurs moyens de certifier les naissances, et de constater les décès, nécessairement si multipliés. Enfin les militaires, invités, assujettis même, au milieu des armées, à des formes civiles, sont rappelés à cette idée, dont il est si essentiel qu'ils se pénètrent, que la profession des armes n'est pas l'état naturel de l'homme et du citoyen; que la société, les droits individuels et la propriété se conservent habituellement par des voies et des formes plus douces; que la guerre est un état de crise; qu'on est soldat par accident; qu'on est continuellement citoyen, et, à ce titre, toujours soumis aux lois, toujours protégé par elles.

689. Les actes de l'état civil faits hors du territoire du royaume, concernant les militaires ou autres personnes employées à la suite des armées, sont rédigés dans les formes prescrites par les dispositions précédentes (a).

690. Sauf les exceptions ci-après (b).

691. Le quartier-maître remplit les fonctions

____

(a) Art. 88 c. c. — (b) *Id.*

d'officier de l'état civil dans chaque corps d'un ou plusieurs bataillons ou escadrons (*a*).

692. Il en est de même du capitaine commandant dans les autres corps (*b*).

693. Ces mêmes fonctions sont remplies par l'inspecteur aux revues attaché à l'armée ou au corps d'armée (*c*).

694. Pour les officiers sans troupes (*d*).

695. Et pour les employés de l'armée (*e*).

696. Ce mode spécial (689—695) ne déroge pas au principe général (388. 389. 391 — 393. 1247 — 1249. 1255. 1257) qui valide les mariages contractés en pays étranger (*f*).

697. Il est tenu dans chaque corps de troupes un registre pour les actes de l'état civil relatifs aux individus de ce corps (*g*).

698. Il en est tenu un autre à l'état-major de l'armée ou d'un corps d'armée, pour les actes civils relatifs aux officiers sans troupes et aux employés (*h*).

699. Ces registres sont conservés de la même manière que les autres registres des corps et états-majors (*i*).

700. Ils sont déposés aux archives de la guerre (*j*).

(*a*) Art. 89 c. c. — (*b*) *Id.* — (*c*) *Id.* — (*d*) *Id.* — (*e*) *Id.* — (*f*) Cas. 23 août 1826 ; Colmar, 25 janv. 1823 : *J. P. t.* 66, *p.* 118 ; *t.* 77, *p.* 168. — (*g*) Art. 90 c. c. — (*h*) *Id.* — (*i*) *Id.* — (*j*) *Id.*

701. A la rentrée des corps ou armées sur le territoire du royaume (*a*).

702. Les registres sont cotés et paraphés dans chaque corps (*b*).

703. Par l'officier qui le commande (*c*).

704. Ils le sont à l'état-major (*d*).

705. Par le chef de l'état-major général (*e*).

706. Les déclarations de naissance à l'armée sont faites dans les dix jours qui suivent l'accouchement (*f*).

707. L'officier chargé de la tenue du registre de l'état civil doit en adresser un extrait à l'officier de l'état civil du dernier domicile du père de l'enfant (*g*).

708. Ou de la mère, si le père est inconnu (*h*).

709. Dans les dix jours qui suivent l'inscription d'un acte de naissance audit registre (*i*).

710. Pendant la guerre de la révolution, on s'est joué du plus saint des contrats, du mariage. Des héritiers dont l'origine est inconnue aux familles, viennent chaque jour y porter le trouble. Pour éviter d'aussi horribles abus, les publications de mariage des militaires et employés à la suite des armées, sont faites au lieu de leur dernier domicile (*j*)

711. A moins de déclaration contraire, ce

(*a*) Art. 90 c. c. — (*b*) Art. 91. — (*c*) *Id.* — (*d*) *Id.* — (*e*) *Id.*
— (*f*) Art. 92. — (*g*) Art. 93. — (*h*) *Id.* — (*i*) *Id.* — (*j*) Art. 94.

dernier domicile est au lieu où est né l'individu (*a*).

712. Elles sont mises en outre à l'ordre du jour du corps, pour les individus qui tiennent à un corps (*b*).

713. Et à celui de l'armée ou du corps d'armée, pour les officiers sans troupes (*c*).

714. Et pour les employés qui en font partie (*d*).

715. Vingt-cinq jours avant la célébration du mariage (*e*).

716. L'officier chargé de la tenue du registre envoie à l'officier de l'état civil du dernier domicile des époux une expédition de l'acte de célébration du mariage (*f*).

717. Immédiatement après son inscription sur le registre (*g*).

718. Les militaires, lorsqu'ils se trouvent sur le territoire français, ne peuvent contracter mariage que devant les officiers de l'état civil des communes où ils ont résidé sans interruption pendant six mois (*h*).

719. Ou devant l'officier de l'état civil de la commune où leurs futures épouses ont acquis domicile par six mois (*i*).

720. Après avoir rempli les formalités pres-

(*a*) Instruct. du min. de la guerre, 24 brum. an XII. — (*b*) Art. 94 c. c. — (*c*) *Id.* — (*d*) *Id.* — (*e*) *Id.* — (*f*) Art. 95. — (*g*) *Id.* — (*h*) Av. du cons. d'Ét. 4 compl. an XIII : B. 61, n° 1071, 4ᵉ s. — (*i*) *Id.*

crites (1233—1235) pour la publication des bans (*a*).

721. Les actes de décès sont dressés dans chaque corps par le quartier-maître (*b*).

722. Pour les officiers sans troupes, et les employés, par l'inspecteur aux revues de l'armée (*c*).

723. Sur l'attestation de trois témoins (*d*).

724. Ces témoins doivent être, autant que possible, les camarades du décédé, ceux qui logeaient avec lui, ses voisins dans l'action.

725. L'extrait de ces registres est envoyé à l'officier de l'état civil du dernier domicile du décédé (*e*).

726. Dans les dix jours (*f*).

727. En cas de décès dans les hôpitaux militaires ambulans ou sédentaires, l'acte en est rédigé par le directeur desdits hôpitaux (*g*).

728. Cet acte est envoyé au quartier-maître du corps (*h*).

729. Ou à l'inspecteur aux revues de l'armée ou du corps d'armée dont le décédé faisait partie (*i*).

730. Ces officiers en font parvenir une expédition à l'officier de l'état civil du dernier domicile du décédé (*j*).

(*a*) Av. du cons. d'Ét. 4 compl. au XIII : B. 61 , n° 1071 , 4ᵉ s. — (*b*) Art. 96 c. c. — (*c*) *Id.* — (*d*) *Id.* — (*e*) *Id.* — (*f*) *Id.* — (*g*) Art. 97. — (*h*) *Id.* — (*i*) *Id.* — (*j*) *Id.*

731. L'officier de l'état civil du domicile des parties auquel il a été envoyé de l'armée expédition d'un acte de l'état civil, est tenu de l'inscrire sur les registres (*a*).

732. De suite (*b*).

733. En l'absence de preuves positives du décès d'un militaire, on ne peut admettre, pour les remplacer, des présomptions résultant soit de témoignages vocaux (*c*).

734. Soit de l'absence prolongée pendant plusieurs années (*d*).

735. En pareil cas, il n'y a pas lieu de déroger au droit commun (*e*).

736. Ni d'y introduire une exception que la législation n'a jamais admise (*f*).

737. A moins que (376.377) la non-existence ou la perte des registres ne soit d'abord constante (*g*).

738. Voyez cependant, pour la législation temporaire, ce qui sera bientôt expliqué (999—1079).

(*a*) Art. 98 c. c. — (*b*) *Id.* — (*c*) Av. du cons. d'Ét. 17 germ. an xiii : *B.* 41, n° 666, 4° s. — (*d*) *Id.* — (*e*) *Id.* — (*f*) *Id.* —
(*g*) Colmar, 12 août 1814 : *J. P. t.* 42 , *p.* 280.

739. Lorsque la rectification d'un acte de l'état civil est demandée, il y est statué par le tribunal compétent (*a*).

740. Sauf l'appel (*b*).

741. Sur les conclusions du procureur du roi (*c*).

742. Les parties intéressées sont appelées, s'il y a lieu (*d*).

743. Sur les formalités à observer pour parvenir à la rectification des actes de l'état civil, voyez le Code de procédure, au titre 5 du livre 1ᵉʳ de sa deuxième partie, et les articles 2 et 3 de la loi du 11 germinal an xi (*e*).

744. La rectification peut être prononcée par un tribunal autre que celui du lieu où les actes ont été passés (*f*).

745. Elle peut se prononcer d'office (*g*).

746. Ou même s'induire d'un jugement (*h*).

747. Lorsqu'une personne demande la rectification d'un acte de l'état civil qui la concerne, elle ne peut, sur l'appel, intimer le procureur général (*i*).

(*a*) Art. 99 c. c. — (*b*) *Id.* — (*c*) *Id.* — (*d*) *Id.* — (*e*) B. 267, n° 2614, 3ᵉ s. — (*f*) Cas. 19 juil. 1809 : *Den.* 1889, *p.* 509. — (*g*) *Id.* — (*h*) *Id.* — (*i*) Bruxelles, 6 frim. an xiv : *J. C. C. t.* 6, *p.* 5.

748. Si la rectification ne porte que sur quelque erreur de prénom ou dans l'orthographe du nom, soit des père et mère, soit même du demandeur, en sorte que l'effet de la rectification ne change rien à l'état acquis et constant, il n'y a point à appeler de partie intéressée, et il suffit souvent d'un acte de notoriété pour faire ordonner la rectification (578—591). Mais si le changement demandé tend à faire entrer dans une famille un individu qui, sans cela, lui serait étranger, il faut mettre en cause ceux qui ont intérêt à contester la demande.

749. Le jugement de rectification ne peut, dans aucun temps, être opposé aux parties intéressées qui ne l'ont point requis, ou qui n'y ont pas été appelées (a). Cette disposition est fondée sur la maxime que les jugemens rendus avec un tiers ne peuvent préjudicier à un autre.

750. Il n'est pas nécessaire que les parties se pourvoient contre le jugement, pour le faire anéantir (b).

751. La nullité a lieu de plein droit (c).

752. Si les parties intéressées appelées au jugement de rectification n'existent plus, celles qui en prennent la place peuvent-elles venir contester de nouveau la rectification, sous prétexte que le jugement n'a point été rendu avec

(a) Art. 100 c. c. — (b) Cas. 28 juin 1815 : J. P. t. 43. p. 569. — (c) Id.

elles? Il n'y a nul doute pour la négative, si ces nouvelles parties sont les héritiers des premières ; car le jugement rendu avec leurs auteurs est censé rendu avec elles. Si elles viennent par un droit qui leur soit propre, il faut encore décider la même chose. En effet, je n'ai dû mettre en cause que les parties intéressées dans l'instant où j'ai formé ma demande. Ce qui a été jugé avec elles, l'a été régulièrement, et le jugement forme la loi de la famille.

753. Les jugemens de rectification sont inscrits sur les registres (*a*), ces jugemens devenant eux-mêmes de nouveaux actes de l'état civil.

754. Par l'officier de l'état civil (*b*).

755. Aussitôt qu'ils lui ont été remis (*c*).

756. Mention en est faite en marge de l'acte réformé (*d*).

757. Un avis du conseil d'état (*e*) du 4 mars 1808, règle le mode de transcription des jugemens portant rectification d'actes de l'état civil, et de délivrance des actes rectifiés.

758. Les principes sur lesquels repose l'état des hommes, s'opposent à toute rectification des registres qui n'est pas le résultat d'un juge-

____

(*a*) Art. 101. c. c. — (*b*) *Id.* — (*c*) *Id.* — (*d*) *Id.* — (*e*) B. 184. n° 5173, 4ᵉ s.

ment provoqué par les parties intéressées à demander ou à contredire la rectification *(a)*.

759. Ces principes sont, à plus forte raison, applicables au cas de l'omission de ces actes sur les registres, puisque la rectification n'a pour objet que de substituer la vérité à une erreur dans un acte déjà existant, et que lorsqu'on demande à réparer une omission d'acte, il s'agit évidemment de donner un état *(b)*.

760. Le roi a rendu, le 9 janvier 1815 *(c)*, une ordonnance sur la recomposition des registres de l'état civil de l'arrondissement de la ville de Soissons.

761. Relativement à la rectification des actes de l'état civil, il y a eu deux systêmes. Dans le projet de code on avait décidé que les ratures et renvois non approuvés ne viciaient point le surplus de l'acte, et qu'on aurait tel égard que de raison aux abréviations et dates mises en chiffres. S'il y avait des nullités, le ministère public devait requérir que les parties et les témoins qui avaient souscrit les actes nuls, fussent tenus de comparaître devant l'officier de l'état civil, pour rédiger un nouvel acte, ce qui devait être ordonné par le tribunal. En cas de mort ou d'empêchement des témoins, ils étaient remplacés par d'autres. La

(a) Av. du cons. d'Ét. 12 brum. et 15 niv. au x : B. 225, nᵒˢ 2058 et 2067, 3ᵉ s. — *(b)* *Id.* — *(c)* B. 71, nᵒ 630, 5ᵉ s.

rectification pouvait aussi être ordonnée par les tribunaux, sur la demande des parties intéressées. On distinguait donc à cet égard deux juridictions : l'une, que nous appellerons gracieuse, lorsque le tribunal ordonnait d'office la rectification; l'autre, contentieuse, lorsque la rectification était ordonnée sur la demande des parties. Ce dernier mode forme le second système. Le premier a paru susceptible d'inconvéniens, en ce que l'on entamait la question de nullité des actes de l'état civil, qu'il est impossible de préciser assez exactement, et qu'il vaut mieux laisser en litige et à l'arbitrage des juges, suivant les circonstances : sauf quelques cas graves, spécialement déterminés sous divers titres, tels que ceux du mariage et de la filiation. Ensuite on a pensé que rien ne justifiait cette rectification d'office. Les registres de l'état civil sont un dépôt sacré ; nulle autorité n'a le droit de modifier, de son propre mouvement, ce qui y est inscrit. Si le procureur du roi est tenu de vérifier l'état des registres lorsqu'ils sont déposés au greffe, ce ne peut être que pour constater les contraventions et les délits commis par les officiers, et en requérir la punition ; c'est une vérification de police, qui ne doit nullement influer sur la validité des actes. (419. 425—427). C'est ainsi que la loi de 1792 l'avait décidé. Les erreurs, les omissions et tous les vices qui peuvent se rencontrer dans les actes de l'état civil, acquièrent des droits à des tiers. La rectification officieuse serait absolument inutile, puisque les partisans de ce système ne peuvent s'empêcher de convenir qu'elle ne saurait être opposée à ceux qui n'y auraient pas consenti, ou qui n'y auraient pas été appelés. La loi n'adopte donc la rectification que sur la demande des parties, et contradictoirement avec les intéressés. Cette rectification, que des erreurs, des négligences, quelquefois même des délits, rendent nécessaire, ne dépend jamais de ceux qui dressent les actes, ni de ceux qui les conservent : il ne leur est pas permis de toucher au dépôt qui leur est confié. Les tribunaux seuls, en grande connaissance de cause, peuvent ordonner la rectification (739—743. 749. 758. 759).

762. Les actes de l'état civil ne sont jamais nuls. Quoique défectueux, ils font foi de ce qu'ils contiennent. Leurs irrégularités peuvent seulement donner lieu à des peines contre les officiers rédacteurs. L'acte reste valable, tel qu'il est, et en ce qu'il est.

763. Le maintien de l'ordre social exige qu'il y ait des règles d'après lesquelles on juge du vrai domicile de chaque individu. Poser celles du domicile politique n'appartient qu'aux constitutions. Les règles du domicile considéré relativement à l'exercice des droits civils, sont du ressort de la loi civile. Il n'est ici question que de ces dernières.

764. Tout individu a, dans la société, des devoirs à remplir et des droits à exercer. Il ne peut faire l'un et l'autre que par le moyen d'actes et de magistrats. Dans quel lieu les actes doivent-ils se passer, et les magistrats être invoqués? Il est naturel que ce soit à l'endroit de la principale habitation du citoyen intéressé. Il faut donc que la loi non-seulement l'ordonne ainsi, mais encore indique le mode régulier de s'assurer du lieu de cette principale habitation ou du vrai domicile, enfin qu'elle déclare ce qui le caractérise.

765. Le citoyen cité devant un magistrat est obligé de comparaître, mais cette obligation suppose que la citation l'ait atteint. Il n'est pas toujours possible de la donner à la personne, on peut toujours la remettre à son domicile.

766. On entend par domicile le lieu où une personne, jouissant de ses droits, a établi sa demeure, le centre de ses affaires, le siège de sa fortune; le lieu d'où cette personne ne s'éloigne qu'avec le désir et l'espoir d'y revenir dès que la cause de son absence aura cessé. *Domicilium est ubi quis negociatur, contrahit, festos dies celebrat, ubi rerum et fortunarum summam constituit; undè non est discessurus, si nihil avocet; undè cùm profectus est, peregrinari videtur.*

767. Le domicile de tout Français, quant à l'exercice de ses droits civils, est donc au lieu où il a son principal établissement *(a)*, indépendamment des diverses habitations qu'il peut choisir, soit à la fois, soit successivement. *In eodem loco singulos habere domicilium non ambigitur, ubi quis larem, rerumque ac fortunarum suarum summam constituit.*

768. Le changement de domicile s'opère par le fait d'une habitation réelle dans un autre lieu *(b)*.

769. Joint à l'intention d'y fixer son principal établissement *(c)*. Le fait doit toujours concourir avec l'intention *(d)*. La résidence la plus longue ne prouve rien, si elle n'est pas accompagnée de volonté; tandis que l'intention, si

---

(a) Art. 102 c. c. — *(b)* Art. 103. — *(c)* *Id.* — *(d)* Cas. 16 avril 1817 : *J. P. t.* 48, *p.* 368.

elle est constante, opère avec la résidence la plus courte (a). *Domicilium re et facto transfertur, non nudâ contestatione.*

770. Toute la difficulté dans cette matière tient à l'embarras de reconnaître avec certitude quand le fait et l'intention se trouvent réunis. L'intention qui n'est point accompagnée du fait, peut n'indiquer qu'un projet sans issue. Le fait qui n'est point accompagné d'intention déterminée, peut n'annoncer qu'un décès, un déplacement passager, l'établissement d'une habitation secondaire. Il faut donc, pour consommer un changement de domicile, la réunion manifeste du fait et de l'intention ; au lieu que, pour conserver le domicile d'origine ou un domicile acquis, il suffit de l'intention.

771. Comment l'intention se reconnaîtra-t-elle ? comment la démêler, surtout quand le même individu ne fixe pas sa résidence dans un endroit unique, et qu'il a plusieurs habitations simultanées ? Il y a bien un principe fondamental (767) qui doit toujours guider. Mais le lieu du principal établissement n'est pas toujours aisé à constater. On peut admettre quelques présomptions naturelles (781. 782. 785. 797. 798).

772. On avait proposé une autre présomption en faveur du lieu de l'exercice des droits poli-

---

(a) Limoges, 1er sept. 1813 : *J. P. t.* 38, *p.* 359.

tiques. Mais on a remarqué que cette présomption, qui n'atteindrait point les filles majeures,
les veuves, et les particuliers non inscrits sur
le registre civique ; qui n'atteindrait pas même
le citoyen inscrit au registre civique d'un arrondissement, s'il n'avait, depuis son inscription, une année de résidence non interrompue;
on a remarqué que cette présomption pourrait n'être pas applicable même au particulier
ayant la faculté d'exercer les droits politiques.
Il n'y a rien, en effet, de nécessairement commun entre le domicile politique et le domicile
civil. On peut légitimement avoir et conserver
celui-ci ailleurs que celui-là, qui se constitue
par la résidence d'une année, sans que la loi
exige d'intention d'établissement absolu. On
peut de fait, après s'être inscrit au registre civique d'un arrondissement, s'y ménager cette
résidence d'une année, à l'effet de s'y assurer
l'exercice des droits politiques, sans pour cela
entendre y fixer son principal établissement,
puisque les droits politiques peuvent s'exercer
successivement dans toute la France, et même
alternativement s'exercer et se négliger.

773. La preuve de l'intention résulte d'une
déclaration expresse (*a*). Aussi long - temps
qu'un homme n'a pas abandonné son premier

______

(*a*) Art. 104 c. c.

domicile, on ne peut lui prêter une volonté contraire à celle que le fait rend sensible.

774. Des significations au domicile d'origine sont valables, malgré résidence différente (*a*).

775. Cette déclaration (773) doit se faire à la municipalité du lieu que l'on quitte (*b*).

776. Et à celle du lieu où l'on a transféré son domicile (*c*).

777. Ces déclarations (773. 775. 776) ne peuvent être détruites que par des déclarations contraires, postérieurement exprimées dans la même forme, et non par de simples présomptions (*d*).

778. Si quelqu'un, ayant fait à la municipalité dans laquelle il réside, la déclaration d'entendre quitter son domicile, et à une autre celle de l'y transférer, continue néanmoins de demeurer dans la première, il y conserve son domicile, et ses déclarations restent sans effet; car il faut toujours (768—771) que le fait se joigne à l'intention (*e*).

779. A défaut de déclaration expresse, la preuve de l'intention dépend des circonstances (*f*). Le moyen prête sans doute à l'arbitraire. Mais d'abord on ne peut pas s'en plain-

---

(*a*) Paris, 22 mars 1827 : *J. P. t.* 78, *p.* 121. — (*b*) Art. 104 c. c. — (*c*) *Id.* — (*d*) Cas. 23 janv. 1827 : *J. P. t.* 79, *p.* 486. — (*c*) Paris, 28 août 1810 : *J. P. t.* 27, *p.* 522. — (*f*) Art. 105 c. c.

dre lorsqu'il existe un mode simple pour l'éviter (773. 775. 776). Il faut ensuite faire attention que les juges, à la prudence de qui son application est confiée, sont dirigés par les faits qui servent à marquer le lieu du principal établissement ; et que, parmi ces faits, il en est plusieurs contre lesquels on ferait inutilement valoir une supposition d'intention contraire. Il n'était pas possible d'en spécifier le caractère avec assez de précision pour établir une règle de préférence invariable. La difficulté commence lorsque de fait il y a changement de résidence, si les motifs de ce changement restent incertains, s'ils sont tels qu'on ne puisse pas en conclure l'intention de quitter pour toujours l'ancien domicile et d'en prendre un nouveau. Ces questions tombent nécessairement dans le domaine du juge (771). L'ancienne législation les y avait laissées ; la nouvelle tenterait vainement de les en tirer : il n'y a pas moyen de prévoir tous les cas. Il y a même ici d'autant moins de danger, qu'il est évident que la nouvelle législation civile, en soumettant la personne et les biens de tous les Français à des règles uniformes, écarte toutes les considérations qui faisaient naître le plus souvent des doutes et des procès sur la fixation du domicile.

780. Des indications de domicile, constatées par jugemens aux qualités desquels on ne s'est point opposé, ou par actes judiciaires éma-

nés de la partie, suffisent pour établir la preuve du domicile dans le lieu indiqué (a).

781. Le citoyen appelé à une fonction publique temporaire ou révocable, conserve le domicile qu'il avait auparavant (b).

782. S'il n'a pas manifesté d'intention contraire (c). Dans l'hypothèse présente, la volonté d'abandonner l'ancien domicile n'est pas absolument présumable. On le quitte pour remplir des obligations auxquelles on voit un terme. Quand ce terme est arrivé, il n'y a plus de raison pour prolonger le sacrifice de toutes les habitudes de sa vie. Le fonctionnaire temporaire conserve presque toujours l'esprit de retour dans le lieu où était son domicile quand il a accepté. Sa mission finie, il s'empresse de retourner dans ses foyers, lorsqu'il y espère, pour récompense de ses services, l'estime de ses concitoyens et la considération publique. Voir les arrêts de la cour de Paris (d) des 14 août 1823 et 25 mai 1826.

783. La déclaration d'un fonctionnaire au préfet, d'entendre fixer son domicile au lieu où il exerce ses fonctions, n'est pas, si elle n'est appuyée que de simples présomptions de cette intention, une preuve légale du changement de domicile (e).

<hr>

(a) Cas. 16 fév. 1819 : *J. P. t.* 53, *p.* 385. — (b) Art. 106 c. c. — (c) *Id.* — (d) J. P. t. 68, p. 227 ; t. 78, p. 319. — (e) Cas. 16 mai 1809 : *Den.* 1809, *sup. p.* 81.

784. L'exercice de fonctions militaires n'emporte aucune idée de changement de domicile (*a*).

785. L'acceptation de fonctions conférées à vie, emporte translation immédiate du domicile du fonctionnaire dans le lieu où il doit exercer ses fonctions (*b*). Un fonctionnaire a l'intention de remplir ses devoirs dans toute leur étendue; la loi ne peut du moins admettre une autre supposition. Celui qui accepte des fonctions inamovibles, contracte, à l'instant même, l'engagement d'y consacrer sa vie. Lorsqu'il se transporte au lieu fixé pour l'exercice de ses fonctions, ses motifs ne sont pas douteux : à côté du fait constant se place une intention moralement évidente. Il y a donc translation immédiate de domicile (768. 769).

786. Le domicile étant établi pour fixer le lieu de l'exercice des droits civils actifs et passifs, les personnes qui ne peuvent les exercer que sous l'autorisation ou par le ministère d'un protecteur ou d'un administrateur légal, doivent avoir le même domicile que lui. Cette règle ne cesse de recevoir son application que lorsque la qualité qui la motive change par l'effet de la loi et de la nature. D'où les maximes ci-après (787. 790. 791. 795).

(*a*) Cas. 1er mars 1826 : *J. G.* 1826, *p.* 268. — (*b*) Art. 107 c. c.

787. La femme mariée n'a point d'autre domicile que celui de son mari (*a*). Son devoir la tient auprès de lui (1478. 1480). Elle n'en peut être légitimement éloignée que par la séparation de corps ou la mort. Elle peut être forcée de retourner à lui quand elle le délaisse, et ne peut avoir de résidence distincte que par l'effet d'une espèce de délit de sa part, ou d'une tolérance momentanée de la part de son mari. *Mulieres ex personâ mariti domicilium habent.*

788. Si elle est marchande publique, elle a, pour les affaires de son commerce, un domicile dans le lieu de son établissement ; mais pour tout le reste elle conserve son domicile chez son mari.

789. Après la mort de son mari, la veuve conserve son domicile dans la maison maritale, tant qu'elle n'a point manifesté l'intention de s'en constituer un autre. *Vidua mulier domicilium amissi mariti retinet.*

790. Le mineur non émancipé a son domicile chez ses père et mère (*b*).

791. Ou chez son tuteur (*c*). C'est celui-ci qu'il faut citer devant les tribunaux, quand on a quelque différend avec le pupille.

792. On doutait ci-devant que le tuteur pût changer le domicile de son pupille. Mais comme la succession mobiliaire est maintenant la même

(*a*) Art. 108 c. c. — (*b*) *Id.* — (*c*) *Id.*

partout, il n'y a plus d'intérêt à maintenir le domicile d'origine du mineur jusqu'à sa majorité accomplie ou jusqu'à son émancipation. Il n'y a plus de fraude à craindre de la part du tuteur, ou de qui que ce soit, dans ce changement.

793. Le mineur qui demeurerait avec sa mère divorcée, laquelle en conséquence aurait un domicile personnel, n'en conserverait pas moins le sien chez son père, tant que ce dernier vivrait. Mais après la mort du père, le domicile du mineur non émancipé est chez sa mère, à moins qu'elle n'ait été écartée de la tutelle.

794. Le mineur qui a tout à la fois sa mère tutrice, et un tuteur onéraire chargé de gérer les biens et les affaires de la tutelle, n'est pas valablement poursuivi au domicile de ce dernier (a).

795. Le majeur interdit a son domicile chez son tuteur (b).

796. Il n'en est pas de même de celui à qui on a seulement donné un conseil : il ne perd pas l'exercice des droits civils, et n'éprouve qu'une gêne dans leur usage. Il conserve son domicile, et peut s'en constituer un nouveau.

797. Les majeurs qui servent ou travaillent habituellement chez autrui, ont le même do-

____

(a) Paris, 28 flor. an XII : *J.C.C. t.* 2, *p.* 413. — (b) Art. 108 c.c.

micile que la personne qu'ils servent ou chez laquelle ils travaillent (*a*). C'est en effet dans le lieu du service ou du travail que doit être présumé placé l'établissement principal de l'individu qui y est retenu à ce titre (767), et dont ce service ou travail journalier forme le moyen d'existence, et constitue l'état.

798. Cette règle n'a lieu qu'autant que ces majeurs demeurent dans la même maison avec la personne qu'ils servent ou chez qui ils travaillent (*b*) : condition suffisante pour restreindre le principe dans ses justes bornes, et prévenir toute incertitude dans l'application.

799. Ceux qui ont une habitation séparée de la maison où leur état les appelle, restent soumis à la règle ordinaire pour la fixation de leur domicile ; au lieu que ceux qui habitent la même maison que les personnes qui les emploient, sortent du droit commun, et ne peuvent constituer leur domicile ailleurs.

800. Le lieu où la succession s'ouvre, est déterminé par le domicile (*c*). Il importe à tous les intéressés de savoir précisément à quel tribunal ils doivent porter leurs demandes. Un homme peut mourir loin de chez lui, ses héritiers ou ses biens peuvent être dispersés. Ces circonstances feraient naître de grands embarras, auxquels remédie le principe consacré ici.

(*a*) Art. 109 c. c. — (*b*) *Id.* — (*c*) Art. 110.

801. Le lieu où une femme non séparée de corps est reconnue avoir habité depuis nombre d'années avant son décès , n'est pas le lieu de l'ouverture de sa succession (*a*).

802. Lorsqu'un acte contient, de la part des parties ou de l'une d'elles , élection de domicile , pour l'exécution de ce même acte, dans un autre lieu que celui du domicile réel , les significations, demandes et poursuites relatives à cet acte, peuvent être faites au domicile convenu (*b*). La loi ne fait ici que prêter sa force à la volonté des parties, dans la vue de faciliter l'exécution de certains actes. Seulement on exige que l'élection de domicile soit faite dans l'acte même auquel elle se réfère ; et de peur qu'on en abuse , l'effet d'une semblable stipulation est restreint aux significations, demandes et poursuites relatives à cet acte. *Qui vult finem, vult et media.*

803. Ainsi le souscripteur d'un billet à ordre peut être assigné au domicile indiqué pour le paiement (*c*).

804. Dans le même cas (802), ces significations, demandes et poursuites peuvent se faire devant le juge du domicile convenu (*d*).

805. Une des parties ne peut, sans le con-

(*a*) Cas. 26 juil. 1808 : *Sirey*, 1808 , *p.* 481. — (*b*) Art. 111 c. c. — (*c*) Cas. 13 janv. 1829 : *J. P. t.* 84 , *p.* 33. — (*d*) Art. 111 c. c.

cours de l'autre, et par une simple dénonciation, changer le domicile élu dans un contrat (*a*).

806. A moins que la translation ait lieu seulement d'une maison dans une autre de la
même ville (*b*).

807. L'élection dans le domicile réel, conserve son effet après que la partie qui a fait
cette élection a changé de domicile (*c*).

808. Les actes d'exécution d'un jugement
rendu sur un acte contenant élection de domicile, ne peuvent être faits à ce domicile
élu (*d*).

809. Malgré toute élection de domicile, un
jugement par défaut ne peut être signifié qu'à
personne ou domicile réel (*e*).

810. Dans les significations au domicile élu,
il faut exprimer la demeure réelle des parties.

811. L'appel peut s'interjeter au domicile élu
pour l'exécution de la convention à l'occasion
de laquelle le jugement est intervenu (*f*).

812. Une procuration donnée à un avoué,
quoique générale et absolue, n'autorise point

<hr>

(*a*) Paris, 27 août 1812, 8 fév. 1813 : *J. P. t.* 34, *p.* 307;
t. 36, *p.* 64. — (*b*) Cas. 19 janv. 1814 : *J. P. t.* 39, *p.* 411.
— (*c*) Cas. 24 janv. 1816 : *J. P. t.* 45, *p.* 253. — (*d*) Agen,
6 fév. 1810 : *Den.* 1812, *sup. p.* 12. — (*e*) Colmar, 17 mai
1828 : *J. P. t.* 83, *p.* 228. — (*f*) Rouen, 15 janv. 1821 : *J. P.*
t. 80, *p.* 374.

à faire les significations au fondé de pouvoir, lorsqu'il n'y a pas une mention formelle d'élection de domicile chez ce mandataire (*a*).

813. Il est des cas où la loi prescrit l'élection de domicile. Par exemple, celui qui exerce une saisie mobilière dans un autre lieu que celui où il demeure, doit élire domicile dans la commune où s'opère la saisie : élection requise pour l'avantage de ceux qui ont des oppositions à former. Ceux qui prennent inscription sur les biens de leur débiteur, doivent élire domicile dans l'arrondissement du bureau de la conservation des hypothèques. Celui qui fait emprisonner son débiteur, doit faire élection de domicile dans le lieu où est située la prison. Voyez de plus le Code d'instruction criminelle, art. 68. 116. 124. 135. 183. 418. 535. 548.

814. Lorsque des étrangers contractent en France et y élisent domicile, cette élection les soumet au juge français (*b*).

(*a*) Turin, 6 fruct. an xiii : *J. C. C. t.* 9, *p.* 383. — (*b*) Paris, 23 therm. an xii : *J. C. C. t.* 2, *p.* 437.

LÉGISLATION TRANSITOIRE.

815. Les élections de domicile faites dans les actes antérieurs au Code civil, doivent obtenir leur effet, même à l'égard des demandes formées depuis ce Code (a).

(a) Paris, 8 juil. 1811 : *J. P. t.* 32, *p.* 373.

—

816. L'ABSENCE, dans l'acception commune de cette expression, s'applique à ceux qui sont hors de leur domicile, mais dont on connaît le séjour ou l'existence. Il ne s'agit ici que des personnes qui se sont éloignées du lieu de leur résidence, et dont on n'a point de nouvelles.

817. Lorsqu'un long temps ne s'est pas encore écoulé depuis que l'individu s'est éloigné de son domicile, la présomption de mort ne peut résulter de cette absence : il doit être regardé comme vivant. Mais si, pendant un certain nombre d'années, on n'a point de ses nouvelles, on considère que les rapports de famille, d'amitié, d'affaires, sont tellement dans le cœur et dans l'habitude des hommes, que leur interruption absolue doit avoir des causes extraordinaires, causes parmi lesquelles se place le tribut payé à la nature. Alors s'élèvent deux présomptions contraires : l'une de la mort, par le défaut de nouvelles ; l'autre de la vie, par son cours ordinaire. La conséquence juste de deux présomptions contraires est l'état d'incertitude. Les années qui s'écoulent ensuite, rendent plus forte la présomption de la mort. Mais il n'est pas moins vrai qu'elle est toujours plus

premières années, la loi ne peut, pour l'intérêt des personnes absentes, que s'en rapporter
à la surveillance du ministère public et à la
prudence des juges. L'éloignement fait présumer que l'absence proprement dite aura lieu.
Mais lorsqu'elle n'est encore que présumée, on
ne répute point la personne éloignée en souffrance pour ses affaires : il faut qu'il y en ait
des preuves positives ; et lors même que cette
personne n'a pas laissé de procuration, on doit
croire que c'est à dessein de cacher le secret de
sa fortune. De là les règles énoncées plus bas
(820. 826. 827. 831. 832). On avait d'abord
semblé désirer qu'il y eût quelque chose de
plus positif, qu'on eût déterminé le cas où il y
aurait nécessité de pourvoir à l'administration,
qu'on en eût fixé le mode, enfin qu'on eût
moins laissé à faire aux juges. Mais on n'avait
pas assez réfléchi que les circonstances qui accompagnent les cas d'absence sont si multi-
pliées, présentent tant d'intérêts divers, plus
ou moins importans, qu'il aurait été impossible d'adopter un mode uniforme.

820. Si donc il y a nécessité de pourvoir à
l'administration de tout ou partie des biens
laissés par une personne présumée absente, et
qui n'a point de procureur fondé, il y est statué par le tribunal de première instance (*a*).

____

(*a*) Art. 112 c. c.

821. Sur la demande des parties intéressées (*a*) légalement et actuellement, comme un époux, un enfant, un créancier.

822. Ceci (820. 821) n'abroge point la loi du 11 ventose an 2 (*b*).

823. Celui qui s'est éloigné sans donner de procuration, peut avoir laissé des affaires urgentes, telles que l'exécution de congés de loyers, leur paiement, celui d'autres dettes exigibles. Il peut se trouver intéressé dans des inventaires, comptes, liquidations, partages. Ce sont autant de circonstances dans lesquelles les créanciers ou autres intéressés ne doivent pas être privés de l'exercice de leurs droits. Ils ont celui de provoquer la justice; et tout ce que peuvent les tribunaux en faveur de celui qui, par son éloignement, s'est exposé à ces poursuites, c'est de se borner aux actes absolument nécessaires pour satisfaire aux demandes justifiées. Ainsi lorsqu'il s'agit de l'acquit d'une dette, le magistrat, dont la discrétion et la bonne foi ne peuvent être suspectes à la personne éloignée, pénètre un instant dans son domicile pour en extraire la partie de l'actif indispensable, afin de remplir l'engagement; car il ne faut pas perdre de vue que le juge ne doit accueillir la requête de pourvoir à l'administration des biens de l'absent, qu'autant

---

(*a*) Art. 112 c. c. — (*b*) Cas. 9 mars 1824 : *J. P. t.* 69, *p.* 225.

qu'il y a nécessité. Ce n'est qu'au nom de cette loi impérieuse que le secret de l'asyle et des affaires du présumé absent peut être violé.

824. Le mode de pourvoi se trouve tracé au Code de procédure civile, titre 6 du livre 1er de la 2e partie.

825. Le curateur à l'absence a qualité pour interjeter appel et plaider sur icelui (a).

826. Les successions, comptes, partages, liquidations dans lesquels les absens se trouvent intéressés étaient, avant les lois nouvelles, autant de motifs pour leur nommer des curateurs. Trop souvent ces curateurs ont été coupables de dilapidations; trop souvent aussi, avec de la bonne foi, ils ont, soit par ignorance, soit par négligence, soit par le seul fait du discrédit attaché à de pareilles gestions, opéré la ruine des absens. Maintenant le tribunal commet un notaire pour représenter les présumés absens, dans les inventaires, comptes, partages et liquidations dans lesquels ils sont intéressés (b). L'absent lui-même ne pourrait choisir personne qui, plus qu'un notaire, fût en état de connaître et de défendre ses intérêts dans ce genre d'affaires. Une loi du 11 février 1791 avait prescrit la même mesure.

(a) Cas. 25 août 1813 : *J. P. t.* 42, *p.* 301. — (b) Art. 115 c. c.

827. C'est à la requête de la partie la plus diligente que ce notaire est commis (a).

828. Il n'a pas le droit de prendre l'initiative et de provoquer les opérations (b).

829. Le ministère public peut requérir la nomination d'un notaire pour représenter, seulement dans l'inventaire d'une succession, le présumé absent, quoique cette succession se soit ouverte postérieurement à sa disparition (c).

830. Ce qui regarde les comptes à rendre par toute personne commise en justice, se trouve au Code de procédure, 1re partie, livre 5, titre 4.

831. Le ministère public est spécialement chargé de veiller aux intérêts des personnes présumées absentes (d). *Publicè utile est absentes à quibuscumque defendi.*

832. Il a action principale et directe pour faire nommer administrateur, curateur, notaire, chargés de représenter les présumés absens (e).

833. Il peut appeler du jugement qui repousserait cette action (f).

834. Il est entendu sur toutes les demandes qui concernent les présumés absens (g).

(a) Art. 113 c. c. — (b) Brux. 8 avril 1813 : *J. C. C. t.* 21, *p.* 40. — (c) Riom, 20 mai 1816 : *J. P. t.* 53, *p.* 295. — (d) Art. 114 c. c. — (e) Metz, 15 mai 1823 : *J. P. t.* 69, *p.* 443. — (f) *Id.* — (g) Art. 114 c. c.

835. Les dispositions du Code civil concernant les présumés absens, ne sont pas applicables aux militaires ou employés au service de l'État (*a*).

836. La nomination d'un curateur aux militaires absens doit se faire, même depuis le Code, dans les formes prescrites par les lois spéciales, notamment par celle du 11 ventose an 2 (*b*).

837. Ce curateur peut-il exiger le prix de remplacement dû au militaire absent? — Jugé diversement (*c*).

838. Il a qualité pour intenter l'action en complainte (*d*).

(*a*) Brux. 24 mai 1809 : *Den.* 1809, *sup. p.* 109. — (*b*) Colmar, 3 mai 1815 : *J. P. t.* 44. *p.* 388. — (*c*) Paris, 9 juil. 1822, 1ᵉʳ juil. 1826 : *J. P. t.* 65, *p.* 30: *t.* 78, *p.* 194. — (*d*) Cas. 27 août 1828 : *J. P. t.* 83, *p.* 260.

—

839. La déclaration d'absence est une formalité d'où résultent les conséquences les plus importantes. D'un côté, les biens ne peuvent rester dans un plus long abandon ; mais, de l'autre, un citoyen ne peut être dépossédé de sa fortune avant qu'on ait employé tous les moyens de découvrir son existence, et de lui faire connaître qu'on le met, dans son pays, au nombre de ceux dont la vie est incertaine. Antérieurement au Code civil, la déclaration d'absence ne consistait que dans le jugement qui envoyait les héritiers présomptifs en possession des biens. Il n'y avait, pour faire prononcer cet envoi, d'autre formalité à remplir que de produire aux juges un acte de notoriété dans lequel l'absence sans nouvelles était attestée. Ceux qui déclarent qu'il n'y a point eu de nouvelles d'un absent, ne prouvent rien, si ce n'est qu'ils n'ont point entendu dire qu'il en ait été reçu. Ce n'est point une preuve positive. Il n'en résulte pas que, dans le même pays, d'autres personnes n'aient point de renseignemens différens ; cela constate encore moins que, dans d'autres villes, l'existence de l'absent soit inconnue, surtout si c'est un commerçant.

840. Suivant la loi nouvelle, les parties intéressées peuvent se pourvoir devant le tribunal de première instance, afin que l'absence soit déclarée (*a*).

841. Lorsqu'une personne a cessé de paraître au lieu de son domicile (*b*).

842. Ou de sa résidence (*c*), s'il n'a point de domicile.

843. Et que, depuis quatre ans, on n'a point eu de ses nouvelles (*d*).

844. Le débiteur d'un présumé absent, dont l'échéance de la dette est subordonnée à l'envoi en possession, peut intervenir sur la demande en déclaration d'absence , pour la contredire (*e*).

845. Pour constater l'absence, le tribunal ordonne qu'une enquête soit faite (*f*).

846. Contradictoirement avec le procureur du roi. (*g*).

847. Dans l'arrondissement du domicile (*h*).

848. Et dans celui de la résidence, s'ils sont distincts l'un de l'autre (*i*).

849. D'après les pièces et documens produits (*j*).

850. S'il est un moyen dont on puisse espérer de grands succès pour la découverte de la vé-

(*a*) Art. 115 c. c. — (*b*) *Id.* — (*c*) *Id.* — (*d*) *Id.* — (*e*) Metz , 15 fév. 1821 , 7 août 1823 : *J. A. t.* 23, *p.* 48 ; *t.* 25, *p.* 294. — (*f*) Art. 116 c. c. — (*g*) *Id.* — (*h*) *Id.* — (*i*) *Id.* — (*j*) *Id.*

rité, c'est celui de donner à la déclaration d'absence une telle publicité, que tous ceux qui, en France, pourraient avoir des nouvelles de l'absent, soient provoqués à en donner, et que l'absent lui-même connaisse, par la renommée, les conséquences fâcheuses de son long silence. Voilà le motif de l'enquête. Avant qu'elle fût établie, l'envoi en possession était provoqué par des parens, dont la cupidité, dès lors allumée par l'espoir d'une propriété future, pouvait les porter à séduire le petit nombre de témoins nécessaire pour un acte de notoriété (839); ou bien ils en trouvaient facilement de trop crédules. A présent les témoins sont appelés non-seulement par les intéressés qui demandent la déclaration d'absence, mais encore par le procureur du roi (846), qui se fait un devoir de citer tous ceux dont les relations avec l'absent peuvent répandre sur son sort quelques lumières. L'acte de notoriété n'était qu'une formule, signée par les témoins. Dans l'enquête on voit les différences entre leurs dépositions. Il était encore plus facile aux héritiers de trouver des témoins complaisans ou crédules, lorsque la résidence de l'absent, avant son départ, était dans un autre arrondissement que son domicile. Cet inconvénient est écarté par la double enquête qui se fait, l'une par les juges du domicile, l'autre par ceux de la résidence (847. 848).

851. Les règles communes aux enquêtes, quel qu'en soit l'objet, font partie de la procédure. Nous y renvoyons.

852. Les règles pour constater l'absence (845—849) ne sont pas applicables au cas où, après le jugement déclaratif d'absence, il s'agit de déterminer l'époque des dernières nouvelles, pour savoir quels héritiers présomptifs ont droit à la possession provisoire (*a*).

853. Cette époque peut se déterminer de toute autre manière (*b*).

854. Le tribunal, en statuant sur la demande, a d'ailleurs égard aux motifs de l'absence (*c*). La formule en termes positifs que présentaient aux juges les actes de notoriété, commandait, en quelque sorte, leur jugement d'envoi en possession. Ce jugement n'était lui-même, pour ainsi dire, qu'une simple formule. Au contraire, suivant la loi nouvelle, il est possible aux juges de vérifier si l'absence n'a point été déterminée par des motifs encore existans, et de nature à faire différer la déclaration. Tel serait le projet que l'absent aurait annoncé de séjourner plusieurs années dans quelque contrée lointaine. Telle serait l'entreprise d'un voyage de terre ou de mer, qui, par son objet ou par les grandes distances, exigerait un très-long temps.

(*a*) Cas. 24 nov. 1811 : *Den.* 1812, *p.* 83. — (*b*) *Id.* — (*c*) Art. 117 c. c.

855. Le tribunal a aussi égard aux causes qui ont pu empêcher d'avoir des nouvelles de l'individu présumé absent (*a*). Telles seraient la captivité, la perte d'un navire, ou d'autres événemens capables de déterminer les juges à prolonger les délais.

856. Le procureur du roi envoie au ministre de là justice les jugemens (*b*).

857. Tant préparatoires que définitifs (*c*).

858. Aussitôt qu'ils sont rendus (*d*).

859. Ce ministre les rend publics (*e*), non-seulement en employant la voie du journal officiel et des feuilles périodiques, mais encore en provoquant, dans les places de commerce, la correspondance avec toutes les parties du globe.

860. Le jugement de déclaration d'absence n'est rendu qu'un an après le jugement qui a ordonné l'enquête (*f*). Il s'est alors écoulé au moins cinq ans depuis le départ (843). Tous ceux à qui il est parvenu des nouvelles, ont eu le temps d'en avertir la justice ; et c'est assez qu'un seul de ces avis nombreux parvienne à l'absent, pour qu'il multiplie les moyens de faire connaître son existence. Lorsqu'avec un simple acte de notoriété un absent était dépossédé de ses biens (839. 850), cette

____

(*a*) Art. 117 c. c. — (*b*) Art. 118. — (*c*) *Id.* — (*d*) *Id.* — (*e*) *Id.* — (*f*) Art. 119.

mesure présentait une idée dont on ne pouvait se défendre, celle d'un acte arbitraire et sans garantie pour le droit de propriété. Mais lorsque, d'une part, les biens se trouvent dans l'abandon depuis cinq ans; lorsque, de l'autre, toutes les recherches possibles sur l'existence de l'absent ont été faites, et que tous les moyens de lui transmettre des avis ont été épuisés, la déclaration d'absence ne peut plus causer d'inquiétude. Elle ne saurait être dès lors, aux yeux du public, qu'un acte de conservation, fondé sur une nécessité constante; et pour l'absent lui-même, un acte de protection, propre à garantir son patrimoine d'une perte qui devenait inévitable.

861. Le ministre de la guerre doit être consulté, avant de prononcer la déclaration d'absence des militaires (a).

862. Une ordonnance du 3 juillet 1816 (b) déterminait un mode pour faire déclarer l'absence ou constater le décès des militaires et employés aux armées, disparus depuis le 21 avril 1792 jusqu'au 20 novembre 1815.

___

(a) Circ. du min. de la justice, 16 déc. 1807 : *Sircy,* 1808, *déc. div. p.* 30. — (b) B. 97, n° 865, 7ᵉ s.

—

Effets de l'absence, relativement aux biens que l'absent possédait au jour de sa disparition.

853. Nous voici placés à l'époque où les absens, déclarés tels par des jugemens revêtus de toutes les formes, ont pu être dépossédés. On avait à décider entre les mains de qui les biens devraient être remis. Il suffit que la loi reconnaisse qu'il y a incertitude de la vie, pour que le droit des héritiers, sans cesser d'être éventuel, devienne plus probable ; et puisque les biens doivent passer en d'autres mains que celles du propriétaire, les héritiers se présentent avec un titre naturel de préférence. La jurisprudence a toujours été uniforme à cet égard. Personne n'a plus d'intérêt à la conservation et bonne administration de ces biens, que ceux qui en profitent si l'absent ne revient pas. On peut encore présumer l'affection et la confiance entre parens. Ainsi les héritiers présomptifs au jour de la disparition ou des dernières nouvelles, peuvent se faire envoyer en possession provisoire des biens qui appartenaient à l'absent au jour de son départ ou de ses dernières nouvelles (a). En cela on le considère comme mort.

(a) Art. 120 c. c.

854. Le créancier de l'héritier n'a pas le même droit (*a*).

855. Cette demande d'envoi en possession (863) a lieu en vertu du jugement définitif qui a déclaré l'absence (*b*).

856. Quand l'absent n'a point laissé de procuration pour l'administration de ses biens (*c*).

857. A la charge de donner caution pour la sûreté de leur administration (*d*). L'absent est, en cela, considéré comme vivant et pouvant revenir.

868. L'enfant naturel envoyé en possession de la portion à lui dévolue dans les biens de son père absent, est aussi tenu de donner caution (*c*).

869. L'envoi en possession provisoire des biens d'un absent, est un droit réel, transmissible aux héritiers quelconques de l'envoyé (*f*).

870. Le donataire en usufruit a droit à la jouissance des biens dont le donatenr avait été envoyé en possession provisoire (*g*).

871. L'absence peut être déclarée et l'envoi en possession ordonné par un seul et même jugement (*h*).

<hr>

(*a*) Metz, 15 fév. 1821, 7 août 1823 : *J. A. t.* 23, *p.* 48 ; *t.* 25, *p.* 294. — (*b*) Art. 120 c. c. — (*c*) *Id.* — (*d*) *Id.* — (*e*) Agen, 1ᵉʳ avril 1816 : *J. P. t.* 64, *p.* 387. — (*f*) Turin, Paris, 5 mai 1810, 11 fév. 1813 : *J. P. t.* 27, *p.* 557 ; *t.* 56, *p.* 254. — (*g*) Angers, 28 août 1828 : *J. P. t.* 84. *p.* 619. — (*h*) Cas. 17 nov. 1808 : *Den.* 1808, *p.* 552.

872. Si l'absent a laissé une procuration, ses héritiers présomptifs ne peuvent poursuivre la déclaration d'absence et l'envoi en possession provisoire, qu'après dix années révolues depuis sa disparition ou depuis ses dernières nouvelles *(a)*. La procuration est alors considérée comme périmée et surannée.

873. Après les dix ans, les plus proches parens doivent être envoyés en possession, de préférence à un fondé de pouvoir qui se prétend héritier testamentaire *(b)*.

874. Si la procuration vient à cesser *(c)* par la mort du fondé de pouvoir ou autrement, ces circonstances ne changent point les inductions qui naissent du fait même qu'il a été laissé une procuration.

875. Dans ce cas, il est pourvu à l'administration des biens de l'absent, comme il est dit (820. 821. 826. 827. 831. 834) ci-dessus *(d)*, c'est-à-dire comme s'il n'y avait pas de procuration.

876. On ne peut traiter de même celui qui a formellement pourvu à l'administration de ses affaires, et celui qui les a laissées à l'abandon. Le premier est censé avoir prévu une longue absence, puisqu'il a pourvu au principal besoin qu'elle entraîne. Il s'est dispensé de la né-

---

(a) Art. 121 c. c. — *(b)* Bordeaux, 21 août 1813 : *J. P. t.* 41, p. 123. — *(c)* Art. 122 c. c. — *(d) Id.*

cessité d'une correspondance, lors même qu'il serait long-temps éloigné. Les présomptions contraires s'élèvent contre celui qui n'a pas laissé de procuration. On croira plutôt qu'il espérait un prompt retour, qu'on ne supposera qu'il ait omis une précaution aussi nécessaire. Il a donc paru qu'il y aurait une proportion juste entre les présomptions qui déterminent l'envoi en possession, si on exigeait, pour déposséder l'absent qui a laissé une procuration, un temps double de celui après lequel on prononce l'envoi en possession des biens de l'absent qui n'a point de mandataire (843. 872).

877. Après la déclaration, si aucun héritier ne réclame l'envoi en possession, le tribunal peut nommer un administrateur (*a*).

878. Lorsque les héritiers présomptifs ont obtenu l'envoi en possession provisoire, le testament, s'il en existe un, est ouvert (*b*). En général les testamens ne s'exécutent qu'à la mort de ceux qui les ont faits. La loi romaine portait même la sévérité au point de punir de la peine du faux, quiconque se serait permis d'ouvrir le testament d'une personne encore vivante. Mais en même temps elle décidait que, s'il y avait du doute sur l'existence du testateur,

______

(*a*) Cas. 18 mars 1829 : *J. P. t.* 83, *p.* 585. — (*b*) Art. 123 c. c.

le juge pouvait, après avoir fait les dispositions nécessaires, permettre l'ouverture. Il ne saurait y avoir d'enquêtes plus solennelles que celles qui précédent l'envoi en possession des biens de l'absent. D'ailleurs, l'ouverture des testamens et leur exécution provisoire sont autorisées par les mêmes motifs qui font donner aux héritiers présomptifs la possession des biens : le droit qu'ils tiennent de la loi et celui que les légataires tiennent de la volonté de l'absent, ne doivent également s'ouvrir qu'à la mort. On avait d'abord pensé qu'il y avait beaucoup d'inconvéniens à autoriser l'inspection du testament, parce qu'enfin, disait-on, c'est un acte à cause de mort ; il faut présumer que celui qui l'a fait a voulu qu'il ne fût connu qu'après son décès. Mais, d'un autre côté, on a remarqué qu'il y aurait de l'injustice à priver les légataires et donataires de la jouissance d'une propriété qui leur était dévolue ; que puisqu'on envoyait les héritiers présomptifs en possession provisoire (ce qui pour eux était une succession anticipée), par une conséquence nécessaire et juste, il fallait, dans ce cas seulement, procurer aux légataires et donataires, aussi par anticipation, la jouissance des legs et dons ; qu'agir autrement serait laisser les héritiers dans une incertitude onéreuse : car, dans tout état de choses, ils ne pourraient jamais espérer devenir propriétaires des objets légués, et n'auraient en leur faveur aucune espèce de chance. En effet, que l'absent se représente ou qu'il ne revienne point, il faudra toujours en définitif qu'ils remettent, soit à l'absent, soit au légataire, la chose donnée. Enfin, pour eux-mêmes il était plus intéressant de faire faire l'ouverture du testament, que de rester sous le coup d'actions tôt ou tard inévitables.

879. Cette ouverture se fait à la réquisition des parties intéressées (a).

880. Ou du procureur du roi (b).

881. Les légataires, les donataires, ainsi que tous ceux qui ont sur les biens de l'absent des droits subordonnés à la condition de son décès, peuvent donc les exercer provisoirement (c). On vient d'en déduire les motifs (878).

882. A la charge de donner caution (d). Comme les héritiers, ils ne sont que des dépositaires, tenus de rendre compte (894. 906 — 918. 925. 926).

883. L'héritier testamentaire d'un absent ne peut demander la possession des biens que contradictoirement avec les héritiers présomptifs (e).

884. Il n'y avait point eu jusqu'ici de loi qui décidât si la communauté entre époux conti-

<hr>

(a) Art. 123 c. c. — (b) *Id.* — (c) *Id.* — (d) *Id.* — (e) Aix, Bordeaux, 8 juil. 1807, 21 août 1813 : *J. C. C. t.* 9. *p.* 234 : *J. P. t.* 41, *p.* 123.

nuait lorsque l'un d'eux était absent. Suivant l'usage le plus général, elle était, dans ce cas, provisoirement dissoute, du jour où les héritiers présomptifs avaient, après le temps d'absence requis, formé contre l'époux présent la demande d'envoi en possession. Elle était pareillement dissoute du jour que l'époux présent avait agi à cet égard contre les héritiers de l'absent. Si l'absence cessait, on considérait la communauté comme n'ayant jamais été dissoute, et les héritiers qui avaient été mis en possession étaient tenus de rendre compte de tous les biens qui la composaient. Cependant la raison et l'équité veulent que l'époux présent, dont la position est déjà si malheureuse, n'éprouve dans sa fortune que le moindre préjudice, et surtout qu'il n'en souffre pas au profit des héritiers et par leur seule volonté. Ces héritiers n'ont jamais prétendu que l'époux présent fût tenu de rester malgré lui en communauté avec eux : de quel droit le forceraient-ils à la dissoudre, si la continuation lui en était avantageuse ? Ou plutôt, comment les admettrait-on à contester une faculté qui repose sur la foi du contrat de mariage ? Si l'incertitude a suffi pour les mettre en possession provisoire des biens, ce n'est pas sur une incertitude, avec un droit précaire et provisoire, qu'ils peuvent, contre la volonté de l'une des parties, rompre un contrat synallagmatique.

885. Il faut conclure de ces principes que l'époux commun en biens, s'il opte pour la continuation de la communauté, peut empêcher l'envoi provisoire (a).

886. Et l'exercice provisoire de tous les droits subordonnés à la condition du décès de l'absent (b).

887. Dans ce même cas, il peut, suivant le sexe, prendre ou conserver par préférence l'administration des biens de l'absent (c).

888. Si l'époux demande la dissolution provisoire de la communauté, il exerce ses reprises (d).

889. Et tous ses droits légaux et conventionnels (e).

890. A la charge de donner caution pour les choses susceptibles de restitution (f). Si la présomption de mort de l'absent peut motiver la dissolution de communauté, la présomption de son existence et la possibilité de son retour commandent des précautions conservatoires.

891. L'obligation de donner caution (890) s'applique au cas où (885) l'époux opte pour la continuation de communauté (g).

892. L'usage ancien sur l'exercice des reprises et des droits matrimoniaux de la femme était abusif. Il y avait une liquidation, mais tous les

(a) Art. 124 c. c. (b) Id. — (c) Id. — (d) Id. — (e) Id. — (f) Id. — (g) Paris, 9 janv. 1826 : J. P. t. 75, p. 520.

biens restaient dans les mains des héritiers envoyés en possession. Le motif était que, si le
mari reparaissait, la communauté serait regardée comme n'ayant point été dissoute, et
que ce serait à eux à lui rendre compte de tous
les biens qui la composaient. Ce motif n'est pas
équitable. La conséquence à tirer d'une dissolution provisoire de communauté n'est-elle pas
plutôt que la femme reprenne aussi provisoirement ses droits? Pourquoi les héritiers seraient-
ils, plutôt qu'elle-même, dépositaires de sa fortune? S'il est un point sur lequel on a pu hésiter,
c'est sur la charge imposée à la femme de donner caution pour sûreté des restitutions possibles. A considérer l'avantage de l'absent lui-
même, on sent que personne n'offre plus de
garantie d'une administration soigneuse que
l'individu qui, en gouvernant la fortune de
l'absent, gouverne aussi dans cette fortune la
sienne propre.

893. La femme, en optant pour la continuation de la communauté, conserve le droit
d'y renoncer ensuite (a). Il est possible que des
affaires entreprises avant le départ du mari,
réussissent mal ; et d'ailleurs les droits que
donne à la femme l'administration de la communauté, ne sont pas aussi étendus que ceux
du mari. Elle ne peut aliéner ni hypothéquer

____

(a) Art. 124 c. c.

les biens; leur gestion, occasionnée par l'absence, n'est pour la femme qu'une charge, qui ne doit pas la priver d'un droit acquis, avant le départ du mari, par contrat de mariage ou par la loi. Les biens de la communauté peuvent dépérir, et ce malheur être dû à des causes imprévues et indépendantes de l'administrateur, qui souvent n'a consenti à le devenir que déterminé par son attachement aux intérêts d'un autre lui-même. Ce dévouement ne saurait être payé de la perte d'un droit dont l'exercice fut une condition de son union.

894. La possession provisoire n'est qu'un dépôt (*a*), à cause de la possibilité de retour, dont l'effet est de constituer les envoyés en possession simples administrateurs.

895. Aussi cette possession ne donnait pas lieu au droit de mutation (*b*) avant la loi du 28 avril 1816.

896. Mais cette dernière loi au contraire impose aux héritiers, légataires, et autres appelés à exercer des droits subordonnés au décès d'un individu dont l'absence est déclarée, l'obligation de faire la déclaration à laquelle ils seraient tenus s'ils étaient appelés par l'effet de la mort (*c*).

(*a*) **Art.** 125 c. c. — (*b*) Cas. 14 fév. 1811 : *Den.* 1811, *p.* 170. — (*c*) Art. 40 : *B.* 81, *n°* 625, 7ᵉ s.

897. Et d'acquitter les droits sur la valeur entière des biens ou droits qu'ils recueillent (*a*).

898. Dans les six mois du jour de l'envoi en possession provisoire (*b*).

899. En cas de retour de l'absent, les droits payés sont restitués (*c*).

900. Sous la seule déduction de celui auquel a donné lieu la jouissance des héritiers (*d*).

901. L'envoyé en possession peut disposer des meubles et des sommes pécuniaires (*e*).

902. Le dépôt résultant de cette possession donne à ceux qui l'obtiennent, l'administration des biens de l'absent (*f*).

903. Il les rend comptables envers lui (*g*).

904. En cas qu'il reparaisse (*h*).

905. Ou qu'on ait de ses nouvelles (*i*).

906. Ceux qui ont obtenu l'envoi provisoire, ou l'époux qui a opté pour la continuation de la communauté, doivent faire procéder à l'inventaire du mobilier et des titres de l'absent (*j*).

907. En présence du procureur du roi près le tribunal de première instance (*k*).

908. Ou d'un juge de paix requis par ledit procureur du roi (*l*).

(*a*) Art. 40, loi 28 avril 1816 : B. 81, n° 623, 7ᵉ s. — (*b*) *Id.* — (*c*) *Id.* — (*d*) *Id.* — (*e*) Paris, 27 avril 1814 : J. P. t. 40, p. 101. — (*f*) Art. 125 c. c. — (*g*) *Id.* — (*h*) *Id.* — (*i*) *Id.* — (*j*) Art. 126. — (*k*) *Id.* — (*l*) *Id.*

909. Le tribunal ordonne, s'il y a lieu, de vendre tout ou partie du mobilier (*a*).

910. Dans le cas de vente, il est fait emploi du prix (*b*).

911. Ainsi que des fruits échus (*c*).

912. Ceux qui ont obtenu l'envoi provisoire, peuvent requérir, pour leur sûreté, qu'il soit procédé à la visite des immeubles (*d*).

913. A l'effet d'en constater l'état (*e*).

914. Par un expert nommé par le tribunal (*f*).

915. Son rapport est homologué (*g*).

916. En présence du procureur du roi (*h*).

917. Les frais en sont pris sur les biens de l'absent (*i*).

918. La loi emploie ici contre les parens les mêmes précautions que contre un étranger. Elle exige les mêmes formalités que pour les séquestres ordinaires. Lors même qu'elle a été mise par l'absent dans la nécessité de le déposséder, elle semble encore ne le faire qu'à regret : et elle s'arme, contre l'infidélité ou la cupidité, de formes qui ne puissent être éludées.

919. Les règles à suivre en matière de rapports d'experts, quelle que soit d'ailleurs la cause de l'expertise, font partie des lois de pro-

(*a*) Art. 126 c. c. — (*b*) *Id.* — (*c*) *Id.* — (*d*) *Id.* — (*e*) *Id.* — (*f*) *Id.* — (*g*) *Id.* — (*h*) *Id.* — (*i*) *Id.*

cédure. Il en sera amplement parlé dans l'ordre des matières.

920. Il serait trop onéreux aux héritiers de rendre compte des revenus par eux perçus pendant un nombre indéterminé d'années. L'existence de l'absent qui chaque jour devient plus incertaine, les malheurs que les héritiers peuvent éprouver, l'accroissement du dépôt, la continuité des soins qu'il serait injuste de laisser aussi long-temps sans aucune indemnité, le refus qui serait fait d'une charge aussi pesante, tous ces motifs ont toujours porté à décider qu'après un certain temps les héritiers profiteraient des revenus en totalité ou en partie.

921. L'époque où finissait l'obligation de restituer ces revenus, différait selon les pays; mais, dans tous, la restitution cessait d'une manière absolue : en sorte que si l'absent revenait, il se trouvait, même avec une fortune considérable, privé de toute ressource au temps de son arrivée. En Bretagne et dans d'autres provinces, les héritiers n'étaient plus tenus, après dix ans, à rendre les revenus. Ailleurs il fallait, pour être dispensé de cette restitution, quinze ans, à compter de l'envoi en possession. A Paris l'usage était qu'il y eût vingt années depuis cet envoi. Ce système était vicieux, les sentimens d'humanité le repoussent. Comment concilier avec les idées de justice et de propriété la position d'un absent qui voit ses

héritiers présomptifs enrichis de ses revenus pendant une longue suite d'années, et qui ne peut rien exiger d'eux pour satisfaire aux besoins que son dénuement opère ? D'ailleurs, la jouissance entière des revenus au profit des héritiers, est en opposition avec leur titre, qui n'est que celui de dépositaire. Qu'ils aient, comme indemnité, une portion de ces revenus; que cette portion soit plus ou moins forte, suivant la longueur de l'absence; mais que l'absent, s'il revient, puisse se présenter comme propriétaire, ayant droit à une partie des jouissances.

922. Telles sont les règles adoptées par la loi nouvelle. Ceux qui, par suite de l'envoi provisoire, ou de l'administration légale, ont joui des biens de l'absent, ne sont tenus de lui rendre que le cinquième des revenus, s'il reparaît avant quinze ans révolus depuis le jour de sa disparition(a). La déduction des quatre cinquièmes est une sorte de salaire pour les soins donnés à la chose d'autrui. Voir néanmoins ce qui sera dit de la restitution des fruits au légataire de l'absent, sur l'art. 1014 c. c.

923. Les envoyés en possession ne sont tenus de rendre à l'absent que le dixième des revenus, s'il ne reparaît qu'après les quinze ans (b). Il vaut mieux, pour l'intérêt de l'absent, qu'il

____

(a) Art. 127 c. c. — (b) Id.

fasse, pendant les premières années, le sacrifice d'une partie de ses revenus, pour ensuite conserver l'autre.

924. Cependant il est un terme au-delà duquel il ne serait ni juste, ni conforme à l'intérêt public, de laisser les héritiers dans un état aussi précaire. Après trente ans d'absence, la totalité des revenus leur appartient (*a*). On proportionne l'émolument à la force des motifs que les envoyés en possession ont pu avoir de penser que les biens leur étaient irrévocablement acquis.

925. Tous ceux qui ne jouissent qu'en vertu de l'envoi provisoire, ne peuvent aliéner les immeubles de l'absent (*b*) : conséquence de la qualité de dépositaire (894).

926. Ils ne peuvent non plus les hypothéquer (*c*) : règle qui se reproduira.

927. Lorsque trente-cinq ans au moins se sont écoulés depuis la disparition, d'une part le retour serait l'événement le plus extraordinaire, d'une autre part il faut que le sort des héritiers soit enfin fixé. L'état de leur famille peut avoir éprouvé de grands changemens par le mariage, la mort, et tous les événemens qui se succèdent dans un aussi long intervalle. Il faut enfin que les biens de l'absent rentrent dans le commerce, il faut que toute comptabi-

____

(*a*) Art. 127 c. c. — (*b*) Art. 128. — (*c*) *Id.*

lité cesse de la part des héritiers. On a , par ces motifs , établi comme règle d'ordre public , à laquelle l'intérêt particulier de l'absent doit céder , que , si l'absence a continué pendant trente ans depuis l'envoi provisoire , ou depuis l'époque à laquelle l'époux commun a pris l'administration des biens de l'absent, les cautions sont déchargées (*a*).

928. Tous les ayant - droit peuvent alors demander le partage des biens de l'absent (*b*).

929. Ils peuvent faire prononcer l'envoi en possession définitif par le tribunal de première instance (*c*).

930. Il en est de même, s'il s'est écoulé cent ans révolus depuis la naissance de l'absent (*d*).

931. Alors l'absent est censé mort du jour de sa disparition (*e*).

932. Ou de ses dernières nouvelles (*f*).

933. Non de l'époque où les cent ans ont été révolus (*g*).

934. La succession de l'absent est ouverte du jour de son décès prouvé (*h*).

935. Au profit des héritiers les plus proches à cette époque (*i*).

936. Ceux qui ont joui des biens de l'absent (tels que les parens qui se sont fait envoyer en possession), sont tenus de les restituer (*j*).

______

(*a*) Art. 129 c. c. — (*b*) *Id.* — (*c*) *Id.* — (*d*) *Id.* — (*e*) Cas. 22 déc. 1813 : *J. P. t.* 4o, *p.* 18. — (*f*) *Id.* — (*g*) *Id.* — (*h*) Art. 13o c. c. — (*i*) *Id.* — (*j*) *Id.*

937. Sous la réserve des fruits (922—924) par eux acquis (*a*).

938. Si l'absent reparaît, ou si son existence est prouvée pendant l'envoi provisoire, les effets du jugement qui a déclaré l'absence cessent (*b*). Toute présomption, quelque forte qu'elle soit, s'évanouit devant la vérité, et lui fait place. Dès lors, les effets de cette présomption doivent disparaître avec elle. *Sublatâ causâ, tollitur effectus.*

939. Sans préjudice, s'il y a lieu, des mesures conservatoires (820. 821. 826. 827. 831. 832) prescrites pour l'administration de ses biens (*c*), lesquelles sont employées quand on sait seulement que l'individu existe, sans qu'il soit de retour.

940. Si l'absent reparaît, ou si son existence est prouvée, même après l'envoi définitif, il recouvre ses biens (*d*).

941. Dans l'état où ils se trouvent (*e*).

942. Le prix de ceux qui ont été aliénés (*f*).

943. Ou les biens provenant de l'emploi fait du prix de ses biens vendus (*g*).

944. La bienveillance du législateur ne pouvait aller plus loin. Si l'absent éprouve quelque dommage, il ne doit l'imputer qu'à lui-même. Après tant d'années, son silence ne peut guères avoir été involontaire. D'ailleurs, les envoyés

____

(*a*) Art. 130 c. c. — (*b*) Art. 131. — (*c*) *Id.* — (*d*) Art. 132. — (*e*) *Id.* — (*f*) *Id.* — (*g*) *Id.*

en possession se trouvaient autorisés à disposer comme de véritables propriétaires (927—930).

945. Les envoyés en possession ne peuvent répéter leurs frais (*a*).

946. Celui qui, ayant juste sujet de se croire seul héritier, s'est emparé de toute la succession, doit supporter seul les impenses qu'il a faites sur les immeubles d'icelle (*b*).

947. Il est possible que l'absent ait une postérité, dont l'existence n'ait point été connue pendant les trente-cinq ans qui doivent s'être écoulés avant que les autres héritiers présomptifs aient été définitivement envoyés en possession. Les descendans ne doivent pas être dépouillés par les collatéraux, sous prétexte de cet envoi définitif. En effet, s'ils prouvent l'existence ou la mort de l'absent, tout droit des collatéraux cesse. S'ils ne prouvent ni l'une ni l'autre, ils ont au moins, en leur qualité de descendans, un titre préférable pour obtenir la possession des biens. Ainsi les enfans et descendans directs de l'absent peuvent, nonseulement après les trente ans d'absence; mais encore dans les trente ans à compter de l'envoi définitif, par conséquent pendant soixante-cinq ans, demander la restitution de ses biens, comme il est dit (940—943) ci-dessus (*c*),

______

(*a*) Colmar, 4 mars 1815 : *J. P. t.* 44, *p.* 71. — (*b*) Cas. 3 avril 1821 : *J. P. t.* 61, *p.* 358. — (*c*) Art. 135 c. c.

c'est-à-dire dans l'état où ils se trouvent, ou le prix, ou ce qui provient de l'emploi.

948. Après le jugement de déclaration d'absence, toute personne ayant des droits à exercer contre l'absent, ne peut les poursuivre que contre ceux qui ont été envoyés en possession des biens (a).

949. Ou qui en ont l'administration légale (b), parce qu'alors eux seuls sont les représentans de cet absent.

(a) Art. 134 c. c. — (b) *Id.*

EFFETS DE L'ABSENCE,

RELATIVEMENT AUX DROITS ÉVENTUELS QUI PEUVENT COMPÉTER A L'ABSENT.

—

950. L'usage ancien était que l'absent fût considéré, par rapport aux droits qui s'ouvraient à son profit, comme s'il eût été présent. Ainsi on l'admettait au partage d'une succession, et les créanciers avaient le droit d'exercer pour lui les actions du même genre, en donnant caution.

951. On est revenu à une idée plus simple, et la seule qui soit vraie, celle de ne point considérer la présomption de vie ou celle de mort de l'absent, mais de s'en tenir à son égard à la règle suivant laquelle quiconque réclame un droit échu à un individu dont l'existence n'est pas reconnue, doit prouver que ledit individu existait quand le droit a été ouvert (*a*). C'est l'application d'une maxime touchant les successions, en ce qui regarde la capacité de recueillir, et la caducité des testamens.

952. Jusqu'à cette preuve, il est déclaré non recevable dans sa demande (*b*). Cette disposition est on ne peut plus raisonnable. Le créancier d'un absent prétend, par exemple, que son

(*a*) Art. 135 c. c. — (*b*) *Id.*

débiteur a droit à une succession ouverte depuis l'absence : c'est à lui à prouver l'existence de celui au nom de qui il réclame. Sur quoi, voyez un arrêt de la cour de Paris (a) du 27 mai 1808.

953. La preuve de l'existence de l'absent n'est à la charge de celui qui excipe de ses droits, que lorsqu'il s'agit de droits survenus depuis la disparition (b).

954. Quand la femme et la fille d'un présumé absent, après avoir vendu des biens qui lui appartenaient, demandent la nullité de cette vente, comme contenant stipulation sur succession non ouverte, et pour défaut d'autorisation, elles doivent prouver l'existence de l'enfant au moment de l'acte (c).

955. On ne peut actionner en pétition d'hérédité au nom d'un absent non déclaré tel, sans prouver qu'il existait au moment de l'ouverture (d).

956. Les envoyés en possession provisoire ne peuvent réclamer les intérêts viagers d'une créance appartenant à l'absent (e).

957. S'il s'ouvre une succession à laquelle soit appelé un individu dont l'existence n'est

---

(a) Sir. 1808, déc. div. p. 193. — (b) Cas. 24 mars 1829 : J. P. t. 84, p. 599. — (c) Cas. 30 août 1826 : J. P. t. 78, p. 157. — (d) Colmar, 24 déc. 1816 : J. P. t. 54, p. 263. — (e) Cas. 8 déc. 1824 : J. P. t. 72, p. 158.

pas reconnue, elle est dévolue exclusivement à ceux avec lesquels il aurait eu le droit de concourir (*a*).

958. Ou à ceux qui l'auraient recueillie à son défaut (*b*). *Idem est non esse et non apparere.*

959. Un absent dont l'existence n'est pas reconnue, ne fait pas nombre pour déterminer la quotité disponible (*c*).

960. C'est à l'héritier qui excipe des droits de son cohéritier absent, pour faire réduire la portion disponible, à prouver l'existence de ce cohéritier (*d*).

961. La règle de dévolution (957. 958) s'applique au cas où les absens sont des militaires (*e*).

962. Elle doit prévaloir, encore que le défunt ait nommé un exécuteur testamentaire, et l'ait autorisé à administrer jusqu'à ce que le sort de l'absent fût fixé (*f*).

963. Pour plus d'éclaircissement, consultez les arrêts des cours de Bruxelles, Aix, Rennes (*g*), des 20 et 26 juillet 1808, 3 juin 1809, 9 avril 1810.

964. Un absent n'est ni mort ni vivant : c'est parce qu'il n'est pas mort que la loi ne l'ex-

(*a*) Art. 136 c. c. — (*b*) *Id.* — (*c*) Toulouse. 1er mai 1823 : *J. P. t.* 69, *p.* 254. — (*d*) *Id.* — (*e*) Paris, 27 août 1821 : *J. P. t.* 61, *p.* 572. — (*f*) Aix , 30 août 1811 : *J. C. C. t.* 18, *p.* 516. — (*g*) J. C. C. t. 12. 13, p. 29. 444 : Den. 1809, sup. p. 50 ; J. P. t. 29, p. 171.

proprie jamais ; c'est parce qu'il n'est pas vivant qu'elle ne l'admet point à succéder. Une ancienne jurisprudence voulait que l'absent, tant qu'il n'aurait point atteint cent années, fût présumé vivant, et qu'en son nom on pût recueillir les successions, legs, donations et droits éventuels qui lui advenaient pendant son absence. Mais depuis 1634, d'après un arrêt solennel, cette jurisprudence a changé. On a décidé que l'absent ne peut être réputé ni vivant ni mort ; que c'est à celui qui a intérêt à le placer dans l'un ou l'autre cas, à le prouver ; que ne paraissant point lors de l'ouverture d'une succession, il doit être considéré comme n'existant pas ; que dès lors il doit être privé des droits à lui échus pendant son absence ; que ses droits doivent être dévolus à ses parens, soit égaux en degré, soit à des degrés subséquens : sauf, s'il reparaît, à recourir contre ceux qui se sont mis à sa place.

965. Lorsqu'il s'ouvre une succession à laquelle un absent a des droits, ses cohéritiers ne peuvent la partager entre eux, avant que l'absence ait été déclarée (a).

966. Les dispositions ci-dessus (951. 952. 957. 958) ont lieu sans préjudice des actions en pétition d'héritier (b).

____

(a) Cas. 1er prair. an XIII : *J. C. C. t.* 4, *p.* 433. — (b) Art. 137 c. c.

967. Et d'autres droits *(a)*.

968. Ces droits compètent à l'absent *(b)*.

969. Ou à ses représentans ou ayant-cause *(c)*.

970. Ils ne s'éteignent que par le laps de temps établi pour la prescription *(d)*. Il faut donc, en ce cas, qu'il se soit écoulé trente ans depuis l'envoi définitif. Cet envoi a transporté aux collatéraux la propriété des biens, et postérieurement encore ils ont possédé pendant le plus long temps requis pour opérer la prescription. Ils doivent avoir le droit de l'opposer même aux descendans de l'absent, qui ne peuvent se plaindre s'ils ne sont plus admis à une recherche soumise à prescription comme toutes les actions.

971. Tant que l'absent ne se représente pas, ou que les actions ne sont point exercées de son chef, ceux qui ont recueilli la succession gagnent les fruits par eux perçus de bonne foi *(e)*, c'est-à-dire dans l'ignorance de l'état de l'absent. Il est traité comme celui qui a négligé de demander dans l'année un legs à lui échu.

972. Le successible qui, ayant juste sujet de se croire seul héritier, s'est emparé de toute la succession, n'est pas tenu de restituer les fruits par lui perçus jusqu'au moment où son cohéritier l'a actionné en pétition d'hérédité *(f)*.

<hr>

(a) Art. 137 c. c. — (b) *Id.* — (c) *Id.* — (d) *Id.* — (e) Art. 138. — (f) Cas. 3 avril 1821 : *J. P. t.* 62, *p.* 380.

973. L'absent est incapable d'acquérir à titre d'héritier, de donataire ou de légataire. Comme héritier, il faut se présenter, justifier de sa filiation, de son existence, administrer les preuves de sa capacité à succéder, être en état de la défendre contre ceux qui la contestent ou attaquent le degré de parenté, ou, par exemple, soutiennent qu'il y a eu établissement en pays étranger, sans esprit de retour, ou naturalisation. Le mort saisit le vif. Ce n'est point un vivant présumé qu'exige ce principe, mais un vivant qui se présente de fait, ou dont au moins l'existence ne soit pas douteuse. D'ailleurs, n'est héritier qui ne veut ; et comment connaître la volonté d'un absent ? Il peut encore moins être légataire ou donataire : une donation a besoin d'être acceptée ; et, pour accepter, il faut être présent ou avoir un fondé de pouvoir. Pour être utilement légataire, il faut demander et obtenir la délivrance du legs : ce que ne peut faire un absent.

—

974. SUIVANT une jurisprudence presque universelle, la présomption résultante de l'absence la plus longue et de l'âge le plus avancé, fût-il même de cent ans, n'est point admise pour suppléer à la preuve du décès de l'un des époux. Le plus important des contrats ne saurait dépendre d'une simple présomption, soit pour déclarer anéanti celui qui a été formé, soit pour en faire un nouveau, qui ne serait, au retour de l'époux absent, qu'un objet de scandale et de trouble. Si l'époux d'un absent contrevient à des règles aussi certaines, s'il contracte de nouveaux liens sans rapporter la preuve que les premiers n'existent plus, ce mariage est nul, et l'absent qui reparaît conserve seul les droits d'un hymen légitime.

975. L'état civil de l'enfant né d'un pareil mariage, dépend de la bonne foi avec laquelle il a été contracté par ses père et mère, ou même par l'un d'eux. Non-seulement la personne avec laquelle se fait le second mariage peut ignorer l'existence du premier ; il est encore possible que l'époux de l'absent croie avoir des preuves positives de sa mort, soit

trompé par de faux extraits, par des énonciations erronées dans des actes authentiques, etc.

976. D'après ces considérations, l'époux absent dont le conjoint a contracté une nouvelle union, est seul recevable à attaquer ce mariage (a). La dignité de ce lien ne permet pas de le compromettre pour l'intérêt pécuniaire des collatéraux ; et il doit suffire aux enfans nés d'une union contractée de bonne foi, d'exercer leurs droits de légitimité : droits qui, dans ce cas, ne sauraient être contestés même par les enfans issus du premier mariage. Les lois veillent à ce que les secondes noces ne se fassent qu'autant que la preuve de la viduité ou de la dissolution des premiers est authentique. Cependant, par des circonstances imprévues, par un concours de fraudes et d'erreurs, il est possible qu'un nouveau mariage soit contracté pendant l'existence du premier époux. Alors des tiers, des parens collatéraux ne sont point admis à demander la nullité, ni à prouver que le premier époux absent n'est décédé que postérieurement au second mariage, c'est-à-dire à attaquer un contrat que le décès postérieur a, en quelque sorte, validé.

977. Un second mariage forme, à l'égard du conjoint remarié, une présomption légale du

______

(a) Art. 139 c. c.

décès du premier époux, et dispense d'autre preuve ceux qui ont intérêt à se prévaloir de ce décès (*a*).

978. L'époux qui attaque ce second mariage, le peut par lui-même (*b*).

979. Ou par son fondé de pouvoir (*c*).

980. Muni de la preuve de son existence (*d*).

981. Si l'époux absent n'a point laissé de parens habiles à lui succéder, l'autre époux peut demander l'envoi en possession provisoire des biens (*e*). Si, naturellement, à défaut de parens, il est juste que l'époux survivant soit héritier (ce que les lois romaines et le droit français ont établi en principe), à plus forte raison a-t-il le droit d'être mis en possession des biens de l'absent, dans le même cas.

982. Sur ce que doit pratiquer la femme de l'absent, pour se faire autoriser à la poursuite de ses droits, recourez à la procédure, titre 7, livre 1er de la seconde partie du Code de ce nom.

(*a*) Cas. 12 août 1828 : *J. P. t.* 83, *p.* 184. — (*b*) Art. 139, c. c. — (*c*) *Id.* — (*d*) *Id.* — (*e*) Art. 140.

SURVEILLANCE DES ENFANS MINEURS

DU PÈRE QUI A DISPARU.

983. Les enfans d'un absent sont considérés comme ceux d'un homme mort, et traités comme tels. Leur position est en effet la même que s'il n'existait plus, et la présomption contraire n'y change rien.

984. Si le père a disparu laissant des enfans mineurs issus d'un commun mariage, la mère en a la surveillance (*a*).

985. Elle exerce alors tous les droits du mari, quant à leur éducation et à l'administration de leurs biens (*b*). C'est l'intérêt des enfans, le droit naturel de la mère, la volonté présumée du père absent.

986. Si la mère n'existe plus, on ne saurait croire que le père n'ait pris, à son départ, aucune précaution pour la garde et l'entretien de ses enfans ; mais aussi on présume que ces précautions n'ont été que pour un temps peu long, et dans l'espoir d'un prochain retour : on présume qu'elles n'ont point été suffisantes pour établir toutes les fonctions et tous les devoirs d'une tutelle. De là les règles suivantes.

(*a*) Art. 141 c. c. — (*b*) *Id.*

987. La surveillance des enfans est déférée aux ascendans les plus proches (*a*).

988. Par le conseil de famille (*b*).

989. Six mois après la disparition du père(*c*).

990. Si la mère était décédée lors de cette disparition (*d*).

991. Ou si elle vient à décéder avant que l'absence du père ait été déclarée (*e*).

992. A défaut d'ascendans, cette surveillance est déférée à un tuteur provisoire (*f*).

993. Par le conseil de famille (*g*).

994. Il en est de même dans le cas où l'un des époux qui a disparu, laisse des enfans mineurs issus d'un mariage précédent (*h*).

(*a*) Art. 142 c. c. — (*b*) *Id.* — (*c*) *Id.* — (*d*) *Id.* — (*e*) *Id.* — (*f*) *Id.* — (*g*) *Id.* — (*h*) Art. 143.

LÉGISLATION TRANSITOIRE.

995. Quoique l'absence ait eu lieu sous les anciennes lois, il faut suivre les règles du Code civil pour l'action relative aux biens de l'absent (a).

996. Le temps d'absence écoulé avant ce Code, peut servir dans la supputation du délai exigé pour la déclaration d'absence (b).

997. Dans une demande d'envoi en possession provisoire des biens d'un absent, formée avant la promulgation du Code civil, mais qui doit être jugée depuis, c'est la législation nouvelle qu'il faut appliquer (c).

998. Autrefois l'absent était censé mort lorsqu'il s'ouvrait une succession à laquelle il était appelé, de sorte que la portion qui lui revenait était recueillie, non par les héritiers avec qui il se trouvait en concours, mais par ses représentans (d).

(a) Limoges, 18 août 1823 : *J. A. t.* 25 , p. 312. — (b) Cas. 17 nov. 1808 : *Den.* 1808, p. 532. — (c) Poitiers, 11 pluv. an XIII : *J. C. C. t.* 4 , p. 311. — (d) Cas. 10 nov. 1824 : *J. P. t.* 73, p. 453.

MOYENS DE CONSTATER

LE SORT DES MILITAIRES ABSENS.

—

999. La loi du 11 ventose an 2, en faveur des militaires absens, n'avait pas été abrogée par le Code civil (*a*).

1000. Elle s'appliquait aux successions testamentaires comme aux successions *ab intestat* (*b*).

1001. Un militaire ne pouvait être privé du bénéfice de cette loi par la seule raison qu'un certificat du ministre de la guerre constatait qu'il était resté en arrière et avait été rayé des contrôles (*c*).

1002. Mais cette loi du 11 ventose an 2 se trouve-t-elle abrogée par celle du 13 janvier 1817 ? — Jugé diversement (*d*).

1003. Une guerre long-temps prolongée, entretenant nos armées loin de la France, a jeté de pénibles incertitudes sur le sort d'un grand nombre de nos soldats. Leur existence et leur mort sont problématiques. Ces incer-

(*a*) Cas. 9 mars 1819 : *J. P. t.* 55, *p.* 492. — (*b*) *Id.* — (*c*) *Id.* — (*d*) Colmar, Paris, Nismes, Orléans, 24 déc. 1816, 27 août 1821, 28 janv. 1825, 12 août 1829 : *J. P. t.* 54, *p.* 263 ; *t.* 61, *p.* 372 ; *t.* 68, *p.* 105 ; *t.* 85, *p.* 217.

titudes mettent beaucoup d'intérêts en souffrance. D'abord ceux de ces militaires eux-mêmes. S'ils n'ont pas laissé de procuration, leurs affaires restent abandonnées. S'ils en ont laissé, leurs mandataires, dégagés de toute surveillance, disposent en maîtres; et la gestion de plusieurs peut durer encore jusqu'à une époque très-éloignée. Les familles ne savent quels sont leurs droits dans les successions auxquelles l'absent est appelé. Leurs droits fussent-ils clairs, il leur serait impossible d'en venir à des partages définitifs. Les femmes, les enfans sont perpétuellement entravés. Soit qu'il s'agisse de libérations, soit qu'il faille poursuivre des recouvremens, quelque opération qui se présente, ils se trouvent arrêtés. A chaque pas, les femmes sont contraintes de recourir dispendieusement à l'autorité de la justice. Les difficultés s'étendent aux créanciers, aux associés, en un mot aux tiers qui ont des intérêts quelconques à démêler avec les absens. De tous ces embarras particuliers naît une funeste stagnation pour une multitude de transactions civiles. On a cherché à les faire cesser. On a reconnu que les dispositions du droit commun sur la matière de l'absence étaient insuffisantes pour ces circonstances extraordinaires que les auteurs du Code civil n'avaient pas dû prévoir.

Absentia ejus qui reipublicæ causâ abest, neque ei neque alii damnosa esse debet.

1004. En établissant, par une disposition fondée sur la faveur dont jouissait, à cette époque, la profession des armes, que tout absent serait représenté par un notaire dans les inventaires, comptes et partages où il aurait intérêt (826. 827), on a rendu précaire l'état d'un grand nombre de successions. Il importait à la sécurité des familles, à l'avantage du trésor public, de faire cesser cet état.

1005. L'ordonnance du 3 juillet 1816 (*a*), maintenant fondue dans la loi du 13 janvier 1817, avait déjà levé les obstacles auxquels la Charte permettait de pourvoir par voie de disposition réglementaire.

1006. Quoique les événemens des dernières années fournissent plus d'occasions à la sollicitude du législateur, il était cependant de sa sagesse d'offrir les mêmes secours à tous ceux qui ont porté les armes, ou couru de pareilles chances.

1007. Lorsqu'un militaire ou un marin en activité pendant les guerres qui ont eu lieu depuis le 21 avril 1792 jusqu'au traité de paix du 20 novembre 1815, a cessé de paraître, avant cette dernière époque, à son corps et au lieu de son domicile ou de sa résidence, ses héritiers présomptifs ou son épouse peuvent se pourvoir au tribunal de son dernier domi-

______

(*a*) B. 97, n° 865. 7ᵉ s.

cile (*a*). Ainsi se trouve abrégé le délai prescrit par le Code civil pour faire déclarer l'absence : abréviation qu'appelait un vœu général.

1008. Ce pourvoi a lieu soit pour faire déclarer son absence (*b*).

1009. Soit pour faire constater son décès (*c*).

1010. Soit pour l'une de ces fins au défaut de l'autre (*d*).

1011. Leur requête et les pièces justificatives sont communiquées au procureur du roi (*e*).

1012. Elles sont par lui adressées au ministre de la justice (*f*).

1013. Le ministre de la justice les transmet au ministre de la guerre (*g*).

1014. Ou au ministre de la marine (*h*).

1015. Selon que l'individu appartient au service de terre ou à celui de mer (*i*).

1016. Le ministre de la justice rend publique la demande, ainsi qu'il est prescrit (856—859) à l'égard des jugemens d'absence (*j*). Cette annonce officielle est destinée à prévenir les méprises.

1017. La requête, les extraits d'actes, pièces et renseignemens recueillis au ministère de la guerre ou de la marine, sur l'individu dénom-

---

(*a*) Art. 1ᵉʳ, loi 13 janv. 1817 : B. 131, n° 1530, 7ᵉ s. — (*b*) *Id.* — (*c*) *Id.* — (*d*) *Id.* — (*e*) Art. 2. — (*f*) *Id.* — (*g*) *Id.* — (*h*) *Id.* — (*i*) *Id.* — (*j*) *Id.*

mé dans ladite requête, sont renvoyés au procureur du roi (*a*).

1018. Par l'intermédiaire du ministre de la
justice (*b*).

1019. Si l'acte de décès est transmis au procureur du roi, il en fait immédiatement le
renvoi à l'officier de l'état civil (*c*).

1020. Cet officier est tenu (731. 732) de
l'inscrire de suite sur ses registres (*d*).

1021. Le procureur du roi remet le surplus
des pièces au greffe (*e*).

1022. Après en avoir prévenu l'avoué des
parties requérantes (*f*).

1023. A défaut d'acte de décès, le procureur
du roi donne ses conclusions (*g*).

1024. On a pour objet (1011—1023) de sim-
plifier la procédure, d'épargner aux familles des
vogages, des frais qui leur étaient à charge.

1025. Sur le vu du tout, le tribunal prononce (*h*) ; car le ministère ne doit fournir que
des renseignemens (1017). Aux tribunaux seuls
appartient d'en peser le mérite et d'en fixer les
conséquences. Jusqu'à l'ordonnance du 3 juillet 1816, les parties qui désiraient obtenir des
renseignemens sur les militaires dont le sort
les intéressait, s'adressaient an ministre de la
guerre. Les recherches étaient faites dans les

(*a*) Art. 3, loi 15 janv. 1817 : B. 131, n° 1530, 7° s. — (*b*) *Id.*
— (*c*) *Id.* — (*d*) *Id.* — (*e*) *Id.* — (*f*) *Id.* — (*g*) *Id.* — (*h*) Art. 4.

bureaux, et leur résultat attesté par un certificat qui déclarait ou la mort ou l'époque
de la disparition de l'absent, et enchaînait la
justice.

1026. S'il résulte des pièces et renseignemens
fournies par le ministre que l'individu existe,
la demande est rejetée (a).

1027. S'il y a lieu seulement de présumer son
existence, l'instruction peut être ajournée (b).

1028. Pendant un délai qui n'excède pas une
année (c).

1029. Le tribunal peut aussi ordonner les
enquêtes prescrites (845—849), pour confirmer les présomptions d'absence résultant desdites pièces et renseignemens (d).

1030. Enfin l'absence peut être déclarée ou
sans autre instruction (e).

1031. Ou après ajournement et enquête (f).

1032. S'il est prouvé que l'individu a disparu
sans qu'on ait eu de ses nouvelles, savoir : depuis deux ans, quand le corps, le détachement ou l'équipage dont il faisait partie, ser-
vait en Europe (g).

1033. Et depuis quatre ans, quand le corps,
le détachement ou l'équipage se trouvait hors
de l'Europe (h).

1034. La preuve testimoniale du décès peut

(a) Art. 4, loi 13 janv. 1817 : B. 131, n° 1530, 7ᵉ s. — (b) Id.
— (c) Id. — (d) Id. — (e) Id. — (f) Id. — (g) Id. — (h) Id.

être ordonnée (376. 377), s'il est prouvé qu'il n'y a pas eu de registres (*a*).

1035. Ou qu'ils ont été perdus ou détruits (*b*).

1036. En tout ou en partie (*c*).

1037. Ou que leur tenue a éprouvé des interruptions (*d*).

1038. Cette preuve doit résulter de l'attestation du ministre de la guerre ou de la marine (*e*).

1039. Ou de toute autre voie légale (*f*).

1040. C'est (1034—1039) une modification, ou plutôt une application aux circonstances, de l'article 46 du Code civil, que d'avoir donné au certificat du ministre la force d'attester que les registres des décès ont été perdus, détruits ou interrompus. C'était le moyen le plus naturel et le plus sûr d'obtenir la preuve de ce fait. Toutefois les autres ne sont pas exclus. Au-delà, le droit commun reprend son cours.

1041. Il est procédé aux enquêtes (1034—1039) contradictoirement avec le procureur du roi (*g*), qui intervient par là dans l'information relative aux décès, comme il intervient, en vertu du Code civil, dans les demandes relatives à l'absence.

1042. Dans aucun cas, le jugement définitif

_____

(*a*) Art. 5, loi 13 janv. 1817 : B. 131, n° 1530, 7ᵉ s. — (*b*) *Id.* — (*c*) *Id.* — (*d*) *Id.* — (*e*) *Id.* — (*f*) *Id.* — (*g*) *Id.*

portant déclaration d'absence ou de décès ne peut intervenir qu'après le délai d'un an (*a*).

1043. A compter de l'annonce (1016) officielle (*b*).

1044. Lorsqu'il s'agit de déclarer l'absence ou de constater en justice le décès des personnes mentionnées ci-dessus (1007), les jugemens contiennent uniquement les conclusions (*c*).

1045. Le sommaire des motifs (*d*).

1046. Et le dispositif (*e*).

1047. Sans que la requête puisse y être insérée (*f*).

1048. Les parties peuvent se faire délivrer par simple extrait le dispositif des jugemens interlocutoires (*g*).

1049. S'il y a lieu à enquêtes, elles sont mises en minute sous les yeux des juges (*h*).

1050. Les parties requérantes peuvent interjeter appel (*i*).

1051. Il en est de même du procureur du roi (*j*), comme défenseur de l'ordre public.

1052. Cette faculté s'applique aux jugemens soit interlocutoires (*k*).

1053. Soit définitifs (*l*).

1054. L'appel du procureur du roi est signifié à la partie (*m*).

____

(*a*) Art. 6, loi 13 janv. 1817 : B. 131, n° 1530, 7ᵉ s. — (*b*) *Id.* — (*c*) Art. 7. — (*d*) *Id.* — (*e*) *Id.* — (*f*) *Id.* — (*g*) *Id.* — (*h*) *Id.* — (*i*) Art. 8. — (*j*) *Id.* — (*k*) *Id.* — (*l*) *Id.* — (*m*) *Id.*

1055. Dans le délai d'un mois *(a)*.

1056. A dater du jugement *(b)*, afin que cette faculté d'appeler ne devienne pas inquiétante pour ceux qui ont obtenu ce jugement.

1057. La signification se fait au domicile de l'avoué *(c)*.

1058. Les appels sont portés à l'audience *(d)*.

1059. Sur simple acte *(e)*.

1060. Sans aucune procédure *(f)*.

1061. Dans le cas d'absence déclarée en vertu de la loi du 13 janvier 1817, si le présumé absent a laissé une procuration, l'envoi en possession provisoire sous caution peut être demandé *(g)*. Loin que cette disposition trahisse les intérêts de l'absent, en faisant cesser l'effet de la procuration qu'il a laissée, il est au contraire avantageux à l'absent, dans le cas où il devrait reparaître, qu'un mandataire dont le choix a été souvent peu réfléchi, dont la gestion ne donne point d'hypothèque, soit remplacé par un administrateur provisoire qui n'est admis que sous caution. La procuration, en thèse générale, suppose l'esprit de retour dans celui qui la donne. Mais peut-on supposer cet esprit, disons mieux, cet espoir, à tant de milliers de conscrits, entraînés, par une force majeure, dans les chances déses-

______

(a) Art. 8, loi 13 janv. 1817 : B. 131, n° 1530, 7ᵉ s. — *(b) Id.* — *(c) Id.* — *(d) Id.* — *(e) Id.* — *(f) Id.* — *(g)* Art. 9.

pérées d'une guerre lointaine ? Ceux qu'elle
aurait épargnés n'ont-ils pas eu, depuis le rétablissement de la paix, tous les moyens de
revenir dans leurs familles, ou du moins de les
instruire de leur sort ? N'est-il pas malheureusement trop probable que la patrie ne reverra
jamais ceux qu'elle n'a point revus encore ?

1062. Sans attendre le délai (872. 874. 875)
ordinaire (a). La disposition générale du Code
est sans doute utile quand il ne s'agit que de
voyageurs, qui communément, malgré leur
éloignement, peuvent s'occuper de suivre leurs
affaires, et s'en occupent en effet. Mais cette
présomption serait absurde à l'égard de pri-
sonniers de guerre, qui, transportés loin de leur
patrie par une force étrangère et des événemens
subits, n'ont eu ni le temps ni les moyens de
pourvoir à leurs intérêts, et qui, si une correspondance leur était possible dans le lieu où
ils se trouvent, n'auraient pas manqué de sol-
liciter par cette voie l'assistance de leur famille.
D'ailleurs, on peut difficilement espérer de voir
reparaître ceux qui, depuis plus de deux ans,
n'ont point profité de la liberté de revenir.

1063. Mais à la charge de restituer, en cas
de retour, la totalité des fruits perçus pendant les dix premières années (b). Cette disposition, tout entière dans l'intérêt de l'absent,

____

(a) Art. 9, loi 13 janv. 1817 : B. 131, n° 1530, 7ᵉ s. — (b) Id.

le met à l'abri des dilapidations de mandataires opérant sans surveillance ; et elle lui conserve néanmoins les avantages assurés à ceux qui ont laissé une procuration (872).

1064. Sous les déductions de droit (a).

1065. Les parties requérantes qui possèdent des immeubles reconnus suffisans pour répondre de la valeur des objets susceptibles de restitution en cas de retour, peuvent être admises par le tribunal à se cautionner sur leurs propres biens (b). *Possessores immobilium rerum satisdare non compelluntur.*

1066. Font preuve en justice, dans les cas prévus plus haut (1007 et suivans), les registres et actes de décès des militaires, tenus conformément aux art. 88 et suivans du Code civil (c), qui n'attribuent cet effet qu'à ceux qui ont été tenus chez l'étranger.

1067. Bien que lesdits militaires soient décédés sur le territoire français (d). Il a semblé que les événemens ayant transporté la guerre avec toutes ses chances sur notre territoire, on entrait dans l'esprit de la loi en appliquant à ce cas une disposition que, jusques-là, on n'avait pas étendue, parce qu'on n'avait pas prévu que nos armées combattraient un jour sur le sol français.

(a) Art. 9, loi 13 janv. 1817 : B. 131, n° 1530, 7ᵉ s. — (b) *Id.* — (c) Art. 10. — (d) *Id.*

1068. S'ils faisaient partie des corps ou déta-chemens d'une armée active (*a*).

1069. Ou de la garnison d'une ville assié-gée (*b*).

1070. Il peut arriver que l'épouse, que les héritiers de l'absent, vu la mauvaise situation de ses affaires, et l'état onéreux de sa succes-sion, ne trouvent aucun intérêt à se faire en-voyer en possession. La justice veut que leur inaction ne porte pas préjudice aux créanciers légitimes. Si donc les héritiers présomptifs ou l'épouse négligent d'user du bénéfice de la loi du 13 janvier 1817, les créanciers ou autres personnes intéressées peuvent se pourvoir eux-mêmes en déclaration d'absence ou de décès(*c*).

1071. Un mois après l'interpellation qu'ils sont tenus de leur faire signifier (*d*), pour les mettre en demeure.

1072. Les malheurs de la guerre n'ont pas pesé sur ceux-là seulement qui combattaient sous les drapeaux ; des employés, des domes-tiques les ont partagés. En conséquence les dispositions précédentes sont applicables à l'ab-sence ou au décès de toutes les personnes ins-crites au bureau des classes de la marine (*e*).

1073. A celles attachées par brevets ou com-missions aux services de santé (*f*).

(*a*) Art. 10, loi 13 janv. 1817. B. 131, n° 1530, 7ᵉ s. —
(*b*) *Id.* — (*c*) Art. 11. — (*d*) *Id.* — (*e*) Art. 12. — (*f*) *Id.*

1074. Aux services administratifs des armées de terre et de mer (*a*).

1075. Ou portées sur les contrôles réguliers des administrations militaires (*b*).

1076. Elles peuvent être appliquées par les tribunaux à l'absence et au décès des domestiques, vivandiers et autres personnes à la suite des armées (*c*).

1077. S'il résulte des rôles d'équipage, des pièces produites et des registres de police, permissions, passe-ports, feuilles de route et autres registres déposés aux ministères de la guerre et de la marine, ou dans les bureaux en dépendans, des preuves et des documens suffisans sur la profession desdites personnes et sur leur sort (*d*) : précautions nécessaires pour prévenir l'abus des suppositions de qualité.

1078. Les dispositions du Code civil relatives aux absens, auxquelles il n'est pas dérogé par le présent chapitre, continuent d'être exécutées (*e*).

1079. On n'établit pas ici un droit permanent. Les secours extraordinaires qu'on accorde sont mesurés sur les circonstances peu communes qui en ont fait sentir le besoin. Mais on embrasse ces circonstances dans leur entier.

(*a*) Art. 12, loi 13 janv. 1817 : B. 131, n° 1530, 7ᵉ s. —
(*b*) Id. — (*c*) Id. — (*d*) Id. — (*e*) Art. 13.

MARIAGE.

1080. LE mariage, en lui-même, et indépendamment de toutes les lois civiles et religieuses, est la société de l'homme et de la
femme qui s'unissent pour perpétuer leur espèce, pour s'aider, par des secours mutuels,
à porter le poids de la vie, et pour partager
leur commune destinée. *Nuptiæ sunt conjunctio
maris et feminæ, et consortium omnis vitæ, divini
et humani juris communicatio. Viri et mulieris conjunctio individuam vitæ consuetudinem continens.*

—

1081. Ici la loi cherche à défendre l'homme moral contre ses propres passions et celles des autres, et à s'assurer que l'homme physique a la capacité nécessaire pour remplir sa destination. La nature n'a point marqué d'une manière uniforme le moment où l'homme voit se développer en lui cette organisation régulière et animée qui le rend propre à se reproduire. L'époque de ce développement varie selon les différens climats, et sous le même climat elle ne saurait être pareille dans les divers individus. Mille causes l'avancent ou la retardent. Il faut pourtant qu'il y ait une règle, et que cette règle soit générale. La loi ne pourrait suivre dans chaque individu les opérations invisibles de la nature, ni apprécier dans chaque homme les différences, souvent imperceptibles, qui le distinguent d'un autre. On arrive à la véritable puberté par des progrès plus ou moins lents, plus ou moins rapides. Mais il est sage, il est même nécessaire que la loi qui statue sur l'universalité des choses et des personnes, admette un âge après lequel tous les hommes sont présumés avoir atteint ce moment décisif qui semble commencer pour eux une nouvelle existence. Dans la fixation de l'âge qui rend propre au mariage, il est des considérations qui naissent de la situation du pays que l'on gouverne, et qu'aucun législateur ne peut raisonnablement méconnaître. Mais partout on peut, jusqu'à un certain point, reculer plus ou moins cet âge. L'expérience prouve qu'une bonne éducation étend jusqu'à un âge assez avancé l'ignorance des désirs et la pureté des sens; et il est encore certain, d'après l'expérience, que les peuples qui n'ont point précipité l'époque à laquelle on peut devenir époux, ont dû à la sagesse de leurs lois la vigueur de leur constitution et la multitude de leurs enfans. Dans les temps qui ont précédé la révolution, les filles pouvaient se marier à douze ans, et les garçons à quatorze. Un tel usage semblait donner un démenti à la nature : il n'y avait point de jeunesse pour ceux qui usaient du dangereux privilège que la loi leur accordait; ils tombaient dans la caducité au sortir de l'enfance.

1082. On a pensé que l'homme avant dix-huit ans révolus, la femme avant quinze ans révolus, ne peuvent contracter mariage (a).

_____

(a) Art. 144 c. c.

Cette fixation, fondée sur des motifs que chacun aperçoit, autorisée par des exemples anciens et modernes, est infiniment mieux assortie à l'état de nos sociétés. Il est de leur intérêt que des unions trop hâtives n'anticipent pas sur la maturité de la nature, et qu'il ne soit pas permis à des êtres à peine affranchis de la stérilité de l'enfance, de perpétuer dans des générations imparfaites leur propre débilité.

1083. Voir plus bas une modification (1350. 1351. 1353).

1084. Cependant, comme des circonstances, rares à la vérité, mais impérieuses, peuvent exiger des exceptions, il est loisible au roi d'accorder des dispenses d'âge pour des motifs graves (*a*).

1085. Il n'y a pas de mariage lorsqu'il n'y a point de consentement (*b*). *Nuptias non concubitus, sed consensus facit.* Point de consentement sans liberté. Requise dans tous les contrats, elle doit être surtout parfaite et entière dans le mariage. L'acte le plus doux doit être encore l'acte le plus libre. On a fait beaucoup d'efforts pour déterminer ce qui constitue le défaut de liberté dans l'engagement du mariage. Pour marquer le véritable caractère de la violence, on a distingué celle physique et celle morale.

(*a*) Art. 145 c. c. — (*b*) Art. 146.

Sur ce point les décisions de la justice dépendent nécessairement des faits particuliers à chaque espèce, et le plus grand acte de sagesse du législateur est de s'en remettre à celle des tribunaux. Point de consentement, conséquemment de consentement parfaitement libre, point de mariage. Ce fanal dirige bien plus sûrement les juges, que des idées métaphysiques ou complexes. *Nuptiæ consistere non possunt, nisi consentiant omnes, id est qui coeunt quorumque in potestate sunt.*

1086. L'erreur détruit le consentement. *Non qui errant videntur consentire.* Si, voulant épouser A, j'épouse B, qui s'est fait passer pour A, je n'ai point consenti à mon mariage avec B. Mais il n'y a que l'erreur sur la personne qu'on se propose d'épouser, qui détruise le consentement nécessaire à la validité du mariage : il n'y a pas alors, il ne peut y avoir de mariage. La décision ci-dessus devrait encore être suivie, quand même il serait constant que j'eusse volontiers épousé B, si j'eusse su que c'était la personne qui était présente. Il ne suffit pas que j'eusse consenti, si un fait que j'ignorais m'eût été connu. Il faut que j'aie voulu effectivement. Le consentement doit être déterminé pour une certaine personne.

1087. Si, après avoir reconnu mon erreur, j'ai continué d'habiter avec B, sans réclamer, la nullité est couverte, et je ne puis plus l'invoquer. Le temps nécessaire pour opérer cette fin de non recevoir est réglé à six mois, à compter du moment où l'erreur est reconnue (1330).

1088. L'erreur qui ne tombe que sur quelque qualité de la personne, ne détruit pas le consentement. Si j'ai épousé quelqu'un le croyant vertueux, quoiqu'il se fût prostitué; ou le croyant d'une réputation intacte, tandis qu'il a été flétri par justice : le mariage n'en sera pas moins valable, quoiqu'il soit certain que je n'eusse pas voulu le contracter, si j'eusse eu connaissance de ces faits. Il suffit que j'aie en effet voulu l'épouser. L'erreur dans laquelle j'ai été n'empêche pas que j'aie réellement consenti à mon union. L'essence du mariage est qu'un homme et une femme veuillent respectivement s'épouser, mais non pas que les époux aient les qualités qu'ils se supposent.

1089. Ce principe que l'erreur qui ne tombe que sur la qualité de la personne ne nuit pas à la validité du mariage, recevait une exception à l'égard de la servitude. Cette exception peut encore se suivre dans nos colonies et dans les lieux où il y a des esclaves.

1090. De la nécessité du consentement il suit que ceux qui sont incapables de volonté, sont aussi, par cette raison, incapables de mariage. Ainsi, les furieux, les insensés ne peuvent le contracter. Mais la fureur ou la

démence survenue depuis, ne le dissout point.
Furor contrahi matrimonium non sinit, quia consensu opus est, sed rectè contractum non impedit.

1091. Ceux qui ne peuvent manifester leur volonté sont également incapables de mariage. Les sourds-muets étaient autrefois dans l'impossibilité de se marier, parce qu'ils ne pouvaient faire connaître leur consentement. Aujourd'hui ceux des sourds-muets qu'un art presque divin a rendus à la société, sont affranchis de cette incapacité légale.

1092. Un mariage légalement contracté ne peut, après le décès de l'un des époux, être argué de simulation par les héritiers (a).

1093. On ne peut contracter un second mariage avant la dissolution du premier (b). Il est de l'intérêt de la société que la foi conjugale ne soit pas partagée entre deux contrats subsistans, et que le mariage conserve cette unité qui forme, dans la vie domestique comme dans les mœurs publiques, la plus noble et la plus touchante des harmonies. La multiplicité des maris ou des femmes est autorisée dans certains climats, mais n'est légitime sous aucun. Elle entraîne nécessairement la servitude d'un sexe et le despotisme de l'autre. Elle introduirait dans les familles une confusion et

(a) Cas. 30 août 1808 : *Den.* 1808, *p.* 428. — (b) Art. 147 c. c.

un désordre qui se communiqueraient bientôt au corps entier de la société. Elle choque toutes les idées, dénature tous les sentimens, ôte à l'amour tous ses charmes, en lui ôtant tout ce qu'il a d'exclusif. Elle répugne à l'essence même du mariage, contrat par lequel on se donne tout, le corps et le cœur. En approchant des pays où la polygamie est permise, il semble que l'on s'éloigne de la morale même. Si la prohibition n'existait pas : ou les mariages subsisteraient ensemble, ou ils se détruiraient l'un par l'autre. Au premier cas, vous vous plongeriez dans le stupide abrutissement de certaines nations à la fois corrompues et à demi-barbares de l'Asie. Au dernier cas, vous apprendriez aux hommes à se jouer des engagemens les plus sacrés, puisque vous laisseriez au caprice d'un seul des conjoints le droit inoui de dissoudre un contrat qui est l'ouvrage de la volonté de deux. Aussi la maxime qu'on ne peut former un second mariage tant que le premier subsiste, constitue le droit universel des nations policées. *Nemo binas uxores habere potest.*

1094. Tout cela suppose que le premier mariage est légitime et valable. S'il est nul, il n'y a plus d'empêchement. *Sublatâ causâ, tollitur effectus.*

1095. Quiconque, étant engagé dans les liens du mariage, en a contracté un autre avant la dissolution du précédent, est puni de la peine des travaux forcés à temps (a).

1096. L'officier public qui a prêté son ministère à ce mariage, connaissant l'existence du précédent, est condamné à la même peine (b).

1097. Les forces du corps se développent plus rapidement que celles de l'âme. On existe long-temps sans vivre; et quand on commence à vivre, on ne peut encore se conduire ni se gouverner. En conséquence le fils qui n'a pas atteint l'âge de vingt-cinq ans accomplis, la fille qui n'a pas atteint l'âge de vingt-un ans accomplis, ne peuvent contracter mariage sans le consentement de leurs père et mère (c). Pour les actions ordinaires de la vie, le terme de la majorité est moins reculé, puisqu'on l'atteint à vingt-un ans. C'est que de toutes les démarches le mariage est celle dont dépend le plus le bonheur de l'existence, et qui a la plus grande influence sur les mœurs générales et sur l'ordre public. La différence admise entre les filles et les garçons, n'a pas besoin d'être expliquée. Tous les législateurs l'ont établie, parce que les mêmes raisons ont été senties par tous les législateurs. La nature se perfectionne plus promptement dans un sexe que dans l'autre. Une fille qui languirait dans une trop longue attente, perdrait une partie

(a) Art. 340 C. P. — (b) Id. — (c) Art. 148 c. c.

des charmes qui peuvent favoriser son établissement.

1098. La nécessité du consentement des père
et mère, nécessité reconnue par toutes les lois
anciennes, est fondée sur l'amour des parens,
sur leur raison, et sur l'incertitude de celle
de leurs enfans. Comme il y a un âge propre
à l'étude des sciences, il y en a un pour bien
saisir la connaissance du monde. Cette connaissance échappe à la jeunesse, si facile à
tromper par des suggestions étrangères. Ce
n'est point entreprendre sur la liberté des
époux que de les protéger contre la violence
de leurs penchans. Le mariage étant de toutes
les actions humaines celle qui intéresse le plus
la destinée des hommes, on ne saurait l'environner de trop de précautions. Il faut connaître les engagemens que l'on contracte, pour
être en droit de les former. Un époux honnête,
quoique malheureux par sa légéreté ou ses
erreurs, ne violera pas la foi promise; mais
il se repentira de l'avoir donnée. Il faut, dans
un temps utile, par des mesures qui éclairent
l'âme, prévenir ces regrets amers qui la bri-
sent. Dans quelques législations anciennes,
c'étaient les magistrats qui avaient sur le mariage des citoyens l'inspection qu'il est si raisonnable de laisser aux pères. Mais nulle part
les enfans dans le premier âge des passions
n'ont été abandonnés à eux-mêmes pour l'acte

le plus important de la vie. Dira-t-on que les pères peuvent abuser de leur puissance ? Mais cette puissance n'est-elle pas éclairée par leur tendresse ? Il a été judicieusement remarqué que les pères aiment plus leurs enfans, que les enfans n'aiment leurs pères. Chez quelques hommes la vexation et l'avarice usurpèrent peut-être les droits de l'autorité paternelle. Mais pour un père oppresseur, combien d'enfans ingrats ou rebelles ! La nature a donné aux pères et aux mères un désir de voir prospérer leurs enfans, que ceux-ci sentent à peine pour eux-mêmes. La loi peut donc sans inquiétude s'en rapporter à la nature. *Eorum qui in potestate patris sunt, sine voluntate ejus, matrimonia jure non contrahuntur.*

1099. Au reste, on ne motive plus la nécessité du consentement des pères sur les mêmes principes qu'autrefois. L'ancienne jurisprudence la faisait dériver de la puissance, et, selon l'expression des auteurs, d'une sorte de propriété qui, dans l'origine, avait appartenu aux pères sur ceux à qui ils avaient donné le jour. Ce droit n'était point partagé par la mère, pendant la vie du chef. Il ne l'était pas non plus par les ascendans de la ligne maternelle, tant qu'il existait des ascendans paternels. Aujourd'hui ces idées de puissance ont été remplacées par d'autres. On a égard plus à l'amour et à la prudence des pères qu'à leur autorité. De là ce concours simultané des parens au même degré, pour remplir les mêmes devoirs et exercer la même surveillance. Un tel système adoucit et étend la magistrature domestique, sans l'énerver. Il communique les mêmes droits à tous ceux qui sont présumés avoir le même intérêt. Il ne relâche point les liens de famille, il les multiplie et les ennoblit.

1100. On a prévu le cas où le père et la mère dans leur délibération auraient des avis différens. On a compris que, dans une société de deux, toute décision, tout résultat deviendrait impossible, si l'on n'accordait pas la prépondérance au suffrage de l'un des associés. La prééminence du sexe a partout garanti cet avantage au père. En cas de dissentiment, son consentement suffit (a).

1101. Si l'un des deux est mort, le consentement de l'autre suffit (b).

1102. Il en est de même, si l'un des deux est dans l'impossibilité de manifester sa volonté (c) : par exemple, s'il est interdit.

1103. Si le père et la mère sont morts, les aïeuls et aïeules les remplacent (d). *Non avi auctoritas sufficit, filio non consentiente, si nepos uxorem ducat.*

1104. Cette règle s'applique au cas où le père

____

(a) Art. 148 c. c. — (b) Art. 149. — (c) Id. — (d) Art. 150.

et la mère sont dans l'impossibilité de manifester leur volonté (*a*).

1105. S'il y a dissentiment entre l'aïeul et l'aïeule de la même ligne, il suffit du consentement de l'aïeul (*b*). Cette prééminence est toujours fondée sur le même principe de la suprématie du mari dans la société que forme le mariage.

1106. S'il y a dissentiment entre les deux lignes, ce partage emporte consentement (*c*), parce que dans le doute il faut se décider pour la liberté et la faveur des mariages. Ainsi, supposé qu'un aïeul consente, que l'aïeul de l'autre ligne et les deux aïeules s'opposent, le mariage n'en aura pas moins lieu. Il en sera autrement, si les deux aïeuls refusent : il n'y a pas alors partage, mais unanimité. L'avis des femmes, quand il est contraire à celui de leurs maris, ne se compte pas.

1107. Quand les enfans sont arrivés à leur majorité, ils deviennent les arbitres de leur destinée, ils n'ont besoin du concours d'aucune autre volonté : *Sunt sui juris.* Pourtant il est vrai que, pendant la vie des père et mère, les enfans majeurs étaient encore obligés de s'adresser à leurs auteurs, pour requérir leur consentement, quoique la loi eût déclaré qu'il n'était plus nécessaire. Il a paru utile aux mœurs

(*a*) Art. 150 c. c. — (*b*) *Id.* — (*c*) *Id.*

de faire revivre cette espèce de culte rendu par la piété filiale au caractère de dignité et de majesté que la nature elle-même semble avoir imprimé à ceux qui sont pour nous sur la terre l'image et les ministres du créateur. Les enfans de famille ayant atteint la majorité fixée ci-dessus (1097), sont tenus de demander le conseil de leur père et de leur mère (a).

1108. Par un acte respectueux et formel (b).

1109. Avant de contracter mariage (c).

1110. Dans le même cas (1107), les enfans sont tenus de demander le conseil de leurs aïeuls et aïeules, lorsque leur père et leur mère sont décédés (d). Ce principe introduit un droit nouveau. Les majeurs n'étaient autrefois assujettis aux sommations respectueuses qu'à l'égard de leurs père et mère. Maintenant elles doivent se faire aux aïeuls et aïeules des deux lignes, quand même ceux d'une des deux lignes auraient consenti, et que, dans ce cas, le refus des aïeuls de l'autre ligne ne pût opérer aucun effet : c'est moins pour obtenir le consentement, que comme marque de respect, que la loi exige l'acte formel.

1111. Cette règle s'applique au cas où les père et mère sont dans l'impossibilité de manifester leur volonté (e).

1112. Le mot conseil (1107) n'est pas sacra-

____

(a) Art. 151 c. c. — (b) *Id.* — (c) *Id.* — (d) *Id.* — (e) *Id.*

mentel. Les termes requis, sommé, interpellé, etc., quoique peu respectueux, n'entraînent pas la nullité de l'acte (*a*), lorsque d'ailleurs il renferme des expressions révérentielles (*b*).

1113. Le fils de famille peut requérir le conseil de ses père et mère par un fondé de pouvoir (*c*).

1114. Ce pouvoir n'a pas besoin d'être légalisé (*d*).

1115. Mais un notaire ne peut remplir le double rôle de mandataire de l'enfant et d'officier instrumentaire (*e*).

1116. L'enfant qui demande le conseil de ses père et mère, doit être présent ou se faire représenter à l'acte respectueux (*f*).

1117. L'acte respectueux (1107—1111) sur lequel il n'y aurait pas de consentement au mariage, est renouvelé deux autres fois (*g*).

1118. De mois en mois (*h*).

1119. Depuis la majorité (1097) jusqu'à l'âge de trente ans accomplis pour les fils (*i*).

(*a*) Riom, 11 juin 1806 : *J. C. C. t.* 7, *p.* 57. — (*b*) Cas. 4 nov. et 24 déc. 1807 : *J. C. C. t.* 10, *p.* 11 et 298. — (*c*) Cas. 4 nov. 1807 ; Amiens, 17 frim. an XII, 10 mai 1821 ; Paris, 10 mars 1825 ; Douai, 8 janv. 1828 : *t.* 1, *p.* 241 ; *J. C. t.* 1, *p.* 241 ; *t.* 10, *p.* 11 ; *J. P. t.* 64, *p.* 54 ; *t.* 75, *p.* 452 ; *t.* 81, *p.* 52. — (*d*) Paris, 19 oct. 1809 : *J. P. t.* 26, *p.* 348. — (*e*) Douai, 8 janv. 1828 : *J. P. t.* 81, *p.* 52. — (*f*) Angers, 20 janv. 1809 : *J. C. C. t.* 12, *p.* 484. — (*g*) Art. 152 c. c. — (*h*) *Id.* — (*i*) *Id.*

1120. Et jusqu'à l'âge de vingt-cinq ans accomplis pour les filles (a).

1121. Il ne faudrait pas appeler respectueux un acte dans lequel les père et mère seraient fondés à ne voir qu'une vaine formalité qui, loin d'être un témoignage de respect, ne leur paraîtrait qu'une nouvelle preuve d'oubli de leurs bienfaits et de mépris de leur autorité. Pourrait-on porter un autre jugement de la conduite du fils de famille qui, contre l'esprit et le but de la loi, croirait l'avoir exécutée en demandant conseil à ses père et mère, et dédaignant ce conseil au point de ne pas même prendre le temps d'y réfléchir, célébrerait le mariage à l'instant même où ses père et mère refusent de le bénir ? La loi, qui veille à la paix des familles comme au fondement de l'ordre social, vient au secours de l'enfant et des père et mère, en les rapprochant, en les forçant de s'expliquer, en donnant à la sagesse des conseils des parens un nouveau poids, et à l'enfant un moyen de désarmer, par des actes de piété filiale, des refus non fondés sur des motifs irrésistibles. Pour y parvenir, il faut un temps suffisant à ce qu'au milieu des passions trop vives et des premiers élémens de discorde, la tendresse du père et la confiance de l'enfant exercent leur mutuelle influence. La loi doit donc

(a) Art. 152 c. c.

chercher à éclairer les père et mère sur les préventions qu'ils peuvent avoir, et les enfans sur la passion qui peut les égarer. Les rapprocher plusieurs fois, laisser de part et d'autre à la raison et à l'affection le temps de renaître, est un moyen que la nature elle-même indique. Lorsqu'il s'agit de père et d'enfant, se voir et entrer en explication, c'est presque toujours dissiper les nuages et rétablir l'harmonie.

1122. Un mois après le troisième acte, il peut être passé outre à la célébration du mariage (a). La suspension ne doit pas subsister pendant un plus long délai. La loi serait en contradiction, si, en déclarant qu'après un certain âge le consentement des père et mère n'est pas nécessaire, et que l'on doit seulement leur demander conseil (1107), elle prononçait une suspension qui, trop longue, pourrait devenir un empêchement au mariage, ou occasionner un scandale dangereux pour les mœurs. Il faut songer que, pendant le temps des actes respectueux dans l'une des familles, l'autre est mise dans un état fâcheux d'incertitude ; et l'on doit tenir la balance entre elles.

1123. Après l'âge de trente ans, il peut être, à défaut de consentement sur un acte respectueux, passé outre, un mois après, à

____

(a) Art. 152 c. c.

la célébration du mariage (*a*). La cause du dissentiment des père et mère étant presque toujours dans la fougue des passions qui entraîne les enfans, et dans leur inexpérience qui les empêche de distinguer leurs véritables intérêts, la loi ne doit plus présumer de pareils motifs quand les enfans sont parvenus à trente ans : alors il n'est plus nécessaire que le temps de la suspension soit aussi long.

1124. Une fille âgée de plus de vingt-cinq ans et de moins de trente, n'est pas tenue de renouveler les actes respectueux : un seul suffit (*b*).

1125. Les actes respectueux doivent être adressés au père et à la mère conjointement (*c*).

1126. Il doit en être laissé copie à chacun d'eux (*d*).

1127. S'ils sont donnés successivement à l'un des deux, ils ne sont pas valables (*e*).

1128. L'acte respectueux est notifié à celui ou ceux des ascendans désignés plus haut (1107—1111), par deux notaires (*f*).

1129. Ou par un notaire et deux témoins (*g*).

(*a*) Art. 153 c. c. — (*b*) Bordeaux, Grenoble, Besançon, Paris, 22 mai 1807, 10 fév. 1806, ... mai 1808, 19 sep. 1815 : *J. C. C. t.* 8, *p.* 232; *t.* 10, *p.* 478 et 485; *J P. t.* 43, *p.* 391. — (*c*) Bruxelles, 5 mai 1808 : *J. C. C. t.* 11, *p.* 180. — (*d*) Paris, 10 mars 1825 : *J. P. t.* 73, *p.* 432. — (*c*) Brux. 5 mai 1808 : *J. C. C. t.* 11, *p.* 180. — (*f*) Art. 154 c. c. — (*g*) *Id.*

1130. Il était important de donner à ces actes la forme la plus révérentielle, et d'éviter l'impression, toujours fâcheuse, que fait le ministère des officiers publics chargés d'exécuter les ordres rigoureux de la justice. Les actes respectueux ne doivent plus être notifiés par les huissiers, mais par les notaires, dépositaires des secrets de famille, et leur prêtant habituellement leur ministère pour le réglement amiable des intérêts. Cet acte n'a ni la dénomination ni les formes judiciaires.

1131. Les notaires n'ont pas besoin d'un pouvoir spécial (*a*).

1132. Les témoins doivent signer tant l'original que la copie (*b*).

1133. A peine de nullité (*c*).

1134. Dans le procès-verbal qui doit être dressé, il est fait mention de la réponse (*d*), non que les père et mère dont l'avis est contraire au mariage, soient obligés de donner leurs motifs : la déclaration de ne vouloir répondre est elle-même une réponse suffisante pour manifester la volonté. Si, dans le cas même où le défaut de consentement est un empêchement au mariage, la confiance due aux père et mère, le respect pour leur qualité, la crainte de les compromettre ou de les forcer

---

(*a*) Liége, 26 déc. 1812 : *J. C. C. t.* 20, *p.* 468. — (*b*) Paris, 12 fév. 1811 : *Den.* 1812, *sup. p.* 56. — (*c*) *Id.* — (*d*) Art. 154 c. c.

au silence, les ont fait dispenser de révéler, en motivant leur refus, la honte de leurs enfans, ou de dénoncer à l'opinion publique la personne dont ils redoutent l'alliance (1296); à plus forte raison les père et mère doivent-ils être exempts d'exposer les causes de leur réponse, lorsqu'elle n'a d'autre effet que de suspendre, pendant un temps limité, la célébration du marige.

1135. L'acte doit mentionner la réponse de chacun des père et mère (a).

1136. L'enfant n'est pas assujetti à intimer préalablement ses ascendans à se trouver chez eux au moment où il se propose de faire l'acte respectueux (b).

1137. Suffit-il que l'acte respectueux soit notifié au domicile, sans l'être à la personne même du père et de la mère? — Jugé diversement (c).

1138. Si l'enfant connaît le nouveau domicile des père et mère, c'est là que doit se faire la notification, malgré la non-déclaration légale de translation (d).

<hr>

(a) Donai, 25 janv. 1815 : *J. P. t.* 41, *p.* 363. — (b) Angers, 10 mars 1813 ; *J. P. t.* 40, *p.* 277. — (c) Cas. 11 juil. 1827 : Bruxelles, Lyon, Caen, Toulouse, Amiens, ... frim. an XIII, 22 avril et 12 déc. 1812, 10 mai, 27 juin et 12 juil. 1821, 28 oct. 1827 : *J. C. C. t.* 3, *p.* 316; *t.* 18, *p.* 409; *J. A. t.* 34, *p.* 62; *J. P. t.* 37, *p.* 283; *t.* 61, *p.* 232; *t.* 64, *p.* 34; *t.* 60, *p.* 172. — (d) Paris, 10 mars 1825 : *J. P. t.* 73, *p.* 432.

1139. L'ascendant ne peut exiger que l'enfant, pour recevoir sa réponse aux actes respectueux, se transporte dans une maison tierce (*a*).

1140. L'acte respectueux est valable, quoique le procès-verbal de notification n'énonce pas que copie en a été remise, si d'ailleurs il est constant que cette formalité a été remplie (*b*).

1141. En cas d'absence de l'ascendant auquel eût dû être fait l'acte respectueux, il est passé outre à la célébration du mariage, en représentant le jugement qui a été rendu pour déclarer l'absence (*c*).

1142. Ou, à défaut de ce jugement, celui qui a ordonné l'enquête (*d*).

1143. Ou, s'il n'y a point encore eu de jugement, un acte de notoriété (*e*).

1144. Cet acte est délivré par le juge de paix du lieu où l'ascendant a eu son dernier domicile (*f*).

1145. La faveur due au mariage et la nécessité de ne pas trop le différer, ont fait admettre ces diverses modifications (1141—1144).

1146. L'acte de notoriété contient la déclaration de quatre témoins (*g*).

1147. Ils sont appelés d'office par ce juge de paix (*h*).

(*a*) Bruxelles, 18 juil. 1808 : *Den.* 1808, *sup. p.* 171. — (*b*) *Id.* — (*c*) Art. 155 c. c. — (*d*) *Id.* — (*e*) *Id.* — (*f*) *Id.* — (*g*) *Id.* — (*h*) *Id.*

1148. Lorsque le défaut de consentement n'est plus, à raison de l'âge, un obstacle au mariage, et que l'absence empêche de faire les actes respectueux, le motif de suspendre la célébration n'existe pas. Mais il faut que le fait de l'absence soit certain ; et sur ce point on doit se conformer aux règles établies ailleurs dans le Code. On ne regardera pas comme absent celui qui serait éloigné de son domicile sans avoir laissé ignorer le lieu où l'on peut le trouver. Il ne faudrait pas que, sous prétexte d'un simple éloignement, l'enfant de famille pût se soustraire à un devoir aussi essentiel. La volonté qu'il aurait de se prévaloir d'un pareil éloignement, serait une nouvelle raison pour désirer connaître le vœu des parens.

1149. Afin de concilier la sanction nécessaire à la loi avec le système de gagner à la fois le cœur des père et mère et des enfans, plutôt que de retenir les enfans par la crainte des peines que les père et mère ne prononceraient point, ou qui rendraient la plaie incurable au lieu de la guérir, il a fallu s'armer de rigueur contre les officiers de l'état civil. Ceux qui ont procédé à la célébration des mariages contractés par des fils n'ayant pas atteint l'âge de vingt-cinq ans accomplis, ou par des filles n'ayant pas atteint l'âge de vingt-un ans accomplis, sans que le consentement des pères et mères, celui des aïeuls et aïeules, et celui de la famille, dans le cas où ils sont requis, soient énoncés dans l'acte de mariage, sont condamnés à une amende qui ne peut excéder trois cents francs (*a*).

1150. Ni être moindre de seize (*b*).

1151. Et, en outre, à un emprisonnement dont la durée ne peut être moindre de six mois (*c*).

1152. Ni excéder un an (*d*).

1153. Ces condamnations sont prononcées à la diligence des parties intéressées (*e*).

1154. Et du procureur du roi près le tribunal de première instance du lieu où le mariage a été célébré (*f*).

1155. Lorsqu'il n'y a pas eu d'actes respectueux dans les cas où ils sont prescrits, l'officier de l'état civil qui a célébré le mariage, est condamné à la même amende (*g*).

1156. Il l'est aussi à un emprisonnement qui ne peut être moindre d'un mois (*h*).

1157. Ici les peines sont graduées en raison de la gravité des fautes. Célébrer le mariage d'un fils n'ayant pas vingt-cinq ans, sans le consentement exigé, et lorsque ce mariage peut, par ce motif, être attaqué, c'est la plus grande faute dont puissent se rendre coupables

---

(*a*) Art. 156 c. c. — (*b*) Art. 193 C. P. — (*c*) Art. 156 c. c. — (*d*) Art. 193 C. P. — (*c*) Art. 156 c. c. — (*f*) Id. — (*g*) Art. 157. — (*h*) Id.

ces officiers dont la mission est d'exécuter les lois d'où dépend l'état des personnes et des mœurs. S'il s'agit seulement d'actes respectueux dont la représentation n'ait pas été exigée, les conséquences ne sont pas aussi fâcheuses, puisque les parens à qui ils eussent dû être faits, ne paraissent pas pouvoir, pour cette cause, contester le mariage. Voir cependant plus loin (1333).

1158. On n'a point prévu le cas où les officiers de l'état civil seraient plus coupables encore : celui où il y aurait eu de leur part collusion avec les enfans de famille, pour les soustraire à la loi, ou pour l'éluder. Pareil fait prendrait le caractère d'un crime, digne de peine afflictive (a).

1159. L'officier de l'état civil qui a célébré un mariage sans exiger et sans mentionner dans l'acte le consentement des personnes dont l'assentiment était nécessaire, peut être poursuivi d'office par le ministère public, sans le concours des parties intéressées (b).

1160. La justification, postérieure au mariage, du consentement des personnes qui devaient y être appelées, ne peut soustraire l'officier aux peines encourues par le défaut de cette justification avant la célébration (c).

(a) Art. 195 C. P. — (b) Turin, 6 avril 1808 : *Den.* 1810. *sup. p.* 22. — (c) *Id.*

1161. C'est devant le tribunal civil que l'officier doit être traduit pour ce fait (*a*).

1162. Il peut l'être sans autorisation préalable du gouvernement (*b*).

1163. Les dispositions relatives à l'âge et au consentement qu'il exige (1097. 1100—1102), et à l'acte respectueux qui doit être fait aux père et mère (1107—1109. 1117—1120. 1122. 1123. 1128. 1129. 1134. 1141—1144. 1146. 1147), sont applicables aux enfans naturels légalement reconnus (*c*). *Reverentia debetur parentibus etiam naturalibus.*

1164. La protection que la loi accorde aux enfans, en les soumettant à rapporter le consentement de leurs père et mère, était limitée aux enfans nés du mariage. Les enfans naturels n'y avaient aucune part; ils étaient abandonnés à leur libre arbitre, dans un âge où il est si difficile de se défendre contre les autres et contre soi-même. Cela tenait au principe que le consentement des pères n'était qu'un effet de leur puissance, et ne dérivait pas originairement de l'intérêt des enfans. Or, comme la puissance paternelle ne pouvait être produite que par un mariage légitime, les enfans naturels étaient hors de cette puissance. Le Code

______

(*a*) Turin, 6 avril 1808 : *Den.* 1810, *sup. p.* 22. — (*b*) *Id.* — (*c*) Art. 158 c. c.

consacre des idées plus équitables. La raison indique que c'est non une vaine puissance accordée au père, mais l'intérêt des enfans qui doit motiver la nécessité du consentement. En conséquence on a cru que l'avantage des enfans naturels, lorsqu'ils peuvent nommer un père certain, n'était pas indigne de fixer la sollicitude du législateur. Sans doute il serait contre les bonnes mœurs que les enfans nés d'un commerce illicite eussent les mêmes prérogatives que ceux issus d'un mariage légitime, mais l'abandon absolu des enfans naturels serait contre l'humanité. S'ils n'appartiennent à aucune famille, ils appartiennent à l'État : il a donc besoin de les protéger, et il le doit. D'autre part, on ne doute pas que les pères naturels ne soient obligés d'élever leurs enfans, de les entretenir et de les nourrir. Or, le consentement paternel au mariage ne fait-il pas partie de la sollicitude qu'on doit apporter à l'éducation, à l'établissement ? La nécessité de ce consentement ne saurait donc être plus étrangère aux enfans naturels qu'aux enfans légitimes. Pourtant, comme les enfans naturels n'ont pas de famille, on ne leur a point appliqué la mesure par laquelle on appelle les aïeuls et aïeules (1103—1106), et ensuite les assemblées de parens (1170. 1171), après le décès des père et mère. On eût placé dans des mains peu sûres l'intérêt de ces enfans, en les confiant à des familles dont ils ne sont guères que la charge.

1165. Les enfans naturels qui ne sont reconnus que par l'un de leurs père et mère, ne sont obligés d'obtenir le consentement ou de demander le conseil que de celui qui a fait cette reconnaissance.

1166. L'enfant naturel qui n'a point été reconnu ne peut, avant l'âge de vingt-un ans révolus, se marier qu'après avoir obtenu le consentement d'un tuteur *ad hoc*, qui lui est nommé (*a*) pour acquitter à son égard la dette de la nature et de la patrie.

1167. Il en est de même de l'enfant naturel qui, après avoir été reconnu, a perdu ses père et mère (*b*).

1168. Ou dont les père et mère ne peuvent manifester leur volonté (*c*).

1169. Le tuteur ordinaire qu'aurait l'enfant naturel, ne serait pas capable de donner ce consentement, et doit faire nommer un tuteur spécial. Si l'enfant naturel n'est pas pourvu, il doit lui-même, par le ministère d'un avoué, présenter au juge une requête. Sur la communication au procureur du roi, celui-ci requiert que la nomination soit faite.

1170. S'il n'y a ni père ni mère, ni aïeuls ni aïeules, les fils ou filles mineurs de vingt-un

______

(*a*) Art. 159 c. c. — (*b*) *Id.* — (*c*) *Id.*

ans, sans distinction de sexe, ne peuvent contracter mariage sans le consentement du conseil de famille (*a*), qui exerce à cet égard une sorte de magistrature subsidiaire. *Ad officium curatoris non pertinet nubat puella an non?*

1171. On suit la même règle, si les père, mère, aïeuls et aïeules se trouvent tous dans l'impossibilité de manifester leur volonté (*b*).

1172. Il n'est pas nécessaire de produire les actes de décès des pères et mères des futurs mariés, lorsque les aïeuls ou aïeules attestent ce décès (*c*).

1173. Dans ce cas, il doit être fait mention de leur attestation dans l'acte de mariage (*d*).

1174. Si les pères, mères, aïeuls ou aïeules, dont le consentement ou conseil est requis, sont décédés, et si l'on est dans l'impossibilité de produire l'acte de leur décès, ou la preuve de leur absence, faute de connaître leur dernier domicile, il peut être procédé à la célébration du mariage des majeurs, sur leur déclaration à serment que le lieu du décès et celui du dernier domicile de leurs ascendans leur sont inconnus (*e*).

1175. Cette déclaration doit être certifiée aussi par serment des quatre témoins de l'acte de mariage (*f*).

(*a*) Art. 160 c. c. — (*b*) Id. — (*c*) Ar. du cons. d'Ét. 4 therm. an XIII : B. 51, n° 858, 4ᵉ s. — (*d*) Id. — (*e*) Id. — (*f*) Id.

1176. Ils affirment que, quoiqu'ils connaissent les futurs époux, ils ignorent le lieu du décès de leurs ascendans et leur dernier domicile (a).

1177. Les officiers de l'état civil doivent faire mention, dans l'acte de mariage, desdites déclarations (b).

1178. En ligne directe, le mariage est prohibé entre tous les ascendans et descendans légitimes ou naturels (c). *Nuptiæ consistere non possunt inter eas personas quæ in numero parentum liberorumve sunt, sive proximi, sive ulterioris gradûs sint, usque ad infinitum.*

1179. Il l'est aussi entre les alliés dans la même ligne (d).

1180. De tout temps, le mariage a été prohibé entre les enfans et les auteurs de leurs jours. Il serait inconciliable souvent avec les lois de la nature, et toujours avec celles de la pudeur. Il changerait les rapports essentiels qui doivent exister entre les pères, les mères et les enfans; il répugnerait à leur situation respective, bouleverserait tous les droits et devoirs, ferait horreur. Ce que l'on dit des pères et mères et de leurs enfans, s'applique à tous les ascendans, descendans et alliés en ligne directe. Les causes de ces prohibitions sont si

______

(a) Av. du cons. d'Ét. 4 therm. an XIII : B. 51, n° 858, 4ᵉ s. — (b) Id. — (c) Art. 161 c. c. — (d) Id.

fortes, qu'elles ont agi presque par toute la terre, indépendamment de toute communication. Ce ne sont point les lois romaines qui ont appris à des barbares à maudire les mariages incestueux. *In ejus modi conjunctione tanta est turpitudo et fœditas, ut naturâ omnes abhoreant.*

1181. La loi prohibe le mariage en ligne directe même naturelle, parce que, quoique les bâtards n'aient point de parenté civile avec leurs ascendans au-dessus du premier degré, néanmoins la parenté naturelle existe, et par conséquent l'empêchement. Ainsi je ne pourrais épouser la fille naturelle de mon fils, car je suis physiquement son grand-père. *Semper in conjunctionibus non solùm quod liceat considerandum est, sed et quod honestum sit.*

1182. La prohibition dont il s'agit s'applique à l'affinité naturelle comme à l'affinité civile. Ainsi un bâtard ne peut épouser la veuve de son père. *In contrahendis matrimoniis naturale jus et pudor inspiciendus est.*

1183. En ligne collatérale, le mariage est prohibé entre le frère et la sœur légitimes ou naturels (a). *Inter fratrem sororemque nuptiæ prohibitæ sunt, sive ab eodem patre eâdemque matre nati fuerint, sive ab altero eorum.*

1184. Il l'est aussi entre les alliés au même degré. (b). *Affines sunt viri et uxoris cognati.*

______

(a) Art. 162 c. c. — (b) *Id.*

1185. Mais il faut que l'affinité soit déjà constante et légalement établie à l'époque où l'empêchement est opposé (*a*). *Affinitatis causa ex nuptiis fit.*

1186. L'horreur de l'inceste du frère avec la sœur, et des alliés au même degré, dérive du principe de l'honnêteté publique. La famille est le sanctuaire des mœurs, c'est là que l'on doit éviter avec tant de soin tout ce qui peut les corrompre. Le mariage n'est pas une corruption; mais l'espoir du mariage entre des êtres qui vivent sous le même toit, pourrait allumer des désirs et entraîner des désordres qui souilleraient la maison paternelle, en banniraient l'innocence, et poursuivraient ainsi la vertu jusques dans son dernier asile. Outre quelques idées probables sur la perfectibilité physique, il y a donc un motif moral pour que l'engagement réciproque du mariage soit impossible à ceux entre qui le sang ou l'affinité a déjà établi des rapports directs ou très-prochains, de peur que la pureté de leurs affections mutuelles ne soit troublée par les illusions d'une autre espérance.

1187. C'est en conformité de ces principes que, le 18 floréal an XII, le tribunal de première instance de Paris a décidé qu'un veuf ne peut épouser la sœur de sa femme décédée (*b*).

(*a*) Nismes, 3 déc. 1811 : *J. C. C. t.* 19, *p.* 40. — (*b*) J. C. C. t. 2, p. 55.

1188. Le mariage n'est point prohibé entre un homme et la veuve du frère de sa première femme. Cet homme est bien allié du frère de sa femme, mais non de la femme de ce frère : l'affinité ne produit pas d'affinité : *affinis affinem non generat.*

1189. Quoique l'enfant qu'une personne a eu d'un commerce illicite ne soit pas civilement parent de l'enfant que la même personne a eu d'un mariage régulier, ces deux enfans ne peuvent se marier ensemble, parce qu'ils sont frères naturels (1183).

1190. Le mariage est encore prohibé entre l'oncle et la nièce, la tante et le neveu (*a*). L'oncle tient souvent la place du père, et dès lors doit en remplir les devoirs. La tante n'est pas toujours étrangère aux soins de la maternité. Les devoirs de l'oncle et les soins de la tante ne s'accorderaient presque jamais avec les procédés moins sérieux qui précèdent le mariage et qui le préparent.

1191. Si les lois de la nature sont inflexibles et invariables, les lois humaines sont susceptibles d'exceptions et de dispenses. Un législateur, libre de ne pas rendre le décret, peut, à plus forte raison, déclarer que ce décret cessera en certains cas. Il ne serait ni sage ni possible que ces cas d'exception, eu

______
(*a*) Art. 163 c. c.

toute matière, fussent toujours spécifiquement déterminés. La loi ne doit pas faire par elle-même ce qu'elle ne peut pas bien faire sans un secours étranger. Elle doit confier à la sagesse d'autrui ce qu'elle ne saurait régler d'avance par sa propre sagesse. De là l'origine des dispenses en fait de mariage ; et l'usage de ces dispenses a été universel relativement à la prohibition entre parens. On n'a donc pas hésité à conférer au roi le droit d'accorder ces dispenses, quand des causes graves l'exigeaient. On a pourtant limité ce droit à la prohibition entre oncle et nièce , tante et neveu (a), parce que les motifs d'honnêteté publique qui font défendre le mariage entre le frère et la sœur, doivent l'emporter, dans tous les cas, sur les considérations particulières par lesquelles on croirait pouvoir motiver une exception. On ne parle point de la prohibition en ligne directe : elle ne saurait être susceptible de dispenses. Il n'est pas au pouvoir des hommes de légitimer la contravention aux lois de la nature.

1192. Le mariage entre un grand-oncle et sa petite-nièce ne peut avoir lieu qu'en conséquence de dispenses accordées par le roi (b).

1193. Peut se contracter sans dispense le

____

(a) Art. 164 c. c. — (b) Décis. du gouvern. 7 mai 1808 : B. 191, n° 3508, 4e s.

mariage entre un neveu et la femme de son oncle : la prohibition (1190) ne s'étendant point aux alliés, comme quand il s'agit de frère et sœur (1183. 1184).

1194. Les dispenses pour se marier avant dix-huit ans révolus pour les hommes, et quinze ans révolus pour les femmes, sont délivrées par le roi (a).

1195. Sur le rapport du ministre de la justice (b).

1196. Il en est de même des dispenses pour se marier entre oncle et nièce, tante et neveu (c).

1197. Le procureur du roi près le tribunal de première instance de l'arrondissement dans lequel les impétrans se proposent de célébrer le mariage, lorsqu'il s'agit de dispenses dans les degrés prohibés, met son avis au pied de la pétition tendant à obtenir ces dispenses (d).

1198. La même formalité est remplie par le procureur du roi près le tribunal de première instance de l'arrondissement dans lequel l'impétrant a son domicile, lorsqu'il s'agit de dispenses d'âge (e).

1199. La pétition est ensuite adressée au ministre de la justice (f).

______

(a) Arrêté 3o prair. an xi : B. 285, n° 2792, 3e s. — (b) Id. — (c) Id. — (d) Id. — (e) Id. — (f) Id.

1200. L'ordonnance royale portant la dispense d'âge ou celle dans les degrés prohibés, est enregistrée au greffe du tribunal civil de l'arrondissement dans lequel le mariage est célébré (*a*).

1201. A la diligence du procureur du roi (*b*).

1202. En vertu d'ordonnance du président (*c*).

1203. Une expédition de l'ordonnance royale demeure annexée à l'acte de célébration de mariage (*d*).

1204. Dans cette expédition il est fait mention de l'enregistrement (*e*).

1205. A la Guiane française, les dispenses (1084. 1191) sont accordées par le gouverneur (*f*).

1206. D'après nos mœurs actuelles, les raisons qui ont pu faire interdire, dans d'autres temps ou dans d'autres pays, les mariages entre cousins germains, ne subsistent plus. Nous n'avons pas besoin de favoriser, et moins encore de forcer, par des prohibitions, les alliances des diverses maisons entre elles. Nous pouvons nous en rapporter, à cet égard, à l'influence de l'esprit de société, qui ne prévaut malheureusement que trop parmi nous sur

(*a*) Arrêté 3o prair. an xi : *B.* 285 , n° 2792 , 3ᵉ *s.* — (*b*) *Id.* — (*c*) *Id.* — (*d*) *Id.* — (*e*) *Id.* — (*f*) Art. 58 , ord. 27 août 1828 : *B.* 261, n° 9865, 8ᵉ *s.*

l'esprit de famille. D'autre part, le temps n'est plus où les cousins germains vivaient comme des frères, et où l'on voyait une nombreuse famille rassemblée toute entière et ne formant qu'un seul ménage dans une commune habitation. Aujourd'hui les frères même sont quelquefois plus étrangers les uns aux autres, que ne l'étaient jadis les cousins germains. Les motifs de pureté et de décence qui faisaient écarter l'idée du mariage de tous ceux qui vivaient sous le même toit et sous la surveillance d'un même chef, ont donc cessé ; et d'autres motifs semblent engager au contraire à protéger l'esprit de famille contre l'esprit de société. *Inter liberos fratrum, sive consobrinos, nuptiæ consistere possunt.*

1207. Les officiers de tout genre, en activité de service, ne peuvent se marier qu'après en avoir obtenu la permission par écrit du ministre de la guerre (*a*).

1208. Même règle pour les officiers de tout grade de la gendarmerie royale (*b*).

1209. Ceux d'entre les officiers qui contractent mariage sans cette permission , encourent la destitution (*c*).

1210. Ils encourent aussi la perte de leurs

____

(*a*) Déc. 16 juin 1808 : B. 195, n° 3463, 4ᶜ s. — (*b*) Art. 271, ord. 29 oct. 1820 : B. 419, n° 9881, 7ᶜ s. — (*c*) Déc. 16 juin 1808 : B. 195, n° 3463, 4ᶜ s.

droits à toute pension ou récompense militaire (*a*).

1211. Tant pour eux que pour leurs veuves et leurs enfans (*b*).

1212. Les sous-officiers et soldats en activité de service, ne peuvent de même se marier qu'après en avoir obtenu la permission du conseil d'administration de leur corps (*c*).

1213. Les sous-officiers de gendarmerie et gendarmes ne peuvent se marier sans en avoir obtenu la permission du commandant de la compagnie (*d*).

1214. Approuvé par le colonel de la légion (*e*).

1215. Dans le cas où cet officier supérieur croirait devoir refuser son consentement, il est tenu d'en faire connaître les motifs au ministre de la guerre (*f*).

1216. Celui-ci prononce définitivement (*g*).

1217. Tout officier de l'état civil qui sciemment célèbre le mariage d'un officier, sous-officier ou soldat en activité de service, sans se faire remettre lesdites permissions, ou qui néglige de les joindre à l'acte de célébration du mariage, est destitué de ses fonctions (*h*).

(*a*) Déc. 16 juin 1808 : B. 195, n° 3463, 4ᵉ s. — (*b*) *Id.* — (*c*) *Id.* — (*d*) Art. 272, ord. 29 oct. 1820 : B. 419, n° 9881, 7ᵉ s. — (*e*) *Id.* — (*f*) *Id.* — (*g*) *Id.* — (*h*) Déc. 16 juin 1808 : B. 195, n° 3463, 4ᵉ s.

1218. Les dispositions précédentes (1207. 1209—1211) sont applicables à tout officier militaire et civil du département de la marine, nommé par le roi (*a*).

1219. Les élèves d'administration de la marine ne peuvent se marier qu'après avoir obtenu la permission du ministre de ce département (*b*).

1220. Il en est de même des sous-officiers et soldats (*c*).

1221. Pareille mesure atteint les commissaires ordonnateurs. (*d*).

1222. Et les officiers de santé (*e*).

1223. La loi, ne faisant mention que des officiers en activité (1207), exclut évidemment les officiers en retraite, qui, par le fait même de leur retraite, rentrent dans la classe des citoyens non militaires : ils n'ont donc besoin d'aucune permission pour se marier (*f*).

1224. Mais il n'en est pas de même des officiers réformés : leur inactivité peut n'être que temporaire, et ils ne cessent pas d'être à la disposition du gouvernement. Il pourrait donc arriver qu'un mariage contracté pendant cette interruption de service, n'étant pas en défini-

(*a*) Déc. 3 août 1808 : *B.* 199, n° 3604, 4ᵉ *s.* — (*b*) Art. 6, ord. 28 janv. 1824 : *B.* 655, n° 16431, 7ᵉ *s.* — (*c*) Déc. 3 août 1808 : *B.* 199, n° 3604, 4ᵉ *s.* — (*d*) Déc. 28 août 1808 : *B.* 201, n° 3681, 4ᵉ *s.* — (*c*) *Id.* — (*f*) Décis. du min. de la guerre, 7 sept. 1808.

tif jugé convenable à un officier en activité, empêchât qu'il n'y fût remis. Il a été décidé en conséquence qu'un officier réformé ne serait point admis à contracter mariage sans avoir obtenu une permission semblable à celle exigée des officiers en activité (a).

1225. Aucun fonctionnaire public ou agent salarié ne peut contracter mariage dans la colonie de la Guiane française sans l'autorisation du gouverneur (b).

1226. A peine de révocation (c).

1227. Lui-même ne le peut sans l'autorisation du roi (d).

1228. Depuis la Charte, un prêtre ne peut se marier, quoiqu'ayant, long-temps avant, cessé ses fonctions (e).

(a) Av. du cons. d'Ét. 21 déc. 1808 : B. 220, n° 4032, 4ᵉ s. — (b) Art. 59, ord. 27 août 1828 : B. 261, n° 9863, 8ᵉ s. — (c) Id. — (d) Art. 86. — (e) Paris, 18 mai 1818 : J. P. t. 53, p. 403.

—

1229. Il importe à la société que le consentement des époux intervienne dans une forme solennelle et régulière. Le mariage les soumet à de grandes obligations envers ceux à qui ils donnent l'être. Il faut donc connaître les individus tenus de remplir ces obligations. Qui garantirait la sûreté des mariages, si, contractés obscurément et sans précaution légale, ils ressemblaient à ces unions passagères et fugitives que le plaisir produit, et qui finissent avec le plaisir ? Enfin, la société contracte elle-même des engagemens envers des époux dont elle doit respecter l'union. Elle est intéressée à protéger, contre la licence et l'entreprise des tiers, cette alliance sacrée qui doit être sous la sauve-garde des gens de bien. Ces importantes considérations ont déterminé à établir des formalités capables de fixer la certitude des mariages, et de leur donner le plus haut degré de publicité.

1230. Le mariage est célébré devant l'officier civil du domicile de l'une des deux parties (*a*).

_____

(*a*) Art. 165 c. c.

Cet officier est le témoin nécessaire de l'engagement des époux. Il reçoit, au nom de la loi, cette promesse inviolable, stipulée au profit de l'État, au profit de la société générale du genre humain.

1231. La célébration doit être faite publiquement (*a*), c'est-à-dire dans la maison commune. On ne peut, sous de vains prétextes, chercher le secret et le mystère. Rien ne doit être caché dans un acte où le public même, à certains égards, est partie, et qui donne une nouvelle famille à la cité (603. 1249. 1255. 1257. 1261. 1262).

1232. Cependant un mariage n'est pas essentiellement nul, pour avoir été fait dans une maison particulière (*b*).

1233. Les deux publications dont il a déjà été parlé (517—520), sont faites à la municipalité du lieu où chacune des parties contractantes a son domicile (*c*).

1234. Néanmoins, si le domicile actuel n'est établi que par six mois de résidence (593), les publications sont faites en outre à la municipalité du dernier domicile (*d*).

1235. Si les parties contractantes, ou l'une

(*a*) Art. 165 c. c. — (*b*) Cas. 22 juil. 1807, 21 juin 1814, 31 août 1824; Bruxelles, Bourges, 18 fév. 1809, 23 mai 1822 : *Sir. et Den.* 1807, *p.* 320; *J. C. C. t.* 12, *p.* 266; *J. P. t.* 40, *p.* 369; *t.* 64, *p.* 311; *t.* 71, *p.* 202. — (*c*) Art. 166 c. c. — (*d*) Art. 167.

d'elles, sont, relativement au mariage, sous la puissance d'autrui, les publications sont encore faites à la municipalité du domicile de ceux sous la puissance desquels elles se trouvent (a).

1236. Il est loisible au roi de dispenser de la seconde publication (b), mais jamais des deux.

1237. Pour des causes graves (c).

1238. La même faculté appartient aux officiers que le roi prépose à cet effet (d).

1239. Cette dispense est accordée, s'il y a lieu, au nom du roi, par son procureur près le tribunal de première instance dans l'arrondissement duquel les impétrans se proposent de célébrer leur mariage (e).

1240. Il est rendu compte, par ce procureur, au ministre de la justice, des causes graves qui ont donné lieu à la dispense (f).

1241. La dispense d'une seconde publication de bans est déposée au secrétariat de la commune où le mariage est célébré (g).

1242. Le secrétaire en délivre une expédition (h).

1243. Dans cette expédition il est fait mention du dépôt (i).

1244. Elle demeure annexée à l'acte de célébration du mariage (j).

(a) Art. 168 c. c. — (b) 169. — (c) Id. — (d) Id. — (e) Arr. 30 prair. an XI : B. 285 , n° 2792, 5ᵉ s. — (f) Id. — (g) Id. — (h) Id. — (i) Id. — (j) Id.

1245. On voit que le procureur du roi est là (1239) un délégué du gouvernement, pour lequel et au nom duquel il agit. Si donc quelqu'un avait à se plaindre de la dispense, et se croyait en droit de l'attaquer, il devrait s'adresser non pas au tribunal auquel est attaché le procureur du roi qui l'aurait accordée, mais bien au gouvernement même.

1246. La dispense ne pouvant être accordée que pour des causes graves (1237), le procureur du roi doit exprimer, dans sa décision, les motifs sur lesquels il la fonde, afin que le gouvernement en apprécie la valeur, dans le cas où il s'éleverait quelque réclamation.

1247. Un citoyen peut se transporter partout, et partout il peut exercer les droits attachés à sa qualité d'homme. Dans le nombre de ces droits, l'un des plus naturels est incontestablement la faculté de contracter mariage. Cette faculté n'est pas locale, mais, pour ainsi dire, universelle comme la nature. D'après ces principes, le mariage contracté en pays étranger, entre Français, est valable (*a*) : application d'une règle générale (391—393).

1248. Il en est de même du mariage contracté en pays étranger, entre Français et étrangers (*b*).

1249. S'il a été célébré dans les formes usitées dans le pays (*c*). La forme extérieure des

(*a*) Art. 170 c. c. — (*b*) *Id.* — (*c*) *Id.*

actes se règle par les lois du pays où ils sont passés. *Locus regit actum.*

1250. Ainsi le défaut de formes dans l'acte de mariage d'un Français chez l'étranger, n'emporte pas nullité, si cette peine n'est pas prononcée par la loi du pays où cet acte est reçu (*a*).

1251. L'agent diplomatique français est incompétent pour recevoir l'acte (*b*).

1252. La nullité résultant de cette incompétence est d'ordre public, et peut être invoquée par les époux eux-mêmes, malgré une longue possession et la naissance de plusieurs enfans (*c*).

1253. Le mariage d'un militaire hors du royaume est valablement contracté devant un officier de l'état civil étranger (*d*).

1254. Le mariage est suffisamment justifié par un certificat de célébration, dressé suivant les formes du pays où il a été contracté (*e*).

1255. Pour la validité (1247—1249), il faut que le mariage ait été précédé des publications (517—520) dont il a été parlé (*f*).

1256. Le défaut de publications entraîne-t-il nullité ? — Jugé diversement (*g*).

(*a*) Colmar, 25 janv. 1823 : *J. P. t.* 66, *p.* 118. — (*b*) Cas. 10 août 1819 : *J. P. t.* 56, *p.* 195. — (*c*) *Id.* — (*d*) Paris, 8 juil. 1820 : *J. P. t.* 58, *p.* 50. — (*e*) Paris, 27 juin 1815 : *J. P. t.* 43, *p.* 104. — (*f*) Art. 170 c. c. — (*g*) Paris, Colmar, 8 juil. 1820, 2 et 25 janv. 1823 : *J. P. t.* 58, *p.* 50 ; *t.* 66, *p.* 118 ; *t.* 67, *p.* 588.

1257. Il faut encore que le Français n'ait point contrevenu aux dispositions concernant les conditions et qualités requises pour pouvoir contracter mariage (*a*). Les statuts personnels suivent l'individu partout (57). *Nemo propriam personam exuere potest.*

1258. L'étrangère mariée à un Français, sans le consentement des parens de celui-ci, est réputée de bonne foi, si les lois de son pays ne rendaient pas ce consentement nécessaire (*b*).

1259. Elle a droit à des dommages-intérêts, quand la nullité de ce mariage est prononcée (*c*).

1260. Le mariage contracté, en pays étranger, entre beau-frère et belle-sœur, français et non naturalisés étrangers, doit être annulé sur la demande du ministère public, quoique les époux ne se prévaillent point de ce mariage (*d*).

1261. L'acte de célébration du mariage contracté en pays étranger, est transcrit sur le registre public des mariages du lieu du domicile du Français (*e*).

1262. Dans les trois mois après son retour sur le territoire du royaume (*f*).

1263. Sans que l'inobservation de ce délai entraîne nullité (*g*).

(*a*) Art. 170 c. c. — (*b*) Aix, 8 fév. 1821 : *J. P. t.* 62, *p.* 87. — (*c*) *Id.* — (*d*) Cas. 8 nov. 1824 : *J. P. t.* 71, *p.* 557. — (*e*) Art. 171 c. c. — (*f*) *Id.* — (*g*) Cas. 16 juin 1829; Rouen. 11 juil. 1827 : *J. G.* 1828, 2ᵉ *part. p.* 168; *J. P. t.* 85. *p.* 75.

1264. Cette transcription ne peut avoir lieu qu'après que l'acte a été revêtu de toutes les formalités nécessaires pour lui imprimer le caractère de l'authenticité. Il doit être légalisé par l'ambassadeur français.

1265. Jusqu'à cette transcription (1261), un tel mariage ne peut être opposé aux tiers (a).

(a) Montpellier, 15 janv. 1823 : *J. P. t.* 68, *p.* 309.

—

1266. Il est plus expédient de prévenir le mal qu'il n'est facile de le réparer. *Melius est rem salvam facere, quàm post vulneratam causam remedium quærere.* A quoi serviraient les conditions et les formalités relatives à la célébration du mariage, si personne n'avait action pour empêcher qu'elles ne fussent éludées ou enfreintes ? Le droit de s'opposer à un mariage a donc été reconnu utile et même indispensable. Mais ce droit ne doit pas dégénérer en action populaire : il a besoin d'être limité à certaines personnes et à certains cas, à moins qu'on ne veuille que chaque mariage devienne une occasion de scandale et de trouble dans la société.

1267. Le droit de former opposition à la célébration du mariage, appartient à la personne engagée par mariage avec l'une des deux parties contractantes (*a*). Il est juste que celui ou celle qui a été partie dans ce premier engagement, puisse défendre son titre, et réclamer l'exécution de la foi promise (1095 — 1096).

1268. Une promesse de mariage ne donne

______

(*a*) Art. 172 c. c.

pas qualité à l'un pour s'opposer au mariage que l'autre voudrait contracter avec un tiers (*a*).

1269. Néanmoins, lorsqu'il existe non de simples promesses, mais un contrat dans lequel les parties se sont obligées à se prendre respectivement pour époux, celle des deux qui refuse d'exécuter l'acte, est passible de dommages-intérêts (*b*).

1270. Ils s'arbitrent à raison non des avantages perdus, mais du préjudice éprouvé (*c*).

1271. Quoique stipulés, ils peuvent être réduits, s'ils sont excessifs (*d*).

1272. En est-il dû par la future au futur? — Jugé diversement (*e*).

1273. N'est pas valable l'obligation contenue en une promesse de mariage, de payer une somme en cas de dédit (*f*).

1274. Le père, et, à défaut du père, la

(*a*) Turin, Colmar, Agen, 14 flor. et 29 mes. an XIII, 29 juil. 1806, 2 avril 1810 : *J. C. C. t.* 5 et 8, *p.* 9 et 326 ; *Den.* 1810, *sup. p.* 133. — (*b*) Turin, Colmar, Trèves, Agen, 14 flor. et 29 mess. an XIII, 29 juil. 1806, 5 fév. 1808, 2 avril 1810, 28 janv. 1812, 13 mai 1818 : *J. C. C. t.* 5. 8. 18, *p.* 9. 224. 326 ; *Sir.* 1808, *déc. div. p.* 169 ; *Den.* 1810, *sup. p.* 133 ; *J. P. t.* 52, *p.* 324. — (*c*) Agen, Toulouse, 2 avril 1810, 8 mars 1827 ; *Den.* 1810, *sup. p.* 133 : *J. P. t.* 82, *p.* 214. — (*d*) Colmar, 27 juin 1821 : *J. P. t.* 61, *p.* 495. — (*e*) Lyon, Besançon, Colmar, 18 déc. 1810, 8 mai 1811, 18 juin 1818 : *J. C. C. t.* 17, *p.* 477 : *J. P. t.* 55, *p.* 386. — (*f*) Cas. 6 juin 1821 ; Nismes, 29 nov. 1827 : *J. P. t.* 60, *p.* 369 ; *t.* 82, *p.* 361.

mère, et, à défaut de père et mère, les aïeuls et aïeules, peuvent former opposition au mariage de leurs enfans et descendans (*a*).

1275. Encore que ceux-ci aient vingt-cinq ans accomplis (*b*). Pourrait-on raisonnablement refuser aux pères et aux mères, aux aïeuls et aïeules, le droit de veiller à l'intérêt de leurs enfans, même majeurs, lorsque la crainte de les voir se précipiter dans des engagemens honteux ou inconsidérés, excite leur sollicitude ?

1276. La mère dont le consentement n'a pas été demandé, a qualité pour former opposition, quoique le père consente au mariage (*c*).

1277. Les collatéraux ne peuvent avoir la même faveur que les ascendans, parce qu'ils ne sauraient inspirer la même confiance. Cependant il est des occasions où il doit être permis à un frère, à un oncle, à un proche, d'élever des réclamations. Il ne faut pas non plus que ces occasions soient arbitraires. On va voir les cas auxquels on les a limitées. On a pensé que dans ces occurrences on ne pouvait étouffer la voix de la nature, puisqu'elles ne permettaient pas de les confondre avec celle des passions.

1278. A défaut d'aucun ascendant, le frère

(*a*) Art. 175 c. c. — (*b*) *Id.* — (*c*) Riom , 30 juin 1817 : *J. P.* t. 50 , p. 87.

ou la sœur, l'oncle ou la tante, le cousin ou la cousine germains, majeurs, ne peuvent former aucune opposition que dans les deux cas suivans (*a*).

1279. 1° Lorsque le consentement du conseil de famille (1170. 1171) n'a pas été obtenu (*b*).

1280. 2° Lorsque l'opposition est fondée sur l'état de démence du futur époux (*c*).

1281. Le tribunal peut prononcer main-levée pure et simple de cette opposition (*d*).

1282. Cette règle (1181) est-elle également applicable, soit que l'opposition émane de collatéraux, soit qu'elle ait été formée par des ascendans? — Jugé diversement (*e*).

1283. Cette opposition des collatéraux n'est jamais reçue qu'à la charge, par l'opposant, de provoquer l'interdiction (*f*).

1284. Et d'y faire statuer dans le délai qui est fixé par le jugement (*g*).

1285. Le tribunal ne peut statuer sur la main-levée qu'après le jugement de l'interdiction, ou après les délais par lui accordés pour faire prononcer sur celle-ci (*h*).

1286. Quand il a été formé opposition à un

(*a*) Art. 174 c. c. — (*b*) *Id.* — (*c*) *Id.* — (*d*) *Id.* — (*e*) Cas. 6 janv. 1829; Bruxelles, 15 déc. 1812 : *J. C. C. t.* 20, *p.* 222; *J. P. t.* 85, *p.* 286. — (*f*) Art. 174 c. c. — (*g*) *Id.* —(*h*) Paris, 21 fév. 1825 : *J. P. t.* 73, *p.* 356.

mariage, sous prétexte de la démence du futur époux, il faut qu'avant de procéder à son interdiction il intervienne un jugement qui reconnaisse la qualité en vertu de laquelle l'opposant a eu droit d'agir (*a*).

1287. La sœur qui forme opposition au mariage de son frère pour cause de démence, et provoque son interdiction, doit, sous peine d'être déclarée non recevable, articuler des faits précis, et désigner les témoins qui peuvent en déposer (*b*).

1288. Quand le Code dit que l'opposition n'est jamais reçue qu'à la charge de provoquer l'interdiction, il n'autorise pas l'officier civil à passer outre à la célébration, nonobstant cette opposition, s'il ne lui apparaît de la demande à fin d'interdiction. En effet, puisque le tribunal peut faire main-levée pure et simple de cette opposition (1281), ou prescrire un délai dans lequel l'opposant doit faire statuer sur l'interdiction (1281), il faut toujours s'adresser au tribunal pour avoir main-levée de l'opposition, dont l'officier civil n'est jamais juge. Le sens de la loi est que celui qui forme opposition au mariage pour cause de démence, et qui est assigné en main-levée, doit sur-le-champ administrer des faits de démence

(*a*) Bruxelles, 15 therm. an xi : *J. C. C. t.* 1, *p.* 199. —
(*b*) Colmar, 15 déc. 1810 : *J. P. t.* 29, *p.* 316.

pertinens et admissibles ; que s'il n'en administre pas, ou si les faits allégués ne méritent aucune attention, le juge fait main-levée pure et simple ; que si les faits sont graves et capables de motiver l'interdiction, le juge fixe un délai dans lequel l'opposant doit faire statuer.

1289. Dans les deux cas prévus plus haut (1279. 1280), le tuteur ou curateur ne peut, pendant la durée de la tutelle ou curatelle, former opposition qu'autant qu'il y a été autorisé par un conseil de famille (*a*).

1290. Il peut le convoquer (*b*) à cet effet.

1291. Les enfans ne sont pas recevables à former opposition au mariage de leurs père et mère (*c*).

1292. Tout acte d'opposition énonce la qualité qui donne à l'opposant le droit de la former (*d*).

1293. Il contient élection de domicile dans le lieu où le mariage doit être célébré (*e*), afin que celui sur qui frappe l'opposition sache où s'adresser pour en demander la main-levée, et ne soit obligé ni à des longueurs, ni à de grands frais, pour aller chercher l'opposant dans le lieu de son domicile.

1294. Cependant la demande en main-levée

***

(*a*) Art. 175 c. c. — (*b*) *Id.* — (*c*) Bruxelles, 25 sept. 1812 : J. C. C. t. 19, *p.* 464. — (*d*) Art. 176 c. c. — (*e*) *Id.*

doit se porter au tribunal du domicile réel de l'opposant (*a*). Voir plus loin (1308).

1295. L'acte (1292) doit également contenir les motifs de l'opposition (*b*).

1296. A moins qu'il ne soit fait à la requête d'un ascendant (*c*). La loi lui suppose tendresse et motifs raisonnables. C'en est même un suffisant à ses yeux, que celui de reculer une union qui paraît inconvenante, et d'obtenir un délai pendant lequel l'enfant peut se rendre aux conseils de ses ascendans et à la déférence qu'il leur doit.

1297. Néanmoins l'opposition ne peut être accueillie par les tribunaux, si elle n'est fondée sur aucun motif capable de former un empêchement légal au mariage projeté (*d*).

1298. Une opposition fondée sur l'inégalité d'âge, de fortune et de santé, doit être rejettée (*c*).

1299. Un père ne peut motiver son opposition sur ce que le futur l'a gravement calomnié (*f*).

1300. L'inobservation des formalités ci-dessus (1292. 1293. 1295) emporte nullité (*g*).

1301. Elle emporte aussi l'interdiction de

(*a*) Paris, 23 mars 1829 : *J. P. t.* 84, *p.* 220. — (*b*) Art. 176 c. c. — (*c*) *Id.* — (*d*) Cass. 7 nov. 1814 : *J. C. C. t.* 22, *p.* 201. — (*e*) Riom, 11 juin 1806 : *J. C. C. t.* 7, *p.* 57. — (*f*) Brux. 17 janv. 1809 : *Sir.* 1809, *sup. p.* 268. — (*g*) Art. 176 c. c.

l'officier ministériel qui a signé l'acte contenant opposition (*a*).

1302. L'officier ministériel n'est pas le juge du droit résultant de la qualité que se donne l'opposant, et ne peut refuser son ministère sous prétexte que la qualité prise par celui qui le requiert ne lui attribue pas le droit de s'opposer. La loi ne le menace point d'interdiction pour avoir signifié un acte à la requête d'une personne sans droit, mais seulement faute d'expression de sa qualité. C'est au juge à statuer sur le droit qui peut ou non résulter de la qualité énoncée.

1303. Lorsque, sur l'opposition, les père et mère sont assignés, doit-il être laissé à chacun d'eux copie de l'exploit?–Jugé diversement (*b*).

1304. L'essai de conciliation n'est pas nécessaire avant de former la demande en main-levée (*c*).

1305. Le tribunal de première instance prononce dans les dix jours sur la demande en main-levée (*d*).

1306. Cela n'ôte pas aux ascendans la voie de l'opposition aux jugemens par défaut rendus contre eux (*e*).

______

(*a*) Art. 176 c. c. — (*b*) Cas. 23 janv. 1816 ; Paris, 29 mai 1829 : J. P. t. 46, p. 225 ; t. 84, p. 442. — (*c*) Angers, 21 prair. an xi : J. C. C. t. 6. p. 106. — (*d*) Art. 177 c. c. — (*e*) Amiens, 10 mai 1821 : J. P. t. 64, p. 34.

1307. Le tribunal ne peut, avant faire droit, ordonner la comparution des parties à huis clos (*a*).

1308. Il semble que la demande en mainlevée doive se porter devant le juge du domicile de celui au mariage de qui a été formée opposition. C'est un axiome de droit que tout opposant est demandeur ; et voilà pourquoi la loi exige élection de domicile dans le lieu où doit se célebrer le mariage (1293). Cependant (1294) on a jugé en sens contraire.

1309. S'il y a appel , il y est statué dans les dix jours de la citation (*b*).

1310. Mais l'instance n'est pas périmée faute d'observation du délai (*c*).

1311. L'appel est suspensif ; et quoiqu'il ait été fait main-levée par le tribunal de première instance, on ne peut passer outre au mariage tant que le jugement n'est pas confirmé.

1312 . Il est dans l'esprit de la loi que l'instance d'appel soit définitivement réglée dans les dix jours ; il ne doit donc pas être au pouvoir d'un appelant de prolonger davantage la durée de l'obstacle mis à la célébration : ainsi l'arrêt qui le repousse est exécutoire par provision (*d*).

(*a*) Rouen, 17 janv. 1821 : *J. P. t.* 59, *p.* 505. — (*b*) Art. 178 c. c. — (*c*) Cas. 4 nov. 1807 : *J. C. C. t.* 10, *p.* 11. — (*d*) Nismes , 30 déc. 1806 : *J. C. C. t.* 8 , *p.* 296.

1313. Mais il est susceptible d'opposition (a).

1314. Les tribunaux ne peuvent, avant de prononcer sur l'opposition formée par des père et mère au mariage de leur fille majeure, ordonner que celle-ci soit tenue de résider, pendant un temps déterminé, dans un lieu indiqué, sans recevoir l'homme qu'elle veut épouser (b). Voir néanmoins l'arrêt de la cour d'Aix (c) du 6 janvier 1824.

1315. Si l'opposition est rejetée, les opposans peuvent être condamnés à des dommages-intérêts (d). On y soumet ceux qui succombent, si leur opposition a été funeste aux personnes dont elle a différé ou même empêché le mariage ; car souvent une opposition mal fondée peut mettre obstacle à une union sortable. Il existe alors un préjudice grave, qui doit être réparé. N'importe qu'il n'y ait eu qu'imprudence ou erreur dans l'opposant : il n'y a point à balancer entre celui qui se trompe et celui qui souffre.

1316. La condamnation aux dommages-intérêts contre les collatéraux qui mal à propos se sont opposés au mariage, doit être solidaire (e).

1317. Les ascendans ne sont pas soumis aux dommages-intérêts (f). Ils sont toujours magis-

(a) Nancy, 30 juin 1826 : *J. A. t.* 31, *p.* 169. — (b) Cas. 21 mars 1809 : *Den.* 1809, *p.* 111. — (c) J. P. t. 71, p. 571. — (d) Art. 179 c. c. — (e) Brux. 15 therm. an XI : *J. C. C. t.* 1. *p.* 199. — (f) Art. 179 c. c.

trats dans leur famille, lors même que vis-à-vis
de leurs descendans ils paraissent ne se porter
que comme parties dans les tribunaux. Leur
tendresse présumée écarte d'eux tout soupçon
de mauvaise foi, et fait excuser leurs méprises.
Souvent on n'a aucune raison décisive pour
empêcher un mauvais mariage; mais un père
ne peut renoncer à l'espoir de ramener son
enfant par des conseils salutaires. Il se rend
opposant, parce qu'il sait que le temps est une
grande ressource contre les déterminations qui
tiennent à la promptitude de l'esprit, à la vi-
vacité du caractère, ou à la fougue des passions.
Pourrait-on punir, par une adjudication de dommages-intérêts, ce père déjà trop malheureux
des espérances qu'il avait conçues, et des sages
lenteurs sur lesquelles il les fondait ? La conscience, le cœur d'un bon père est un asyle qu'il
ne faut pas indiscrètement forcer. Il a existé un
temps où, sous prétexte de la plus légère inégalité dans la fortune ou la condition, on formait
opposition à un mariage honnête ou raisonnable. Mais aujourd'hui que l'égalité est établie
par nos lois, deux époux peuvent céder aux
douces inspirations de la nature, et n'ont plus
à lutter contre les préjugés de l'orgueil, contre
toutes ces vanités sociales, qui mettaient dans
les alliances la gêne, la nécessité, la fatalité du
destin même; on a moins à craindre ces oppositions bizarres, inspirées par l'ambition, ou

commandées par l'avarice. On ne redoute plus ces spéculations combinées avec tant d'art, dans lesquelles, en fait de mariage, on s'occupait de tout, excepté du bonheur. Toutes les classes de la société étaient plus ou moins dominées par les mêmes préjugés. Les vanités étaient graduées comme les conditions. Dans le système actuel, nous ne sommes plus exposés aux mêmes dangers : chacun est devenu plus maître de sa destinée. Mais il ne faut pas tomber dans l'extrême contraire. Le souvenir de l'abus que l'on faisait des oppositions à mariage, n'a pas dû déterminer à les proscrire. On eût favorisé le jeu des passions, en croyant ne protéger que la liberté des alliances.

1318. Même lorsque l'opposition d'un père est mal fondée, il ne peut être condamné aux dépens (*a*).

1319. Le pourvoi en cassation contre l'arrêt qui fait main-levée de l'opposition au mariage, n'est pas suspensif (*h*).

1320. L'opposition déclarée nulle, les père et mère n'en peuvent former une seconde (*c*).

(*a*) Amiens, 15 fév. 1806 : *J. C. C. t.* 6, *p.* 194. — (*b*) Paris, Lyon, 19 sept. 1815, 13 fév. 1828 : *J. P. t.* 43, *p.* 391. *J. A. t.* 36, *p.* 39. — (*c*) Liége, 26 déc. 1812 : *J. C. C. t.* 20, *p.* 468.

—

1321. Le mariage est parfait avant d'avoir été consommé. *Nuptias consensus, non concubitus, facit.* Dans le systême du droit civil qui régissait la France, un mari périssait-il avant la consommation, la veuve était obligée de porter le deuil, et la communauté, dans les pays où elle était admise, avait lieu depuis la célébration. Les gains nuptiaux, les avantages coutumiers étaient acquis, les donations réciproques s'exécutaient. On ne s'écartait de ces principes que dans quelques coutumes particulières et isolées, qui ne supposaient un mariage réel que lorsque la femme, selon l'expression de ces coutumes, avait été introduite dans le lit nuptial. Presque partout, le caractère moral, imprimé au contrat par la foi que les époux se donnent, prévalait sur toute autre circonstance.

1322. On sait ce qui a été dit contre les mariages clandestins et contre les mariages secrets. Il importe de fixer l'idée que l'on doit se former de ces deux espèces. Une déclaration de 1639 privait les mariages secrets de tous effets civils. On appelait mariages secrets ceux qui, quoique contractés selon les lois, avaient été tenus cachés pendant la vie des époux. On avait établi en maxime qu'il ne suffisait pas, pour la publicité d'un mariage, qu'il eût été célébré avec toutes les formalités prescrites ; mais qu'il fallait encore qu'il fût suivi, de la part des deux époux, d'une profession publique de leur état. Le législateur, en flétrissant les mariages secrets, craignait pour l'éducation des enfans nés d'une union tenue cachée ; il craignait même pour la certitude de leur naissance. Il voulait parer au scandale que peut faire naître la vie commune de deux époux, quand le public ne connaît pas le véritable lien qui les unit. Il voulait surtout, d'après l'extrême différence qui existait alors dans les rangs et les conditions, prévenir ces alliances inégales qui blessaient l'orgueil des grands noms, ou ne pouvaient se concilier avec l'ambition d'une grande fortune. C'est par la conduite des époux que l'on jugeait du secret de leur union. Un mariage célébré selon les formes a toujours une publicité quelconque ; mais on ne comptait pour rien cette publicité d'un moment, si elle était démentie par la vie entière des époux. On ne réputait un mariage public que lorsqu'ils ne rougissaient pas d'être unis, lorsqu'ils manifestaient leur union par leur vie publique et privée, lorsqu'ils demeuraient ensemble, lorsque la femme portait le nom de son mari, lorsque les enfans portaient le nom de leur père, lorsque les deux familles alliées étaient respectivement instruites du nœud qui les rapprochait, lorsqu'enfin les relations d'état étaient patentes et notoires. On appelait en conséquence mariage secret celui dont la connaissance avait été concentrée avec soin dans le petit nombre de témoins nécessaires à sa célébration, et avait été attentivement dérobée aux regards des autres hommes, c'est-à-dire à cette portion de la société qui, par rapport à chaque particulier, forme ce que nous appelons le public. Nous n'avons plus les mêmes raisons de redouter l'abus des mariages secrets. D'abord, la liberté des mariages n'ayant plus à lutter contre la plupart des préjugés qui la gênaient, les citoyens sont sans intérêt à cacher à l'opinion un mariage qu'ils ne cherchent pas à dérober aux regards de la loi. En second lieu, quand les mariages étaient attribués aux ecclésiastiques, le ministre du contrat offrait aux époux qui voulaient former un mariage que le respect humain ne leur permettait pas d'avouer, un dépositaire plus indulgent et plus discret. Il n'eût été ni juste ni raisonnable d'exiger qu'un ministre de la religion eût, dans le conflit des convenances ou des préjugés de la société avec les intérêts de la conscience, sacrifié les intérêts de la conscience aux préjugés ou aux simples convenances de la société. Les époux étaient donc assurés, dans les occurrences difficiles, de trouver toutes les ressources et tous les ménagemens que leur situation exigeait. Sans blesser les lois qui établissaient les formes publiques de la célébration, on accordait des permissions et des dispenses qui en modifiaient l'exécution et en tempéraient la rigueur. Un mariage pouvait rester secret, malgré l'observation littérale des formes établies pour en garantir la publicité. Dans l'état actuel des choses, le mariage est célébré en présence de l'officier civil et dans la maison commune. Cet officier n'a aucun pouvoir personnel de changer le lieu ni de modifier les formalités de la célébration; il n'est chargé que des intérêts de la société. On est obligé de recourir au roi pour obtenir dispense d'une des deux publications. Le secret devient impossible, et ne pourrait être que l'ouvrage de la fraude. Vainement les deux époux chercheraient des précautions pour cacher, pendant le reste de leur vie, une union qu'ils n'auraient pu éviter de contracter publiquement. Il est donc clair que la crainte des mariages secrets doit disparaître avec les diverses causes qui la produisaient. Le vrai danger serait celui de conserver un point de jurisprudence toujours incertain et arbitraire dans son application. L'observation des formes dans la célébration du mariage doit suffisamment garantir sa publicité de droit et de fait. Si, malgré l'observation de ces formes, des époux pouvaient encore se voir exposés à la privation des effets civils, sous prétexte que, par leur conduite postérieure, ils ont cherché à rendre leur union secrète, quelle source d'incertitudes et de troubles pour les familles ! Toutes les fois que la question d'un mariage prétendu secret se présentait aux tribunaux, les juges manquaient d'une règle assurée pour prononcer. Leur raison se perdait dans un dédale de faits, d'enquêtes, de témoignages plus ou moins suspects, et de présomptions plus ou moins concluantes. Des remarques indifférentes, des circonstances fugitives étaient travesties en preuves ; et après avoir fidèlement observé toutes les lois, on était exposé à voir échapper la sûreté qu'elles garantissent à ceux qui s'y conforment et les respectent.

1323. Il en est autrement des mariages clandestins. Ou il faut renoncer à toute législation sur les mariages, ou il faut proscrire la clandestinité ; car, d'après la définition des jurisconsultes, les mariages clandestins sont ceux que la société n'a jamais connus, qui n'ont été célébrés devant aucun officier public, et qui ont constamment été ensevelis dans le mystère et les ténèbres. Cette espèce de mariages clandestins n'est pas la seule, elle est la plus criminelle. On place encore parmi les mariages clandestins ceux qui n'ont pas été précédés des publications requises, ou qui n'ont point été célébrés devant l'officier civil que la loi indiquait aux époux, ou dans lesquels le consentement des père et mère, des aïeuls et aïeules, et des conseils de famille, n'est point intervenu. Comme toutes ces précautions ont été prises pour la prévenir, il y a lieu au reproche de clandestinité, quand on les a négligées. La nullité des mariages clandestins est évidente; mais un mariage peut être nul, sans être clandestin. Ainsi le défaut d'âge, de liberté, la parenté des époux au degré prohibé, annullent le mariage, sans lui imprimer d'ailleurs aucun caractère de clandestinité.

1324. Les mariages contractés à l'extrémité de la vie, étaient encore prohibés par la déclaration de 1639. On appréhendait, avec quelque fondement, les surprises et les machinations ténébreuses qui pouvaient être pratiquées en pareille occurrence, pour arracher à la faiblesse ou à la maladie un consentement auquel la volonté n'aurait aucune part. On appréhendait encore que ceux qui recherchent les douceurs du mariage, sans vouloir en supporter les charges, ne fussent invités à vivre dans un célibat honteux, par l'espoir d'effacer un jour, à l'ombre d'un simulacre de mariage, les torts de leur vie entière. Il faut convenir que la considération de ces dangers avait quelque poids; mais qu'était-ce qu'un mariage *in extremis?* Ici l'art conjectural de la médecine ajoute aux doutes et aux incertitudes de la jurisprudence. A chaque instant un mariage légitime pouvait être compromis, et il était difficile d'atteindre un mariage frauduleux.

Nous trouvons à peine, dans nos immenses recueils d'arrêts, deux ou trois décisions intervenues sur cette matière ; et ces décisions ne font qu'attester les embarras qu'éprouvaient les tribunaux dans l'application de la loi. Est-il d'ailleurs certain que cette loi fût bonne et convenable ? L'équité comporte-t-elle que l'on condamne au désespoir un père mourant, dont le cœur, déchiré par le remords, voudrait, en quittant la vie, assurer l'état d'une compagne qui ne l'a jamais abandonné, ou celui d'une postérité innocente dont il prévoit le malheur ? Pourquoi des enfans qui ont fixé sa tendresse, et une compagne qui a mérité sa reconnaissance, ne pourraient-ils pas, avant de recueillir ses derniers soupirs, faire un appel à sa justice ? Pourquoi le forcerait-on à être inflexible dans un moment où il a lui-même besoin d'invoquer la miséricorde ? En contemplant la déplorable situation de ce père, on se dit que la loi ne peut ni ne doit aussi cruellement étouffer la nature.

1325. Le mariage qui a été contracté sans le consentement libre des deux époux, ou de l'un d'eux, ne peut être attaqué que par les époux ou par celui des deux dont le consentement n'a pas été libre (a). Le défaut de liberté est un fait dont le premier juge est la personne qui pré-

(a) Art. 180 c. c.

tend n'avoir pas été libre. Des tiers peuvent avoir été témoins des procédés extérieurs dont on se croit autorisé à conclure qu'il y a eu violence ou contrainte ; mais ils ne peuvent jamais apprécier l'impression, continue ou passagère, opérée ou non par ces procédés. Il est rare qu'un mariage soit déterminé par une violence réelle et à force ouverte. Un tel attentat dégénérerait en rapt ou en viol ; il y aurait plus que nullité, il y aurait crime. Communément les faits de crainte qui opèrent le défaut de liberté, sont des faits graves sans doute, et capables d'ébranler une âme forte, mais plus cachés et combinés avec plus de prudence que ne l'est un acte caractérisé de violence. C'est conséquemment à la personne qui se plaint de n'avoir pas été libre, à dénoncer sa situation. Quel est celui qui aurait le droit de soutenir que je n'ai pas été libre, quand, malgré les apparences, j'affirme l'avoir été ? Dans une affaire aussi personnelle, mon témoignage ne serait-il pas supérieur à tout autre témoignage ? Le sentiment de ma liberté n'en devient-il pas la preuve ? Il y a plus : une volonté d'abord forcée, ne reste pas toujours telle ; ce que dans le principe on a fait par contrainte, on peut dans la suite le ratifier par raison et par choix. Il est incontestable que le défaut de liberté peut se couvrir par un simple consentement tacite.

1326. A cette demande en nullité pour défaut de consentement, s'applique la disposition qui, en matière de divorce (1777. 1778. 1781), déclarait certains parens non reprochables comme témoins (*a*).

1327. S'il n'y a point de véritable consentement lorsqu'il n'y a point de liberté, il n'y a pas non plus de consentement véritable quand il y a erreur (1085, etc).

1328. Lorsqu'il y a eu erreur dans la personne, le mariage ne peut être attaqué que par celui des deux époux qui a été induit en erreur (*b*).

1329. Le mariage d'un impuissant est-il nul? — Jugé diversement (*c*).

1330. Dans l'hypothèse de l'erreur et dans celle du défaut de liberté, il fallait prescrire de sages limites à l'action que l'on donne aux époux. On l'a fait en statuant que, dans ces cas (1325. 1328), la demande en nullité n'est plus recevable toutes les fois qu'il y a eu cohabitation continuée pendant six mois depuis que l'époux a acquis sa pleine liberté ou que l'erreur a été par lui reconnue (*d*). Six mois de cohabitation et de silence prouvent que la violence et l'erreur sont faussement alléguées,

(*a*) Montpellier, 6 mai 1826 : *J. A. t.* 31, *p.* 211. — (*b*) Art. 180 c. c. — (*c*) Trèves, Gênes, 27 janv. 1808, 7 mars 1811 : *Sir.* 1808, *déc. div. p.* 214; *Dcn.* 1811, *sup. p.* 129. — (*d*) Art. 181 c. c.

ou tout au moins que l'époux a ratifié l'engagement.

1331. On voit que le défaut de consentement des parties contractantes n'est qu'une nullité relative, qui doit être opposée par ceux en faveur de qui elle est établie, et qui ne peut l'être que par eux (1325. 1328. 1330). Elle est couverte par leur silence. S'ils ne se plaignent pas, le mariage est ratifié par leur approbation, et l'est dès son origine. Il n'y a pas un seul instant où il n'ait été un mariage véritable et légitime, et il en produit tous les effets.

1332. Le mariage contracté sans le consentement des père et mère, des ascendans, ou du conseil de famille, dans les cas où ce consentement était nécessaire, ne peut être attaqué que par ceux dont le consentement était requis (a). Il est naturel d'interdire aux collatéraux une action qui ne peut compéter qu'aux parens dont l'assentiment était nécessaire. Ceux-ci vengent leur propre injure ; ils font plus : ils remplissent un devoir. La loi requérait leur intervention dans le mariage, pour l'utilité même des époux. Ils satisfont au vœu de la loi, ils répondent à sa confiance, en cherchant à réparer, par la voie de l'annulation, le mal qu'ils n'ont pu prévenir par les voies plus douces d'une tendre surveillance. Que deviendrait

(a) Art. 182 c. c.

la loi qui impose la nécessité du consentement des parens, si ceux-ci ne pouvaient réclamer quand elle est violée ?

1333. Faute d'actes respectueux, le mariage
d'un majeur doit être annulé, sur la demande
des père et mère (*a*).

1334. Dans le cas précédent (1332), le mariage peut aussi être attaqué par celui des deux
époux qui avait besoin de ce consentement (*b*).
En général il est permis à tous ceux qui ont
contracté une obligation nulle et vicieuse,
de réclamer contre leur engagement, surtout
lorsqu'ils ont contracté pendant leur minorité.
L'intérêt des parties est la mesure de leur
action ; et si l'on reçoit favorablement les
plaintes d'un mineur qui prétend avoir été
surpris dans une convention peu importante,
on doit, avec plus de justice, lui accorder
la même faveur, lorsqu'il demande à être
restitué contre l'aliénation qu'il a faite de ses
biens et de sa personne.

1335. C'est un droit nouveau que la faculté
de réclamer accordée à l'enfant qui n'a point
obtenu le consentement nécessaire. Autrefois
cet enfant n'était pas reçu à demander la nullité. On pensait que c'était le cas d'appliquer
la maxime suivant laquelle personne ne peut

(*a*) Toulouse, 29 juil. 1828 : *J. P. t.* 83, *p.* 591. — (*b*) Art.
182 c. c.

argumenter en sa faveur, de sa propre turpitude ou de son propre dol. *Nemo audiri debet propriam allegans turpitudinem.* Le motif qui a décidé la disposition du Code est sûrement fondé sur ce que le mariage du mineur, contracté sans le consentement de ses parens, est, par cela seul, censé le fruit de la séduction. Or, la séduction vicie le consentement.

1336. L'action en nullité ne peut plus être intentée ni par les époux, ni par les parens dont le consentement était requis, toutes les fois que le mariage a été approuvé expressément ou tacitement par ceux dont le consentement était nécessaire. (*a*)

1337. Il en est de même lorsqu'il s'est écoulé une année sans réclamation de leur part, depuis qu'ils ont eu connaissance du mariage (*b*).

1338. Mais cette fin de non-recevoir ne peut reposer que sur des faits déclarés constans, et non sur de simples conjectures (*c*).

1339. L'action en nullité ne peut être intentée non plus par l'époux, lorsqu'il s'est écoulé une année sans réclamation de sa part, depuis qu'il a atteint l'âge compétent pour consentir par lui-même au mariage (*d*). De là résulte que le fils de famille ayant encore père et mère ou ascendans lors de son mariage, peut

---

(*a*) Art. 183 c. c. — (*b*) *Id.* — (*c*) Cas. 16 avril 1817; Colmar, 19 juin 1825 : *J. P. t.* 49, *p.* 69; *t.* 69, *p.* 212. — (*d*) Art. 183 c. c.

réclamer jusqu'à vingt-six ans, car il ne devient
capable de consentir lui-même qu'à vingt-cinq
ans (1097). Si lors du mariage il n'a plus ni père,
ni mère, ni ascendans, il ne peut réclamer que
jusqu'à vingt-deux ans, car alors il peut consentir par lui-même à vingt-un (1170). La fille,
dans tous les cas, ne peut réclamer que jusqu'à
vingt-deux ans, parce qu'elle est toujours,
à vingt-un ans, capable de consentir par elle-
même (1097. 1170).

1340. Ce qui précède (1325. 1328. 1330. 1332.
1334. 1336. 1337. 1339) offre autant d'exemples
de vices ou nullités simplement relatifs. Nous
allons maintenant passer aux nullités absolues.

1341. Tout mariage contracté en contravention aux dispositions concernant l'âge de
puberté, l'existence d'un premier mariage,
la prohibition causée par la parenté (1082.
1093. 1178. 1179. 1183. 1184. 1190), peut
être attaqué par les époux eux-mêmes (a).

1342. Ainsi le mari peut, malgré la possession d'état, opposer, par voie d'exception,
la nullité de son mariage, fondée sur ce
que celui qu'avait précédemment contracté sa
femme n'a pas été légalement dissous (b).

1343. Dans les mêmes cas (1341), le mariage peut aussi être attaqué par tous ceux
qui y ont intérêt (c).

(a) Art. 184 c. c. — (b) Paris, 11 août 1817 : J. P. t. 49,
p. 274. — (c) Art. 184 c. c.

1344. Des héritiers collatéraux sont recevables à faire valoir des nullités absolues de mariage et de légitimation (*a*).

1345. Sans qu'elles puissent être couvertes par une possession d'état (*b*).

1346. Les collatéraux ne sont pas recevables à proposer la nullité résultante de l'engagement dans les ordres sacrés (*c*).

1347. Ni à invoquer celle qui résulterait de la démence (*d*).

1348. Encore dans les mêmes cas (1341), le mariage peut aussi être attaqué par le ministère public (*e*), gardien des mœurs, et vengeur de tous les désordres qui blessent la société. Les nullités qui dérivent du défaut d'âge, de l'existence d'un premier lien, et de l'empêchement de consanguinité, sont d'une nature qui intéresse l'ordre social. Elles ne sont pas uniquement relatives à l'intérêt privé des époux, elles sont liées aux principes de l'honnêteté publique.

1349. Sur l'action que peut avoir le ministère public pour faire annuller un mariage, voyez l'arrêt de la cour de Bruxelles (*f*) du 1ᵉʳ août 1808.

1350. Le remède deviendrait souvent pire que le mal, si la faculté de dénoncer les nul-

(*a*) Paris, 11 janv. 1808 : *J. P. t.* 20, *p.* 257. — (*b*) *Id.* — (*c*) Cas. 9 janv. 1821 : *J. P. t.* 60, *p.* 5. — (*d*) *Id.* — (*e*) Art. 184 c. c. — (*f*) Sir. 1808, déc. div. p. 273.

lités dont nous parlons, restait illimitée dans ses effets comme dans sa durée. Ainsi le mariage contracté par des époux qui n'avaient point encore l'âge requis, ou dont l'un des deux n'avait point atteint cet âge, ne peut plus être attaqué 1° lorsqu'il s'est écoulé six mois depuis que cet époux ou les époux ont atteint l'âge compétent (*a*). Alors la nullité n'existe plus : l'effet ne doit pas survivre à la cause. On laisse un délai de six mois, parce que toutes les fois que la loi donne une action, elle doit fixer un temps utile pour l'exercer.

1351. 2° Lorsque la femme qui n'avait point atteint cet âge, a conçu avant l'échéance de six mois (*b*). La loi ne doit pas aspirer à être plus sage que la nature. La fiction cède à la réalité. *Plus valet quod in veritate est, quàm quod in opinione.*

1352. L'âge compétent (1350. 1351) est celui que la loi requiert pour contracter mariage (1082), et non celui de la majorité (*c*).

1353. Le père, la mère, les ascendans et la famille qui ont consenti au mariage contracté dans les deux cas précédens (1350. 1351), ne sont point recevables à en demander la nullité (*d*). Il ne faut pas qu'ils puissent se jouer de la foi du mariage, après s'être joués des lois.

1354. Dans tous les cas où l'action en nul-

(*a*) Art. 185 c. c. — (*b*) *Id.* — (*c*) Cas. 4 nov. 1822 : *J. P. t.* 65, *p.* 257. — (*d*) Art. 186 c. c.

lité peut être intentée par tous ceux qui y ont intérêt (1341. 1343), elle ne peut l'être, du vivant des deux époux, par les parens collatéraux (*a*).

1355. Ou par les enfans nés d'un autre mariage (*b*).

1356. Mais seulement lorsqu'ils y ont un intérêt né et actuel (*c*). Le sens de ces termes est que les héritiers collatéraux ne peuvent intenter leur action tant que les époux vivent l'un et l'autre. En thèse, des collatéraux sont écoutés peu favorablement. Ils n'ont pour eux ni le préjugé de la nature, ni l'autorité de la loi. L'espérance d'accroître leur fortune est le seul mobile de leur démarche. Ils n'ont aucune magistrature domestique à exercer sur des individus qui ne sont pas confiés à leur sollicitude. Ils ne doivent donc pas être admis à troubler un mariage concordant et paisible. Ils ne doivent et ne peuvent se montrer que lorsqu'il s'agit de savoir s'ils sont exclus d'une succession par des enfans légitimes, ou s'ils sont fondés à contester l'état de ces enfans. Hors de là, ils n'ont point d'action.

1357. Cette restriction (1354—1356) ne s'applique point au cas où il n'existe pas même d'acte de célébration (*d*).

(*a*) Art. 187 c. c. — (*b*) *Id.* — (*c*) *Id.* — (*d*) Cas. 22 juin 1819 : *J. P. t.* 56, *p.* 251.

1358. Quand les circonstances rendent le mariage susceptible d'être attaqué par les collatéraux de l'un ou l'autre époux, on ne peut les repousser sous prétexte qu'ils ont donné des signes d'approbation à ce mariage. La veuve, par exemple, ne peut leur opposer, comme fin de non-recevoir, que, du vivant de leur parent son mari, elle a reçu d'eux des lettres dans lesquelles ils lui donnaient le titre de cousine. L'approbation accordée à un acte ne rend inadmissible à l'attaquer que lorsqu'elle a été accordée dans un temps où le droit d'attaque était ouvert : on est alors censé y avoir renoncé. Mais dans le cas dont nous parlons, les collatéraux n'ayant pas même, pendant la durée du mariage, la faculté d'en examiner la validité (1354. 1356), leurs signes d'approbation ne sauraient leur enlever une action qu'ils n'avaient pas alors, et dont ils ne devaient pas même peser le mérite.

1359. L'action en nullité de mariage pour bigamie peut, après la mort de l'un des époux, être intentée par ses collatéraux, quoique la peine soit prescrite (a).

1360. L'époux au préjudice duquel a été contracté un second mariage, peut en demander la nullité (b), conformément à ce qui a déjà été dit (976. 978—980).

1361. Du vivant même de l'époux qui était

______

(a) Paris, 1er août 1818 : J. P. t. 52, p. 412. — (b) Art. 188 c. c.

engagé avec lui (*a*) ; car c'est précisément l'existence de ce premier lien qui fait la nullité du second ; et le plus grand profit de la demande en nullité est, dans ce cas, de faire disparaître le second mariage, pour maintenir et venger le premier.

1362. Il est un autre exemple où, par la même raison, semblable décision doit avoir lieu. Un homme engagé dans les liens d'un premier mariage, en contracte un second. Puis il quitte sa nouvelle épouse, pour retourner avec la précédente. La seconde a sans contredit intérêt à faire déclarer nul le premier mariage, puisque, sans cela, le sien ne saurait être valable. Mais elle ne peut attaquer l'union antérieure que sur le fondement de quelque vice absolu. Elle ne serait pas recevable à proposer des nullités relatives.

1363. Lorsqu'un homme meurt, laissant une femme divorcée, et une femme épousée postérieurement, la première ne peut écarter la seconde de la succession, sous prétexte que son divorce est nul (*b*).

1364. Si les nouveaux époux opposent la nullité du premier mariage, la validité ou la nullité de ce mariage doit être jugée préalablement (*c*). Dans le concours de deux ma-

______

(*a*) Art. 188 c. c. — (*b*) Rouen, 1er vent. an xiii : *J. C. C. t.* 4, p. 256. — (*c*) Art. 189 c. c.

riages, si l'époux délaissé peut attaquer le second comme nul (1360. 1361), ceux qui ont contracté le second mariage peuvent également arguer le premier de nullité. Ce qui est nul ne produit aucun effet. *Quod nullum est, nullum producit effectum.* Un premier mariage non valablement contracté ne peut donc légalement motiver la cassation d'un second mariage valable ; conséquemment la question élevée sur la validité du premier, suspend nécessairement le sort du second. Cette question est un préalable qu'il faut vider avant tout.

1365. La simple allégation, de la part de l'individu accusé de bigamie, que l'acte constatant son premier mariage est faux, ne suffit pas pour qu'il y ait lieu à l'application de la règle (1364) précédente (a).

1366. Il est nécessaire qu'il s'inscrive en faux (b).

1367. Le procureur du roi, dans tous les cas auxquels s'applique la prohibition absolue (1341. 1348), peut et doit demander la nullité du mariage (c).

1368. Du vivant des deux époux (d).

1369. Et les faire condamner à se séparer (e).

1370. Sous les modifications (1350. 1351) relatives à l'âge et à la grossesse (f).

1371. Cette censure confiée au ministère pu-

(a) Cas. 2 avril 1807 : *Sir. et Den.* 1807, *déc. div.* p. 129. — (b) *Id.* — (c) Art. 190 c. c. — (d) *Id.* — (e) *Id.* — (f) *Id.*

blic pour l'intérêt des mœurs et de la société, ne doit pas avoir une étendue qui la rendrait oppressive, et la ferait dégénérer en inquisition. Le ministère public ne doit se montrer que quand le vice du mariage est notoire, quand il est subsistant ou quand une longue possession n'a pas mis les époux à l'abri des recherches directes du magistrat. Il y a souvent plus de scandale dans les poursuites indiscrètes d'un délit obscur, ancien ou ignoré, qu'il n'y en a dans le délit même. Les publications qui précèdent le mariage ont été introduites pour qu'on soit averti, dans un temps convenable, des engagemens capables de rendre le mariage nul. L'omission de ces publications et l'inobservation des délais dans lesquels elles doivent être faites, peuvent opérer la nullité d'un mariage en certains cas; mais parce que l'établissement de ces formalités n'a en vue que certaines personnes et certaines circonstances, lorsque ces circonstances ne subsistent plus, lorsque l'état des personnes est changé, et que leur volonté est toujours la même, ce qui était nul dans son principe, se ratifie par la suite.

1372. La nullité du mariage et la reconnaissance du commerce adultérin qui l'a précédé, entraînent la nullité des dispositions testamentaires de l'un des prétendus époux au profit de l'autre (a).

(a) Paris, 11 janv. 1808 : *J. P. t.* 20, *p.* 257.

1373. Tout mariage qui n'a point été contracté publiquement, et qui n'a point été célébré devant l'officier public compétent, peut être attaqué par les époux eux-mêmes (*a*).

1374. Par les père et mère (*b*).

1375. Par les ascendans (*c*).

1376. Par tous ceux qui y ont un intérêt né et actuel (*d*).

1377. Par le ministère public (*e*).

1378. C'est ici la plus grave de toutes les nullités. Elle ne peut être couverte par la possession, ni par aucun acte exprès ou tacite de la volonté des parties. Elle est indéfinie et absolue. Il n'y a pas mariage, mais commerce illicite, entre des personnes qui n'ont point formé leur engagement en présence de l'officier civil compétent, témoin nécessaire du contrat. Dans notre législation actuelle, le défaut de présence de l'officier compétent a les mêmes effets qu'avait autrefois le défaut de présence du propre curé : le mariage était radicalement nul ; il n'offrait qu'un attentat aux droits de la société, et une infraction manifeste des lois de l'État.

1379. La publicité dont il s'agit (1373) ne dépend pas du nombre des assistans, mais de la faculté qu'a tout le public d'entrer au lieu où se fait la célébration, et d'y être présent.

____

(*a*) Art. 191 c. c. — (*b*) *Id.* — (*c*) *Id.* — (*d*) *Id.* — (*e*) *Id.*

1380. L'officier compétent pour la célébration d'un mariage ne pourrait l'attaquer pour avoir été célébré par un autre que lui. Il n'a aucune juridiction sur les contractans, et n'exerce qu'un ministère passif. La loi, en requérant sa présence, ne lui attribue point un droit. Elle impose seulement une obligation aux parties, non en faveur de l'officier dont elle exige l'intervention, mais dans l'intérêt de la société. Par la même raison, il n'aurait pas le droit de former opposition, en sa qualité, à un mariage qu'il saurait que des parties se proposent de contracter devant un autre que lui.

1381. Il n'est pas indifférent de remarquer que, dans le cas des mariages qui offensent ouvertement les mœurs, la loi dit : le procureur du roi peut et doit intervenir et réclamer (1367.—1370) ; et que, dans le cas de défaut de publicité ou de défaut de présence de l'officier public compétent, la loi dit simplement : le mariage peut être attaqué (1373—1377). Ainsi aux juges est laissée la faculté d'apprécier les circonstances de fait, de se déterminer d'après leur gravité, en conséquence de maintenir le mariage, même lorsqu'il n'aurait pas été célébré publiquement devant l'officier civil de l'une des parties (a).

(a) Cas. 31 août 1824; Grenoble, Bourges, 27 fév. 1817, 23 mai 1822 : *J. P. t.* 49, *p.* 502; *t.* 64, *p.* 311; *t.* 71, *p.* 202.

1382. Le ministère public n'est pas recevable à interjeter appel du jugement qui annulle un mariage pour défaut de consentement des père et mère (*a*).

1383. Ni de celui qui l'a déclaré nul, comme célébré clandestinement (*b*).

1384. Le ministère public peut, par la voie de l'appel, faire rétablir un mariage déclaré nul, lorsque les motifs qui ont servi de base au jugement sont déclarés faux (*c*).

1385. Le procureur du roi fait prononcer contre l'officier public une amende qui ne peut excéder trois cents francs, si le mariage n'a point été précédé des deux publications requises (*d*).

1386. Ou s'il n'a pas été obtenu des dispenses permises par la loi (*e*)

1387. Ou si les intervalles prescrits dans les publications et célébrations n'ont point été observés (*f*).

1388. Il fait aussi prononcer une amende, proportionnée à leur fortune, contre les parties contractantes (*g*).

1389. Ou ceux sous la puissance desquels elles ont agi (*h*).

(*a*) Cas. 1er août 1820 : *J. P. t.* 59, *p.* 138. — (*b*) Cas. 5 mars 1821 : *J. P. t.* 60, *p.* 252. — (*c*) Pau, 28 janv. 1809 : *J. P. t.* 23, *p.* 317. — (*d*) Art. 192 c. c. — (*e*) *Id.* — (*f*) *Id.* — (*g*) *Id.* — (*h*) *Id.*

1390. Ces peines (1385—1389) sont encourues par les personnes qui viennent d'être désignées, pour toute contravention aux règles (1230. 1231) sur la publicité et la compétence (*a*).

1391. Lors même que ces contraventions ne seraient pas jugées suffisantes pour faire prononcer la nullité du mariage (*b*).

1392. Un mariage n'est pas nul pour n'avoir été précédé que d'une seule publication (*c*).

1393. Nul ne peut réclamer le titre d'époux et les effets civils du mariage, s'il ne représente un acte de célébration (*d*).

1394. Inscrit sur le registre de l'état civil (*e*).

1395. Sauf les cas de non existence ou de perte (376. 377) des registres (*f*).

1396. Avant l'ordonnance de Blois, on admettait les mariages présumés. Cet abus a disparu. Il faut un titre écrit, certifié par les témoins et par l'officier public que la loi désigne. La preuve orale et les autres sortes de preuves ne sont reçues que dans les cas prévus par la partie du Code sur les actes de l'état civil, et aux conditions y prescrites.

1397. Il faut, avant d'admettre la preuve d'un mariage dont l'acte de célébration n'est pas représenté, s'assurer s'il n'y a pas eu des

______

(*a*) Art. 193 c. c. — (*b*) *Id.* — (*c*) Grenoble, 27 fév. 1817 : J. P. t. 49, p. 502. — (*d*) Art. 194 c. c. — (*e*) *Id.* — (*f*) *Id.*

registres publics, et s'il y a eu impossibilité d'y inscrire l'acte (*a*).

1398. La possession d'état ne peut dispenser les prétendus époux qui l'invoquent respectivement, de représenter l'acte de célébration du mariage devant l'officier de l'état civil (*b*); car la possession seule ne désigne pas plus un mariage légitime qu'un commerce criminel. Au reste, les principaux caractères de la possession d'état seront décrits plus loin, à l'occasion de la preuve de filiation légitime.

1399. La règle (1398) s'applique aux collatéraux de l'époux prétendu (*c*).

1400. Sur les questions de savoir quelles sont les circonstances qui peuvent dispenser un époux de rapporter son acte de mariage, et quelles sont celles qui suffisent pour faire admettre la preuve testimoniale à l'effet d'établir le mariage qui ne se trouve point porté aux registres, voyez *J. C. C. t.* 4 *et* 7, *p.* 292. 444 ; *Sir.* 1808, *déc. div. p.* 322.

1401. Si la possession sans titre ne garantit aucun droit (1398), au contraire lorsqu'il y a possession d'état, et que l'acte de célébration du mariage devant l'officier de l'état civil est représenté, les époux sont respectivement non recevables à demander la nullité de cet acte (*d*).

(*a*) Metz, 25 fév. 1808 : *J. C. C. t.* 10, *p.* 224. — (*b*) Art. 195 c. c. — (*c*) Paris, 6 fév. 1819 : *J. P. t.* 53, *p.* 525. — (*d*) Art. 196 c. c.

Quels que soient les défauts qui s'y rencontrent, il établit la preuve du fait en lui-même. On ne peut en conséquence attaquer indirectement le mariage en demandant la nullité de l'acte, puisque cette nullité détruirait la preuve de la formation du contrat. Quant à l'acte, les défauts qui s'y rencontrent peuvent donner lieu à l'amende contre l'officier qui l'a dressé, ou contre les parties et ceux sous la direction de qui elles ont agi, mais jamais à la nullité (1385 — 1392). Voir un arrêt de la Cour de cassation (*a*) du 16 juin 1829.

1402. Si néanmoins, dans le cas de non représentation de l'acte (1393. 1394. 1398), il existe des enfans issus de deux individus qui ont vécu publiquement comme mari et femme, et qui soient tous deux décédés, la légitimité des enfans ne peut être contestée sous le seul prétexte du défaut de représentation de l'acte de célébration (*b*).

1403. Toutes les fois que cette légitimité est prouvée par une possession d'état qui n'est point contredite par l'acte de naissance (*c*).

1404. L'absence du survivant des père et mère n'a pas le même effet que sa mort, et ne dispense pas de rapporter l'acte de mariage (*d*).

1405. L'enfant né de deux personnes qui ont

(*a*) J. P. t. 85, p. 75. — (*b*) Art. 197 c. c. — (*c*) *Id.* — (*d*) Toulouse, 24 juin 1820 : *J. P.* t. 59, *p.* 310.

vécu publiquement comme époux, ne peut prouver sa légitimité par titre et possession d'état, s'il ne rapporte l'acte de célébration de ses père et mère, lorsque l'un d'eux est encore vivant (*a*).

1406. A défaut de production de l'acte de mariage des père et mère, la légitimité des enfans ne s'établit que par la double possession d'état des père et mère comme époux et des enfans comme légitimes (*b*).

1407. Il ne suffit pas que l'enfant soit qualifié légitime dans son acte de naissance (*c*).

1408. Autre chose est de juger des preuves d'un mariage pendant la vie des époux, autre chose est d'en juger après leur mort et relativement à l'intérêt des enfans. Pendant la vie des époux, la représentation du titre est nécessaire. Des conjoints ne peuvent raisonnablement ignorer le lieu où ils ont contracté l'acte le plus important, et les circonstances qui l'ont accompagné. Mais après leur mort, tout change. Des enfans, souvent délaissés, dès leur premier âge, par les auteurs de leurs jours, ou transportés dans des contrées éloignées, ne peuvent connaître ce

(*a*) Paris, 20 mai 1808, 7 fév. 1809 : *Sir.* 1808, *déc. div.* p. 204 : *J. P. t.* 25, p. 281. — (*b*) Paris, 23 fév. 1822 : *J. P. t.* 62, p. 470. — (*c*) Cas. 10 juil. 1823; Toulouse, 24 juil. 1826 : *J. P.* t. 68, p. 547; *t.* 79, p. 417.

qui s'est passé avant leur naissance. S'ils n'ont point reçu de documens, si les papiers domestiques manquent, quelle sera leur ressource? La jurisprudence ne les condamne point au désespoir. Ils sont admis à prouver que leurs auteurs vivaient comme époux, et qu'ils avaient la possession de leur état. Il suffit même, pour les enfans, que cette possession de leurs père et mère soit énoncée dans leur acte de naissance. Cet acte est leur titre; c'est au moment de cet acte que la patrie les a marqués du sceau de ses promesses, c'est sous la foi de cet acte qu'ils ont toujours existé dans le monde; c'est avec cet acte qu'ils peuvent se produire et se faire connaître; c'est cet acte qui constate leur nom, leur origine, leur famille; c'est cet acte qui leur donne une cité, et les met sous la protection des lois de leur pays. Qu'ont-ils besoin de remonter à des époques qui leur sont étrangères? Pouvaient-ils pourvoir à leur intérêt, quand ils n'existaient pas encore? Leur destinée n'est-elle pas irrévocablement fixée par l'acte inscrit dans des registres que la loi elle-même a établis pour constater l'état des citoyens, et, si l'on peut parler ainsi, pour devenir, dans l'ordre civil, le livre des destinées?

1409. L'obligation imposée aux enfans de prouver que leurs père et mère ont vécu publiquement comme mari et femme, ne s'étend pas aux petits-enfans, à l'égard de ceux qu'ils désignent pour leurs aïeux légitimes (*a*).

1410. Lorsque la preuve d'une célébration légale du mariage se trouve acquise par le résultat d'une procédure criminelle, l'inscription du jugement sur les registres de l'état civil assure au mariage tous les effets civils (*b*).

1411. A l'égard des époux (*c*).

1412. A l'égard aussi des enfans issus de ce mariage (*d*).

1413. A compter du jour de sa célébration (*e*). La preuve d'un titre n'est pas un titre nouveau, mais la déclaration d'un titre préexistant, dont les effets doivent remonter à l'époque déterminée par sa date. Mais on ne saurait trop le dire : pour constater un mariage, il faut un titre ou l'équivalent.

1414. Si les époux ou l'un d'eux sont décédés sans avoir découvert la fraude, l'action criminelle peut être intentée par tous ceux qui ont intérêt à faire déclarer le mariage valable (*f*).

1415. Elle peut l'être aussi par le procureur du roi (*g*).

1416. Si l'officier public est décédé lors de la découverte de la fraude, l'action est dirigée au civil contre ses héritiers (*h*).

(*a*) Bourges, 4 juin 1825 : *J. P.* t. 68, p. 555. — (*b*) Art. 198 c. c. — (*c*) *Id.* — (*d*) *Id.* — (*e*) *Id.* — (*f*) Art. 199. — (*g*) *Id.* — (*h*) Art. 200.

1417. Par le procureur du roi (*a*).

1418. En présence des parties intéressées (*b*).

1419. Sur leur dénonciation (*c*).

1420. Quoique, régulièrement, le mariage légitime puisse seul faire de véritables époux, et produire des fils légitimes, cependant, d'après la faveur due aux enfans, et en considération de la bonne foi des époux, il a été reçu, par équité, que, s'il y avait quelque empêchement caché qui rendît ensuite le mariage nul, les époux, s'ils avaient ignoré cet empêchement, et les enfans nés de leur union, conserveraient toujours le nom et les avantages d'époux et d'enfans légitimes, parce que les uns se sont unis et les autres sont nés sous le voile, sous l'ombre, sous l'apparence du mariage. De là cette maxime que le mariage putatif, c'est-à-dire celui que les conjoints ont cru légitime, a le même effet, pour assurer l'état des époux et des enfans, qu'un mariage réellement légitime : maxime originairement introduite par le droit canonique, depuis longtemps adoptée dans nos mœurs, et consacrée aujourd'hui par le Code. Ainsi le mariage qui a été déclaré nul, produit néanmoins les effets civils, lorsqu'il a été contracté de bonne foi (*d*).

1421. Il les produit à l'égard des époux (*e*).

(*a*) Art. 200 c. c. — (*b*) *Id.* — (*c*) *Id.* — (*d*) Art. 201. — (*e*) *Id.*

La privation des effets civils est une peine, et l'on n'en doit infliger aucune aux parties innocentes. Ainsi, dans le cas de bonne foi, la femme peut réclamer ses conventions matrimoniales, et l'époux jouir de toutes les prérogatives qu'attribue un mariage légitime, jusqu'au moment où la nullité est prononcée. Quoique séparés, les père et mère qui ont été de bonne foi conservent tous leurs droits sur les enfans nés avant la déclaration de nullité.

1422. Ce même mariage produit encore les effets civils à l'égard des enfans (*a*) nés antérieurement à la déclaration de nullité. Ils sont légitimes, et jouissent de tous les droits de famille, tant envers leurs père et mère qu'envers leurs autres parens. Il n'en serait pas de même des enfans survenus depuis. La bonne foi n'existe plus, l'union alors est illicite. Les enfans à qui elle procure la naissance sont bâtards, et les père et mère n'ont point sur eux les droits du mariage : par exemple, celui de la puissance paternelle.

1423. Si la bonne foi n'existe que de la part de l'un des deux époux, le mariage ne produit les effets civils qu'en faveur de cet époux (*b*).

1424. L'exception de bonne foi peut s'invoquer par celui qui a contracté mariage avec un mort civilement (*c*).

(*a*) Art. 201 c. c. — (*b*) Art. 202. — (*c*) Cas. 16 juin 1829 : J. P. t. 85, p. 75.

1425. Si l'épouse d'un bigame est constituée en bonne foi, ses héritiers peuvent prétendre au partage de la communauté *(a)*.

1426. Cette épouse, indépendamment de ses droits de femme légitime, est fondée à réclamer des dommages-intérêts tant contre le bigame que contre le père de celui-ci *(b)*.

1427. Ce même mariage (1425) produit aussi les effets civils en faveur des enfans qui en sont issus *(c)*. Quelques anciens jurisconsultes avaient pensé que, dans ce cas, les enfans devaient être légitimes, par rapport à l'un des conjoints, et illégitimes par rapport à l'autre. Mais on a rejeté leur opinion, sur le fondement que l'état des hommes est indivisible, et que, dans le concours, il faut se décider entièrement pour la légitimité.

1428. La bonne foi d'une étrangère qui a épousé un émigré, donne à leurs enfans le droit de succession, même dans la ligne paternelle *(d)*.

1429. Des enfans nés par suite de la réunion de fait de deux époux dont le divorce avait été prononcé pour émigration, peuvent être déclarés légitimes, sur le fondement de la bonne foi

(a) Paris, 1ᵉʳ août 1818 : *J. P. t.* 52, *p.* 412. — *(b)* Cas. 18 août 1829 : *J. P. t.* 85, *p.* 321. — *(c)* Art. 202 c. c. — *(d)* Cas. 15 janv. 1816 : *J. P. t.* 45. *p.* 161.

du père, si celui-ci a ignoré l'existence du divorce (*a*).

1430. Pour être présumée, la bonne foi
(1420—1423. 1427) doit reposer sur une erreur
grave et presque invincible.

1431. Les pensées qui dominent dans cette
partie du Code, relative aux nullités en fait de
mariage, sont 1° qu'il n'y a pas de nullités absolument irréparables, hormis celles où le mariage devient un crime, comme dans le cas
d'inceste ou de bigamie ; 2° que l'attaque en
nullité ne peut être également dirigée, ni en
tout état de choses, ni par tous, mais est proportionnée, sous les restrictions les plus exactes, à l'importance des droits violés, à la nature
de l'infraction, au temps ou aux circonstances
qui ont pu la couvrir, à la protection due aux
intérêts qui réclament.

1432. Quand l'époux, après avoir formé une
demande en séparation de corps, en intente
une en nullité de mariage, cette dernière action n'est pas préjudicielle (*b*).

(*a*) Douai, 15 nov 1819 : *J. P. t.* 58, *p.* 383. — (*b*) Paris,
21 janv. 1811 : *J. P. t.* 29, *p.* 220.

1433. Les époux contractent ensemble, par le fait seul du mariage, l'obligation de nourrir, entretenir et élever leurs enfans (*a*), non-seulement à cause de l'usufruit qu'ils ont sur leurs biens, mais par le droit du sang, et selon que les ressources des parens y suffisent.

1434. Cette obligation est également imposée au père de l'enfant naturel légalement reconnu (*b*).

1435. Elle ne s'étend point jusqu'à payer les dettes des enfans.

1436. Quoiqu'héritiers bénéficiaires, des enfans doivent rembourser ce qui, pendant leur minorité, et d'après mandat de leur père, leur a été fourni à titre d'alimens (*c*).

1437. L'enfant n'a pas d'action contre ses père et mère pour un établissement par mariage ou autrement (*d*). Le système contraire formerait une contradiction manifeste avec les principes. Ne serait-ce pas une situation tout-à-fait étrange que celle où l'on verrait, d'un côté, le père investi du pouvoir de suspendre, par son op-

---

(*a*) Art. 203 c. c. — (*b*) Paris, 11 frim. an XII : *J. C. C. t.* 1, *p.* 415. — (*c*) Cas. 18 août 1813 : *J. P. t.* 40, *p.* 218. — (*d*) Art. 204 c. c.

position, le mariage que sa fille veut contracter au mépris de ses conseils, et, de l'autre, la même fille armée du droit d'attaquer son père, afin qu'il facilite, par une dot, la conclusion de ce mariage? C'est peut-être aussi l'une des plus grandes fautes en législation que de calomnier le cœur humain. C'est surtout une faute grave que de douter de la puissance du sentiment paternel, et de l'outrager par tant de défiance. Dans les pays de droit écrit, le père était obligé de doter sa fille pour lui procurer un établissement. Cette obligation n'existait pas dans les pays de coutume. Il fallait se décider entre ces deux jurisprudences. On a donné la préférence à la jurisprudence coutumière, comme moins susceptible d'inconvéniens et d'abus. L'action qu'une fille avait, dans les pays de droit écrit, pour obliger son père à la doter, offrait peu de danger, parce que, dans ces pays, la puissance paternelle était si grande, qu'elle avait tous les moyens possibles de se maintenir contre l'inquiétude et la licence des enfans. Aujourd'hui cette puissance n'est plus ce qu'elle était. Il ne faut pas conserver aux enfans les moyens d'attaque, quand on a dépouillé le père de ses moyens de défense. Dans les pays coutumiers, où la puissance paternelle était plus tempérée, on n'avait eu garde de laisser aux enfans le droit d'inquiéter leur père. En laissant subsister la jurisprudence des pays de coutumes, on ne fait aucune révolution dans ces pays. On y en eût fait une funeste, si on y eût introduit un droit nouveau. A la vérité, dans les pays de droit écrit on a opéré un changement; mais ce changement, contraire aux droits des enfans, est suffisamment compensé, à leur profit, par l'affaiblissement de la puissance paternelle. Ce n'était pas dans un temps où les événemens avaient relâché tous les liens, qu'il fallait achever de les briser. On va au mal par une pente rapide, on ne remonte au bien qu'avec effort. S'il est des objets dans lesquels les lois doivent suivre les mœurs, il en est d'autres où les mœurs doivent être corrigées par les lois.

1438. Les enfans doivent des alimens à leurs père et mère et autres ascendans qui sont dans le besoin (a). *Iniquissimum quis meritò dixerit patrem egere, quum filius sit in facultatibus.* Les alimens comprennent tout ce qui est nécessaire; mais il faut distinguer deux sortes de nécessaire, l'absolu et le relatif. L'absolu est réglé par les besoins indispensables de la vie; le relatif, par l'état et les circonstances. Le nécessaire relatif n'est donc pas égal pour tous les hommes, l'absolu même ne l'est pas. La vieillesse a plus de besoins que l'enfance; le mariage, que le célibat; la faiblesse, que la force; la ma-

____

(a) Art. 205 c. c.

ladie, que la santé. Les bornes du nécessaire absolu sont fort étroites. Un peu de bonne foi et de justice suffit pour les connaître. A l'égard du nécessaire relatif, il est à l'arbitrage de l'opinion et de l'équité.

1439. Le refus d'alimens constitue un fait d'ingratitude, suffisant pour motiver la demande de révocation d'une donation entrevifs, ainsi qu'ultérieurement nous le développerons.

1440. L'obligation des enfans est la même, soit que les père et mère aient sur les biens des premiers un usufruit qui ne suffise pas à leur entretien, soit qu'ils n'en aient aucun. Mais il ne faut pas comprendre dans les besoins des parens le paiement de leurs dettes : le devoir des enfans se borne à ce qui regarde la personne. *Parens quamvis ali à filio ratione naturali debeat, tamen æs alienum ejus non esse cogendum exsolvere rescriptum est. Æs alienum patris, filius non cogitur exsolvere.*

1441. L'obligation des enfans est-elle solidaire ? — Jugé diversement (*a*).

1442. L'enfant doit des alimens à sa mère remariée, si le second mari n'est pas en état de lui en fournir (*b*).

(*a*) Colmar, Rouen, 24 juin 1812, 14 juil. 1827 : *J. P. t.* 34, *p.* 542 ; *J. A. t.* 34, *p.* 26. — (*b*) Colmar, 5 janv. 1810 : *J. C, C. t.* 14, *p.* 381.

1443. Nonobstant ce qui précède (1438), la donation faite par un père à ses enfans, à charge par eux de le nourrir, est réputée contrat à titre onéreux (*a*).

1444. Le père frappé de mort civile peut demander des alimens à son fils (*b*).

1445. L'enfant condamné à servir une pension alimentaire, peut être contraint à la garantir par des sûretés (*c*).

1446. La parenté d'alliance imite la parenté de sang. Les gendres et belles-filles doivent également, et dans les mêmes circonstances, des alimens à leurs beau-père et belle-mère (*d*).

1447. Mais cette obligation cesse 1° lorsque la belle-mère a convolé en secondes noces (*e*) : elle est censée s'être associée à un homme dont le travail ou les biens peuvent la nourrir.

1448. 2° Lorsque celui des époux qui produisait l'affinité, et les enfans issus de son union avec l'autre époux, sont décédés (*f*).

1449. Les obligations ci-dessus (1438. 1446) sont réciproques (*g*).

1450. L'obligation des père et mère de fournir des alimens à leurs enfans, s'étend jusqu'aux petits-enfans (*h*).

(*a*) Cas. 21 nov. 1808, 1er mars 1809 : *J. C. C. t.* 12, *p.* 27; *Den.* 1809, *p.* 124. — (*b*) Paris, 18 août 1808 : *J. P. t.* 23, *p.* 331. — (*c*) Angers, 25 fév. 1829 : *J. P. t.* 86, *p.* 44. — (*d*) Art. 206 c. c. — (*e*) *Id.* — (*f*) *Id.* — (*g*) Art. 207. — (*h*) Cas. 28 oct. 1807 : *J. C. C. t.* 9; *p.* 436.

1451. L'aïeul doit des alimens à son petit-fils qui a perdu son père, et dont la mère est hors d'état de lui en fournir (*a*).

1452. Il ne peut s'y soustraire en offrant de prendre l'enfant chez lui (*b*).

1453. Le père doit des alimens même à l'enfant qui est dans le besoin par suite d'un mariage contracté après sommations respectueuses (*c*).

1454. L'enfant, quoique majeur, peut demander des alimens à ses père et mère, lors même qu'il aurait des torts envers eux (*d*).

1455. Mais le juge a droit de n'accorder ces alimens que pour le temps nécessaire à ce que l'enfant soit en état de pourvoir lui-même à sa subsistance (*e*).

1456. Les alimens ne sont accordés que dans la proportion du besoin de celui qui les réclame, et de la fortune de celui qui les doit (*f*). *Arbitrio prætoris plerumque alimenta constituuntur pro modo facultatum.*

1457. Le fils qui a reçu une dot et l'a dissipée, ne peut, lorsqu'il est en état de faire cesser ses besoins par son travail, réclamer des alimens de son père (*g*).

<hr>

(*a*) Turin, 28 nov. 1807 : *J. P. t.* 26, *p.* 510. — (*b*) *Id.* — (*c*) Cas. 7 déc. 1808; Bruxelles, 19 juil. 1811 : *J. P. t.* 23, *p.* 81; *t.* 30, *p.* 366. — (*d*) Colmar, 7 août 1813 : *J. C. C. t.* 21, *p.* 155. — (*e*) *Id.* — (*f*) Art. 208 c. c. — (*g*) Trèves, 13 août 1810 : *J. C. C. t.* 17, *p.* 377.

1458. Un père n'est pas obligé de fournir des alimens à ses enfans, lorsque ceux-ci trouvent dans leurs revenus de quoi suffire à leur existence (*a*).

1459. La demande en alimens ne peut se former que du vivant de celui à qui ils sont dus, et par lui-même (*b*).

1460. Un tiers qui a fourni des alimens à la décharge de celui qui les devait, ne peut les répéter de la succession de ce dernier, lorsque, de son vivant, la partie intéressée à les obtenir n'en avait jamais formé la demande (*c*).

1461. Le fils qui a profité des sommes prêtées à son père pour être employées à ses plus pressans besoins, n'est pas personnellement tenu de la dette, si le père s'est obligé seul (*d*).

1462. Lorsque celui qui fournit ou celui qui reçoit des alimens est replacé dans un état tel, que l'un ne puisse plus en donner, ou que l'autre n'en ait plus besoin en tout ou en partie, la décharge ou réduction peut en être demandée (*e*).

1463. Si, de deux enfans condamnés à payer pension à leur mère, l'un perd de sa fortune, et l'autre s'enrichit, le premier est fondé à ré-

---

(*a*) Cas. 13 mars 1813 : *J. P. t.* 37. *p.* 401. — (*b*) Cas. 12 mai 1812 : *Den.* 1812, *p.* 405. — (*c*) Cas. 17 mars 1819 : *J. P. t.* 55. *p.* 283. — (*d*) *Id.* — (*e*) Art. 209 c. c.

clamer dégrèvement, et à demander que le second soit soumis à contribution plus forte (a).

1464. Les alimens promis à un enfant naturel, sont soumis à la même réduction ou extinction, et pour la même cause, que ceux des enfans légitimes (b).

1465. Si la personne qui doit fournir les alimens justifie qu'elle ne peut payer la pension alimentaire, le tribunal peut, en connaissance de cause, ordonner qu'elle reçoive dans sa demeure, qu'elle nourrisse et entretienne celui à qui elle doit des alimens (c).

1466. Le tribunal prononce également si le père ou la mère qui offre de recevoir, nourrir et entretenir dans sa demeure, l'enfant à qui il doit des alimens, doit dans ce cas être dispensé de payer la pension alimentaire (d).

1467. Par là (1465. 1466) se trouve consacrée la différence que l'on faisait autrefois dans la jurisprudence, entre les père et mère et les enfans, par rapport aux alimens. On tenait que les père et mère, à moins qu'il n'y eût de fortes raisons de l'ordonner autrement, n'étaient point obligés de fournir des alimens à leurs enfans hors de leur maison, et qu'il leur suffisait d'offrir de les y recevoir, nourrir et entretenir ;

____

(a) Colmar, 19 janv. 1824 : J. G. 1825, 2ᵉ part. p. 16. — (b) Besançon, 24 mars 1809 : J. C. C. t. 13, p. 165. — (c) Art. 210 c. c. — (d) Art. 211.

qu'au contraire ils pouvaient exiger que les enfans les leur fournissent, sans être forcés d'aller
demeurer avec eux, parce que les parens sont
ordinairement fort mal quand ils sont con-
traints de vivre avec leurs enfans, aux dépens
de ces derniers. Le Code adopte ce sentiment.
Les enfans ne peuvent se dispenser de payer la
pension, en offrant de recevoir leurs père et
mère chez eux, qu'autant qu'ils justifient ne
pouvoir fournir des alimens que de cette manière (a). Les père et mère ne sont point tenus
de faire cette justification. Il leur suffit d'offrir
de recevoir chez eux l'enfant. C'est à celui-ci,
s'il refuse d'aller chez ses père et mère, à prouver qu'il en a raison valable. Il faut que le motif
soit grave; car la règle, en ce cas, est contre
l'enfant, dont la place est chez ses père et mère.

1468. L'enfant n'est pas recevable, pour justifier son évasion et son refus de revenir, à
prouver les mauvais traitemens qu'il a reçus
de son père (b).

1469. Cependant le mode de prestation des
alimens est laissé à la prudence du juge. Un
père qui offre de nourrir chez lui son fils indi-
gent, peut, si le tribunal le juge convenable,

______

(a) Besançon, Colmar, Poitiers, 14 janv. 1808, 23 fév. 1813,
25 nov. 1824 : *J. C. C. t.* 11, *p.* 236; *t.* 20, *p.* 258; *J. G.* 1825,
2ᵉ *part. p.* 96. — (b) Nismes, 12 fruct. an xii : *J. C. G. t.* 3, *p.* 11.

être condamné à payer ailleurs à ce fils une pension alimentaire (*a*).

1470. L'obligation des enfans de fournir des alimens à leurs père et mère dans le besoin, étant de droit naturel, affecte également les bâtards. C'est par la même raison que ces derniers ont droit à obtenir des alimens de leurs père et mère (1434); car cette obligation est réciproque (1449).

1471. Celui qui demande des alimens, n'est pas obligé de fournir caution (*b*).

1472. La confiscation générale demeurait grevée de la prestation des alimens à qui il en est dû de droit (*c*).

1473. Mais cette règle n'a plus d'application depuis que la Charte constitutionnelle (*d*) a, par son article 66, aboli la peine de la confiscation des biens.

(*a*) Cas. 14 germ. an XIII; Aix, ... : *J. C. C. t.* 4, *p.* 324; *Sir.* 1808, *déc. div. p.* 109. — (*b*) Aix, 6 avril 1807 : *J. C. C. t.* 8, *p.* 462. — (*c*) Art. 58 C. P. — (*d*) B. 17, n° 133, 5ᵉ s.

—

1474. Après s'être occupée des obligations que le mariage fait naître entre les pères et les enfans, la loi fixe les droits et les devoirs respectifs des époux. Ils se doivent mutuellement fidélité, secours, assistance (a). *Quid tam humanum est quàm, fortuitis casibus, mulieris maritum, vel uxorem viri participem esse?*

1475. Le mari doit protection à sa femme (b).

1476. La femme doit obéissance à son mari (c).

1477. On a long-temps disputé sur la prééminence ou l'égalité des deux sexes. Rien de plus vain que ces disputes. On a très-bien observé que l'homme et la femme ont partout des rapports et partout des différences. La disparité de leur être en suppose dans leurs droits et devoirs respectifs. Sans doute les deux époux concourent à un objet commun, mais non de la même manière. Egaux sous certains rapports, ils ne sont pas comparables dans d'autres. L'homme et la femme ne peuvent partager les mêmes travaux, supporter les mêmes fatigues, ni se livrer aux mêmes occupations. Ce ne sont

(a) Art. 212 c. c. — (b) Art. 213. — (c) Id.

point les lois, c'est la nature même qui a fait le lot de chacun des deux sexes. La femme a besoin de protection, parce qu'elle est plus faible. L'homme est plus libre, parce qu'il est plus fort. La prééminence de l'homme est indiquée par la constitution même de son être, qui ne l'assujettit pas à autant de besoins, et qui lui garantit plus d'indépendance pour l'usage de son temps et l'exercice de ses facultés. Cette prééminence est la source du pouvoir de protection que la loi reconnaît dans le mari. L'obéissance de la femme est un hommage rendu au pouvoir qui la protège, et elle est une suite nécessaire de la société conjugale, qui ne saurait subsister, si l'un des époux n'était subordonné à l'autre.

1478. Des devoirs respectifs de protection et d'obéissance que le mariage établit entre les époux, il suit que la femme est obligée d'habiter avec le mari (*a*).

1479. S'il arrive que, par tolérance, la femme réside ailleurs qu'avec son mari, elle n'en conserve pas moins son domicile chez lui, et c'est à ce domicile seul que peuvent être régulièrement données les actions que l'on intente contre elle (787. 788).

1480. La femme est obligée de suivre son mari partout où il juge à propos de résider (*b*).

(*a*) Art. 214 c. c. — (*b*) Id.

1481. Le mari, quoique constitué en faillite et contraignable par corps, peut forcer sa femme à venir habiter avec lui *(a)*.

1482. La femme séparée de biens par suite du désordre des affaires du mari, peut se dispenser d'habiter avec lui, tant qu'il ne lui offre point un domicile convenable *(b)*.

1483. Il en est de même pendant l'instance en séparation de biens *(c)*.

1484. La cour de Paris a reconnu que les tribunaux peuvent employer des moyens coërcitifs pour assurer l'exécution des dispositions ci-dessus (1478. 1480), en autorisant un mari à faire saisir les revenus de son épouse, en cas de refus par cette dernière de suivre l'habitation de son mari, et à user même de la contrainte par corps *(d)*.

1485. La cour de Pau a ordonné, en pareil cas, que la femme refusante serait conduite par un huissier dans la maison de son mari *(e)*.

1486. Celle de Toulouse a jugé que, pour forcer sa femme d'habiter avec lui, le mari pouvait faire saisir ses revenus, mais non ses linges et habits, ni exercer la contrainte par corps *(f)*.

(a) Bruxelles, 28 mai 1806 : *Sir. et Den.* 1807. *déc. div. p.* 28. — *(b)* Cas. 9 janv. 1826; Rouen, 21 nov. 1812 : *J. P. t.* 35, *p.* 148; *t.* 76, *p.* 375. — *(c)* Paris, 19 avril 1817 : *J. P. t.* 49, *p.* 100. — *(d)* J. C. C. t. 4, *p.* 593; *Sir.* 1808, *déc. div. p.* 199. — *(e)* J. P. t. 27, *p.* 127. — *(f)* J. P. t. 60, *p.* 387.

1487. Ainsi on peut employer la force publique pour l'exécution du jugement qui enjoint à la femme de rentrer au domicile conjugal (*a*).

1488. Mais non user de la contrainte par corps proprement dite (*b*).

1489. Le mari est obligé de recevoir sa femme (*c*), et ne peut lui interdire l'accès d'aucune partie du domicile conjugal (*d*).

1490. Il doit lui fournir tout ce qui est nécessaire pour les besoins de la vie (*e*).

1491. Selon ses facultés et son état (*f*).

1492. Sauf quelques modifications relatives à la femme séparée de biens, soit par justice, soit contractuellement : modifications dont il sera traité avec le contrat de mariage.

1493. Il doit vivre avec elle dans un domicile commun (*g*).

1494. S'il s'y refuse, il doit être condamné à lui payer une pension alimentaire (*h*).

1495. Un mari peut être condamné au paiement des dettes faites par sa femme pour les choses nécessaires à son entretien (*i*).

1496. Le ministre de la guerre peut ordonner une retenue, du tiers au plus, sur la pension

(*a*) Cas. 9 août 1826 : *J. P. t.* 77, *p.* 271. — (*b*) Cas. 6 janv. 1829 : *J. P. t.* 85, *p.* 473. — (*c*) Art. 214 c. c. — (*d*) Cas. 20 janv. 1830 : *J. P. t.* 86, *p.* 297. — (*e*) Art. 214 c. c. — (*f*) *Id.* — (*g*) Cas. Bruxelles, Lyon, 30 août 1806, 12 janv. 1808, 30 nov. 1811 : *J. C. C. t.* 8, *p.* 115 ; *t.* 17, *p.* 348 ; *J. P. t.* 20, *p.* 401. — (*h*) *Id.* — (*i*) Cas. 14 fév. 1826 ; Paris, 25 fév. 1826 : *J. P. t.* 75, *p.* 222. 510.

ou solde de retraite de tout militaire qui ne remplit pas, à l'égard de sa femme ou de ses enfans, les obligations qui (1433. 1489—1491) lui sont imposées par le Code (a).

1497. La femme ne peut ester en jugement sans l'autorisation de son mari (b), même à raison des propres d'elle.

1498. Donc elle ne peut, sans cette autorisation, ester à son détriment dans l'ordre ouvert sur les immeubles de son mari (c).

1499. Appeler d'un jugement (d).

1500. Se désister de son appel (e).

1501. Transiger sur une contestation compromettant ses droits dotaux (f).

1502. Un jugement d'interdiction contre femme mariée est nul, si elle n'a été autorisée à ester en jugement ni par son mari, ni par la justice (g).

1503. Si son mari est absent, elle peut être réputée suffisamment autorisée par le jugement qui ordonne son interrogatoire et la convocation du conseil de famille (h).

1504. La femme autorisée à appeler, l'est à former opposition à un arrêt par défaut (i).

(a) Av. du cons. d'Ét. 11 janv. 1808 : B. 174, n° 2937, 4ᵉ s. — (b) Art. 215 c. c. — (c) Cas. 21 avril 1828 : J. P. t. 81, p. 161. — (d) Cas. 12 fév. 1828 : J. P. t. 81, p. 417. — (c) Id. — (f) Id. — (g) Cas. 9 janv. 1822 : J. P. t. 62, p. 497. — (h) Cas. 9 mai 1829 : J. P. t. 86, p. 81. — (i) Montp. 6 mars 1828 : J. A. t. 37. p. 121.

1505. La règle (1497) subsiste quand même la femme serait marchande publique (*a*).

1506. Ou non commune (*b*).

1507. Ou séparée de biens (*c*).

1508. Il n'y a point ici de contradiction avec l'indépendance de la femme marchande (1564 —1566). La femme exerce son commerce pour le compte de la communauté. Si le mari, en le lui permettant, est censé lui permettre de faire, sans le consulter, les contrats y relatifs, ce n'est pas une conséquence qu'il doive être censé lui avoir permis pareillement d'intenter et de soutenir des procès concernant ce commerce. En effet l'autorisation est une suite non du droit de communauté, mais de la puissance maritale. Le mari, en souffrant que la femme fasse un commerce public, lui permet nécessairement de faire tout ce qui en est inséparable. Mais des procès, quoique concernant ce commerce, sont des accidens qui n'en font pas partie essentielle, et pour lesquels la femme a besoin d'une autorisation expresse.

1509. Celui qui actionne une femme mariée, doit assigner conjointement le mari, à l'effet d'autoriser (*d*).

1510. L'assignation donnée à la femme seule, est nulle (*e*).

(*a*) Art. 215 c. c. — (*b*) *Id.* — (*c*) *Id.* — (*d*) Cas. 7 oct. 1811. 25 mars 1812 : *Den.* 1811, *p.* 481; 1812, *p.* 556. — (*e*) *Id.*

1511. Quoique la femme ait été autorisée en première instance, l'appel signifié à elle seule est nul (a).

1512. L'appel d'un jugement qui n'intéresse que la femme, est valable, quoique signifié à elle seule, si l'omission est réparée par une assignation au mari avant le jugement de l'appel (b).

1513. L'assignation donnée à la femme pour défendre en cassation, n'est pas valable, si le mari n'a pas été appelé pour l'autoriser, quoique cette autorisation ait été donnée en première instance et en appel (c).

1514. L'autorisation n'est pas nécessaire à la femme, quand c'est le mari qui l'actionne (d).

1515. Si une femme non séparée de biens est assignée, à raison de ses droits, conjointement avec son mari, au domicile de celui-ci, il n'est pas besoin de laisser deux copies (e).

1516. La procuration du mari à sa femme ne vaut pas autorisation pour plaider (f).

1517. La femme séparée de corps a aussi besoin de l'autorisation de son mari (g).

1518. Quand le mari a autorisé sa femme

(a) Aix, 3 mai 1827 : J. A. t. 56, p. 48. — (b) Paris, 13 août 1825 : J. A. t. 25, p. 507. — (c) Cas. 14 juil. 1819 : J. P. t. 56, p. 84. — (d) Nancy, Colmar, 24 avril 1811, 14 janv. 1812 : J. P. t. 52, p. 588. — (e) Cas. 1er avril 1812 : Den. 1812, p. 557. — (f) Cas. 16 juil. 1806 : Den. 1806, p. 472. — (g) Cas. 6 mars 1827 : J. P. t. 79, p. 562.

à paraître en justice, le jugement obtenu contre celle-ci ne peut être exécuté contre lui pour les dépens (a).

1519. L'autorisation du mari peut être exigée d'office (b).

1520. Une femme qui a procédé en justice conjointement avec son mari, est, par cela seul, réputée y avoir été autorisée par ce dernier, lors même qu'ils avaient respectivement dans la cause un intérêt distinct (c).

1521. La procédure n'est pas nulle, quoique la femme n'ait été autorisée que pendant le cours de l'instruction du procès (d).

1522. Même à l'audience (e).

1523. L'assignation donnée à une femme non commune n'est pas nulle, quoique le mari n'ait pas été assigné pour autoriser, si d'ailleurs il a été ultérieurement appelé à cet effet (f).

1524. La nullité résultant du défaut d'assignation au mari pour autoriser sa femme à ester en jugement, se couvre par la défense au fond (g).

1525. L'autorisation du mari n'est pas né-

(a) Montp. 10 flor. an XIII : J. C. C. t. 4, p. 247. — (b) Cas. 21 germ. an XII : J. C. C. t. 2, p. 129. — (c) Cas. 10 juil. 1811 : Toulouse, 27 avril 1820 ; Den. 1811, p. 395 : J. A. t. 5. p. 96. — (d) Cas. 13 brum. an XIV ; Besançon, 1er oct. 1810 : J. C. C. t. 5, p. 396. J. A. t. 5, p. 25. — (e) Poitiers, 14 mars 1828 : J. A. t. 35, p. 35. — (f) Cas. 5 août 1812 : Den. 1812, p. 567. — (g) Paris, 21 nov. 1812 : J. P. t. 36, p. 68.

cessaire lorsque la femme est poursuivie en matière criminelle ou de police (*a*). Alors l'autorité conjugale disparaît devant celle de la loi, et la nécessité de la défense naturelle exempte la femme de toute formalité.

1526. Cette règle n'est pas applicable au cas où c'est la femme qui intente le procès (*b*).

1527. La femme ne peut donner (*c*) : ce que démontreront diverses conséquences qui naissent de l'adoption, de la donation entre-vifs et du régime dotal.

1528. A moins que ce ne soit par testament (1606), ainsi qu'on le verra encore quand nous en serons à la capacité de disposer.

1529. Aliéner (*d*) meubles ou immeubles, volontairement ou par nécessité; par conséquent, répudier une succession.

1530. Sauf le cas de séparation, et pour le mobilier, d'après les exceptions qui seront énumérées au titre du contrat de mariage.

1531. Hypothéquer (*e*) : c'est s'obliger et aliéner, ou du moins s'exposer à une expropriation forcée.

1532. Acquérir, à titre gratuit ou onéreux (*f*) : par exemple, en acceptant une succession, même avantageuse.

(*a*) Art. 216 c. c. — (*b*) Cas. 1er juil. 1808 : *Sir.* 1808, *p.* 528. — (*c*) Art. 217 c. c. — (*d*) *Id.* — (*e*) *Id.* — (*f*) *Id.*

1533. Surenchérir l'immeuble qui lui est hypothéqué (*a*).

1534. Demander la nullité de l'adjudication par surenchère d'un acquêt de sa communauté (*b*).

1535. Sans le concours du mari dans l'acte (*c*).

1536. Ou son consentement par écrit (*d*).

1537. Ce consentement écrit doit être antérieur à l'acte : l'approbation mise à la suite par le mari ne validerait pas (*e*).

1538. Mais si le mari est partie à l'acte, il n'est pas nécessaire que le corps de l'écrit mentionne l'autorisation (*f*).

1539. La prohibition (1527. 1529. 1531. 1532. 1535. 1537) subsiste quand même la femme serait non commune (*g*).

1540. Ou séparée de biens (*h*) : cette qualité ne lui conférant que la simple administration.

1541. Ceci (1527. 1529. 1531. 1532. 1535. 1536. 1539. 1540) est une suite du principe qui empêche la femme d'exercer des actions en justice sans l'autorisation du mari (1497. 1505—1507). Le besoin de cette autorisation prenant sa source dans la puissance du mari sur la personne de sa femme, la non-communauté ou la

(*a*) Cas. 14 juin 1824; Riom, 11 août 1824 : *J. P. t.* 70, *p.* 289; *t.* 76, *p.* 210. — (*b*) Rennes, 24 nov. 1819 : *J. A. t.* 5, *p.* 95. — (*c*) Art. 217 c. c. — (*d*) *Id.* — (*e*) Cas. 12 fév. 1828; Rouen, 18 nov. 1825 : *J. P. t.* 75, *p.* 269; *t.* 81, *p.* 417. — (*f*) Cas. 8 avril 1829 : *J. P. t.* 85, *p.* 284. — (*g*) Art. 217 c. c. — (*h*) *Id.*

séparation de biens ne dispense pas d'y recourir, puisque c'est un effet civil du mariage.

1542. Il est pourtant des cas où la femme peut agir seule et sans autorisation : par exemple, pour la transcription d'une donation, l'acceptation d'un mandat, l'inscription de l'hypothèque légale.

1543. Elle peut écrire seule une lettre reconnaissant pour sa mère la personne à qui elle est adressée (*a*).

1544. L'obligation contractée par la femme avec la seule autorisation du mari, est valable, lors même qu'elle est toute dans l'intérêt de celui-ci (*b*).

1545. Le mandat donné à une femme par son mari, de faire les fonds nécessaires pour l'acquittement de lettres de change qu'il a souscrites, n'emporte pas autorisation à la femme de s'obliger personnellement au paiement (*c*).

1546. Le mari, en tirant une lettre de change sur sa femme qui l'accepte, autorise suffisamment celle-ci à s'obliger (*d*).

1547. Une femme qui tire des lettres de change sur son mari, n'est pas suffisamment autorisée par l'acceptation de ce dernier (*c*).

(*a*) Montp. 11 avril 1826 : *J. P. t.* 77, *p.* 399. — (*b*) Cas. 13 oct. 1812; Bordeaux, 2 août 1813 : *J. C. C. t.* 20, *p.* 176; *J. P. t.* 43, *p.* 476. — (*c*) Paris, 4 déc. 1815 : *J. P. t.* 59, *p.* 508. — (*d*) Caen, 2 août 1814 : *J. P. t.* 41, *p.* 73. — (*e*) Paris, 12 janv. 1815 : *J. P. t.* 42, *p.* 223.

1548. Le mari revendiquant des effets mobiliers vendus par sa femme, qu'il soutient n'avoir point été autorisée à cet effet, n'est pas tenu de prouver ce fait négatif (*a*).

1549. C'est au contraire à l'acheteur à prouver le fait de l'autorisation (*b*).

1550. Quand le mari, sans motifs plausibles, refuse son autorisation à sa femme commune en biens, il n'en est pas moins soumis aux condamnations judiciaires prononcées contre elle(*c*).

1551. La femme qui accepte des traites tirées sur elle par son mari, n'engage pas à leur acquittement ses biens personnels (*d*).

1552. Comme il n'y a aucun pouvoir particulier qui ne soit subordonné à la puissance publique, le magistrat a droit d'intervenir pour réprimer les résistances injustes du mari, et rétablir toutes choses dans l'ordre. Si donc le mari refuse d'autoriser sa femme à ester en jugement, le juge peut donner l'autorisation (*e*).

1553. Le tribunal de commerce devant lequel une femme est assignée, peut l'autoriser à ester en jugement (*f*).

(*a*) Paris, 2 janv. 1808 : *J. P. t.* 20, *p.* 201. — (*b*) *Id.* — (*c*) Besançon, 28 avril 1806 : *J. C. C. t.* 7, *p.* 31. — (*d*) Paris, 10 avril 1810 : *J. P. t.* 27, *p.* 170. — (*e*) Art. 218 c. c. — (*f*) Cas. 17 août 1813 : *J. C. C. t.* 21, *p.* 278.

1554. L'autorisation peut être implicite, et, par exemple, résulter de l'ordonnance du juge qui permet à la femme de convoquer le conseil de famille, pour statuer sur l'état de son mari, dont elle poursuit l'interdiction (*a*).

1555. La femme autorisée à ester en jugement, l'est, par cela même, à essayer la conciliation (*b*).

1556. Autorisée à plaider, elle l'est, par cela même, à appeler (*c*).

1557. Si le mari refuse d'autoriser sa femme à passer un acte, la femme peut faire citer son mari directement devant le tribunal de première instance de l'arrondissement du domicile commun (*d*).

1558. Ce tribunal peut donner ou refuser son autorisation (*e*).

1559. Après que le mari a été entendu ou dûment appelé en la chambre du conseil (*f*).

1560. La femme ne peut, sans le consentement du mari ou l'autorisation du juge, renoncer à une action (*g*).

1561. Une femme mariée ne peut, sans y être autorisée, se désister de la demande par elle formée en vertu d'une autorisation spéciale (*h*).

1562. Si la demande dont la femme veut se

(*a*) Rouen, 16 flor. an XIII : *J. C. C. t.* 4, *p.* 255. — (*b*) Cas. 5 mai 1808 : *Sir.* 1808, *p.* 310. — (*c*) Poitiers, 21 mars 1827 : *J. A. t.* 33, *p.* 65. — (*d*) Art. 219 c. c. — (*e*) *Id.* — (*f*) *Id.* — (*g*) Cas. 15 juil. 1807 : *Sir. et Den.* 1807, *déc. div. p.* 128. — (*h*) Cas. 14 fév. 1810 : *Den.* 1810, *p.* 92.

désister a été formée contre le mari, l'autorisation doit émaner de la justice (*a*).

1563. Le Code de procédure, au titre 7e du livre 1er de sa 2e partie, détermine les formes à suivre par la femme mariée, pour obtenir l'autorisation de la justice.

1564. La femme, si elle est marchande publique, peut s'obliger pour ce qui concerne son négoce (*b*), par ventes, achats, lettres de change, billets, locations d'ouvriers et commis, etc.

1565. Sans l'autorisation de son mari (*c*), dont le consentement au commerce de la femme renferme implicitement l'approbation des actes qui en sont la suite nécessaire.

1566. En ce cas elle oblige aussi son mari, s'il y a communauté entre eux (*d*). C'est la faveur du commerce qui a fait ainsi regarder la femme comme indépendante, en quelque sorte, du pouvoir marital. Sous ce rapport, l'époux peut devenir la caution de sa femme, mais il cesse d'être son maître : sauf pourtant une restriction importante (1497. 1505—1513. 1516. 1517. 1519).

1567. La femme n'est pas réputée marchande publique, si elle ne fait que détailler les marchandises du commerce de son mari (*e*); parce que dans ce cas elle ne contracte point per-

(*a*) Cas. 14 fév. 1810 : *Den.* 1810, *p.* 92. — (*b*) Art. 220 c. c. — (*c*) *Id.* — (*d*) *Id.* — (*e*) *Id.*

sonnellement, mais comme factrice ou mandataire.

1568. Elle n'est regardée comme marchande que quand elle fait un commerce séparé (*a*), dont son mari ne se mêle pas, soit parce qu'il n'en pratique aucun, soit parce qu'il en pratique un autre.

1569. Pour l'interprétation des règles précédentes (1564—1568), consultez deux arrêts de la cour de Bruxelles (*b*) des 4 et 27 février 1809.

1570. La femme qui tient sous son nom un hôtel garni, est réputée marchande publique (*c*).

1571. Lorsque le mari est frappé d'une condamnation emportant peine afflictive ou infamante, la femme ne peut, pendant la durée de la peine, ester en jugement (*d*).

1572. Ni contracter (*e*).

1573. Qu'après s'être fait autoriser par le juge (*f*).

1574. Encore que la condamnation n'ait été prononcée que par contumace (*g*).

1575. Même quand la femme est majeure (*h*).

1576. Le juge peut, en ce cas, donner l'autorisation sans que le mari ait été entendu ou appelé (*i*) : à la différence du cas où le mari, resté maître de ses droits, refuse d'autoriser (1557—1559).

(*a*) Art. 220 c. c. — (*b*) J. C. C. t. 12, p. 431. — (*c*) Paris, 21 nov. 1812 : J. P. t. 36, *p.* 68. — (*d*) Art. 221 c. c. — (*e*) Id. — (*f*) Id. — (*g*) Id. — (*h*) Id. — (*i*) Id.

1577. La nullité résultante du défaut d'autorisation (1571—1576) est absolue (*a*).

1578. Elle peut être invoquée par la femme même (*b*).

1579. Si le mari est interdit, le juge peut autoriser la femme (*c*).

1580. Soit pour ester en jugement (*d*).

1581. Soit pour contracter (*e*).

1582. En connaissance de cause (*f*).

1583. Les mêmes règles (1579—1582(s'appliquent au cas où le mari est absent (*g*).

1584. La femme dont le mari est absent, peut, sans autorisation, s'obliger pour des sommes modiques et alimentaires (*h*).

1585. La femme peut être autorisée d'office non-seulement quand l'absence de son mari est déclarée, mais encore lorsqu'il se trouve dans un lieu trop éloigné pour faire parvenir promptement son autorisation (*i*).

1586. Toute autorisation générale n'est valable que quant à l'administration des biens de la femme (*j*).

1587. Même lorsqu'elle serait stipulée par contrat de mariage (*k*), ainsi qu'il sera développé plus tard. Il faut une autorisation expresse et spéciale pour chaque acte en particulier.

(*a*) Cas. 29 mars 1808 : *Sir.* 1808, p. 213. — (*b*) *Id.* — (*c*) Art. 222 c. c. — (*d*) *Id.* — (*e*) *Id.* — (*f*) *Id.* — (*g*) *Id.* — (*h*) Paris, 1er mai 1823 : *J. P. t.* 66, *p.* 185. — (*i*) Agen, 31 juil. 1806 : *J. C. C. t.* 7, *p.* 260. — (*j*) Art. 223 c. c. — (*k*) *Id.*

1588. Le droit coutumier, considérant les femmes, même séparées ou non communes en biens, comme placées entièrement sous la puissance du mari, ne leur accordait sur leurs propriétés particulières que la perception des revenus, jointe à un simple droit d'administration; et il réservait au mari l'autorité nécessaire pour qu'aucune aliénation, aucune hypothèque, aucun engagement ne pût grever ces propriétés sans son concours. Au contraire le droit écrit permettait à la femme d'avoir des biens distincts de sa dot, qui, sous le nom de paraphernaux, étaient tout-à-fait hors de la dépendance du mari; de sorte que la femme pouvait, seule et de son chef, faire, relativement à ces biens, toute espèce de disposition. C'est cette dernière jurisprudence qu'on a voulu empêcher de se perpétuer. Il a paru que cette indépendance absolue des biens paraphernaux choquait les idées établies sur la protection due à l'épouse (1475). Comment cette protection serait-elle efficace, si le mari ne pouvait empêcher sa femme de perdre sa fortune par des dispositions imprudentes? Cette indépendance ne serait pas moins contraire à la déférence que la femme doit à son mari (1476). Elle blesserait surtout cette unité, cette communication indivisible de toutes les choses de la vie, qui est un des principaux caractères du mariage. Le lien des affections peut se relâcher parce qu'il n'est plus soutenu par celui des propriétés ; et la société domestique peut être troublée parce qu'elle manque d'une autorité commune dans un de ses points essentiels.

1589. Les autorisations générales étant seules réprouvées (1586. 1587), on en doit conclure que le Code laisse subsister, comme autrefois, l'autorisation particulière qui abandonne à la libre disposition de la femme quelques objets spécifiés.

1590. La clause qui autorise la femme séparée à administrer ses biens et à disposer de ses meubles, ne constitue pas une autorisation générale prohibée (a).

1591. La femme peut, en vertu d'une procuration générale de son mari, portant pouvoir d'aliéner, transporter à un tiers la propriété d'effets de commerce appartenans à la communauté (b).

1592. Si le mari est mineur, l'autorisation du juge est nécessaire à la femme (c). Comment le mari pourrait-il autoriser les autres, quand il a lui-même besoin d'autorisation ?

1593. Cette règle est la même, soit qu'il s'agisse d'ester en jugement (d).

1594. Soit qu'il s'agisse de contracter (e).

***

(a) Paris, 12 mars 1811 : *J. P. t.* 29 . *p.* 487. — (b) Bruxelles, 21 déc. 1809 : *Den.* 1810, *sup. p.* 71. — (c) Art. 224 c. c. — (d) *Id.* — (e) *Id.*

1595. La nullité fondée sur le défaut d'autorisation ne peut être opposée que par la femme(*a*), parce que c'est l'intérêt de celle-ci que la loi a en vue, et non celui des co-contractans.

1596. La femme qui, à la faveur de l'absence de son mari, s'est fait passer pour veuve, ne peut plus attaquer les obligations qu'elle a consenties en cette qualité, ni en provoquer l'annulation conjointement avec lui(*b*).

1597. Il en est de même de la veuve qui, remariée pendant l'instance, n'a pas fait connaître son changement d'état (*c*).

1598. Cette même nullité (1595) peut être opposée par le mari (*d*).

1599. Il ne le peut en cassation, lorsque, loin de s'en prévaloir ni en première instance ni en appel, il a volontairement plaidé au fond (*e*).

1600. Quand le mari intervient en justice, à l'effet de demander la nullité, pour défaut d'autorisation, de la procédure faite contre sa femme, il ne peut être forcé, sur l'interpellation de la partie adverse, d'autoriser sa femme à plaider au fond (*f*).

1601. La nullité (1595) peut aussi être opposée par les héritiers de la femme ou du

(*a*) Art. 225 c. c. — (*b*) Grenoble, 25 déc. 1822 : *J. P. t.* 68, *p.* 444. — (*c*) Toulouse, 27 avril 1820 : *J. A. t.* 5, *p.* 96. — (*d*) Art. 225 c. c. — (*e*) Cas. 16 nov. 1825 : *J. P. t.* 75, *p.* 289. — (*f*) Colmar, 2 mars 1810 : *Den.* 1811, *sup. p.* 19.

mari (*a*). Sur quoi (1595. 1598. 1601) voir la jurisprudence confirmative de la cour de cassation (*b*).

1602. Le mari ou ses héritiers ne sont pas recevables à demander, de leur chef, la nullité des engagemens contractés, sans autorisation, par la femme qui n'a que des biens paraphernaux (*c*).

1603. Des tiers sont non recevables à invoquer le moyen tiré du défaut d'autorisation (*d*).

1604. Par exemple, les créanciers de la femme (*e*).

1605. L'effet de l'autorisation est de rendre la femme aussi capable de l'acte que si elle n'était pas mariée, mais non de donner plus de force à cet acte : par exemple, d'empêcher de l'attaquer pour lésion, si de sa nature il en était susceptible. Ainsi encore, une femme mineure, quoique autorisée, n'en fait pas moins un acte nul, en aliénant volontairement ses immeubles.

1606. La femme peut tester sans l'autorisa-

(*a*) Art. 225 c. c. — (*b*) J. P. t. 56, *p.* 521 ; t. 67, p. 481. — (*c*) Grenoble, 23 déc. 1822 : *J. P. t.* 68, *p.* 444. — (*d*) Paris, Grenoble, Poitiers, 9 flor. an XI, 10 juin et 13 août 1823, 11 juin 1825 : *J. P. t.* 68, *p.* 269 ; *J. G.* 1826, 2ᵉ *part. p.* 27 ; *J. A. t.* 5, *p.* 23 ; *t.* 25, *p.* 199. — (*e*) Paris, Bruxelles, Angers, Turin, Grenoble, 28 germ. an XIII, 30 janv. 1808, 1ᵉʳ août 1810, 30 nov. 1811, 2 août 1827 : *J. A. t.* 5, *p.* 33. *J. P. t.* 83, *p.* 51.

tion de son mari (*a*), parce que ces sortes de dispositions, qui ne peuvent avoir d'effet qu'après la mort, par conséquent qu'après que l'union conjugale est dissoute, ne sauraient blesser les lois de cette union.

(*a*) Art. 226 c. c.

DISSOLUTION DU MARIAGE.

—

1607. Le mariage se dissout 1° par la mort de l'un des époux (*a*).

1608. 2° Par le divorce légalement prononcé (*b*) avant la loi du 8 mai 1816 (*c*).

1609. 3° Par la condamnation de l'un des époux à une peine emportant mort civile (*d*), ainsi qu'on l'a vu précédemment (267. 268).

1610. Quand cette condamnation est devenue définitive (*e*) de l'une des manières ci-dessus expliquées (275—307).

(*a*) Art. 227 c. c. — (*b*) *Id.* — (*c*) B. 84, n° 645, 7° s. — (*d*) Art. 227 c. c. — (*e*) *Id.*

—

1611. Les bonnes mœurs et l'honnêteté publique ne permettent pas que la femme convolé à de secondes noces avant que l'on ne soit assuré, par un délai suffisant, que le premier mariage demeure sans aucune suite pour elle, et que sa situation ne saurait plus gêner les actes de sa volonté. Ce délai était autrefois d'un an. On l'appelait l'an de deuil. Les inconvéniens qu'il avait pour but d'éviter étaient signalés par les mots *propter turbationem sanguinis et incertitudinem prolis.*

1612. Maintenant la femme ne peut contracter un nouveau mariage qu'après dix mois révolus depuis la dissolution du mariage précédent (*a*).

1613. L'infraction de cette règle n'ôte point à la femme les avantages reçus de son mari (*b*).

1614. Cette même règle est applicable au cas où la femme a fait prononcer la nullité de son mariage pour défaut de consentement (*c*).

1615. Le mariage contracté par la femme avant les dix mois révolus, n'est pas nul (*d*).

(*a*) Art. 228 c. c. — (*b*) Colmar, 7 juin 1808 : *J. C. C. t.* 11, p. 598. — (*c*) Trèves, 50 avril 1806 : *J. C. C. t.* 6, p. 453. — (*d*) Cas. 29 oct. 1811 : *Den.* 1812 : *p.* 22.

Multa prohibentur in jure fieri, quæ tamen facta tenent.

1616. L'officier de l'état civil est puni de seize francs à trois cents francs d'amende, lorsqu'il a reçu, avant le terme prescrit (1612), l'acte de mariage d'une femme ayant déjà été mariée (*a*).

(*a*) Art. 194 C. P.

LÉGISLATION TRANSITOIRE.

1617. Antérieurement à la promulgation du Code civil, aucune loi ne prescrivait aux tribunaux de déclarer l'époux non recevable à demander l'annullation de son mariage, lorsqu'il y avait eu ratification ou cohabitation (*a*).

1618. Une fille mariée en pays de droit écrit, avant la promulgation du Code, peut, postérieurement à cette promulgation, former contre son père une demande en constitution de dot (*b*).

1619. L'autorisation du mari est devenue nécessaire à la femme en puissance, pour continuer une procédure commencée avant le Code (*c*).

1620. La femme domiciliée dans un pays où elle n'avait pas besoin d'autorisation lorsqu'elle était marchande publique, ne peut aujourd'hui se pourvoir en cassation sans être autorisée du mari ou du juge (*d*).

1621. La femme doit se faire autoriser pour

(*a*) Cas. 2 déc. 1807 : *Sir.* 1808, p. 140. — (*b*) Toulouse, 22 frim. an XII : *J. C. C. t.* 1, *p.* 193. — (*c*) Cas. 20 therm. an XII : *J. C. C. t.* 3, *p.* 33. — (*d*) Cas. 21 germ. an XII : *J. C. C. t.* 2, *p.* 129.

actionner son mari, lors même que le mariage
et la demande originaire sont antérieurs au
Code (a).

(a) Turin, 20 mess. an XIII : *J. C. C. t. 5. p.* 93.

FIN DU PREMIER VOLUME.

TABLE DU TOME PREMIER.

FIN DE LA TABLE.